U0916799

中西文化典籍隐喻阐释的认知语用研究

尹丕安 著

科学出版社
北京

内 容 简 介

本书根据语用学的关联理论和顺应理论，以及认知语言学的概念隐喻理论和概念整合理论，以经验现实主义为哲学基础，以中西文化典籍“四书五经”和《圣经》中的隐喻为研究对象，建构了隐喻阐释的 R-A-C-C 理论框架。该理论框架在中西文化典籍的隐喻阐释方面具有其他语用学和认知语言学理论无可替代的优越性，是隐喻阐释的一个有力工具和理论保障。笔者运用 R-A-C-C 理论框架对“四书五经”和《圣经》中的隐喻阐释进行解析和文化对比研究，发现在“天人合一”“天人感应”“和谐辩证”“中庸之道”四个主题方面，二者具有文化交融性和贯通性。

本书可供外国语言文学专业的本科生和研究生使用，也可供中西语言文化对比领域的学者阅读。

图书在版编目（CIP）数据

中西文化典籍隐喻阐释的认知语用研究 / 尹丕安著. —北京：科学出版社，2021.3

ISBN 978-7-03-068044-0

Ⅰ. ①中… Ⅱ. ①尹… Ⅲ. ①隐喻－研究 Ⅳ. ①H05

中国版本图书馆 CIP 数据核字（2021）第 025364 号

责任编辑：常春娥　宋　丽／责任校对：贾伟娟

责任印制：李　彤／封面设计：蓝正设计

科学出版社出版

北京东黄城根北街 16 号

邮政编码：100717

http://www.sciencep.com

北京凌奇印刷有限责任公司印刷

科学出版社发行　各地新华书店经销

*

2021 年 3 月第 一 版　开本：720×1000　B5

2021 年 3 月第一次印刷　印张：16 3/4

字数：310 000

POD定价：98.00元

（如有印装质量问题，我社负责调换）

前　言

中西文化典籍宏富、源远流长，其中“四书五经”和《圣经》堪称中西文化典籍各自主要的源头之一。《圣经》不仅是基督教的经典，同时也是西方文明的文化和文学基础。隐喻可以说是《圣经》中最常见的一种语言现象。国内外专门针对《圣经》隐喻的研究大多是在文学和文化维度上进行的。从认知语言学和语用学的层面对《圣经》隐喻进行专门研究的成果，目前国内外并不多见。

“四书五经”代表我国的传统文化，是先贤哲人的思想和古代社会的道德规范，以及我国历代人民智慧的结晶。它不仅记录了中华民族和中国文化变迁演化的历史，而且作为世代相传的思维方式、道德情操、价值观念、行为准则、风俗习惯等，渗透在每一位中国人的血脉中，培育出了大量的杰出人才，培养了中华民族特有的文化底蕴与德行品质。“四书五经”经典著作当中有众多隐喻式的表达，传递出中国儒家文化的核心思想。本书通过对《圣经》中的西方文明核心思想和“四书五经”中的中国古代哲学文化思想进行考察，得出如下结论：《圣经》和“四书五经”在运用隐喻表达人与自然的关系、人与社会的关系和人与上天的关系等方面，在内容和手段上具有重要的相似性。《圣经》展现了人类中心主义的思维模式、世界本原、善与恶、罪与罚等思想；“四书五经”所体现的“天人合一”“天人感应”“和谐辩证”“中庸之道”等观点，主张人与自然是平行的、共存的及和谐发展的。二者运用的隐喻手法所体现的东西方生态文明思想和文化伦理思想具有很强的文化贯通性和交融性。

本书以经验现实主义为哲学基础，以语用学和认知语言学为理论框架，建构一个“关联理论（Relcvance Theory，RT）-顺应理论（Adaptation Theory，AT）-概念隐喻理论（Conceptual Metaphor Theory，CMT）-概念整合理论[①]（Conceptual Blending Theory，CBT）”的理论框架（简称“R-A-C-C 框架”），

① 又称概念合成理论（Conceptual Integration Theory）。

对《圣经》和“四书五经”的隐喻阐释进行研究。根据 R-A-C-C 框架，隐喻阐释过程主要分为两大阶段，即解构阶段和建构阶段。解构阶段涉及隐喻意图和意义的解码。本阶段的目的在于推断隐喻意图和隐喻意义表征，以隐喻推断为主。隐喻推断分为两个步骤：①明示意义与暗含意义的确认；②语境解构、语境激活与语境顺应过程。经过以上两个步骤，进入建构阶段。本阶段以隐喻的映射和合成过程为特征，分为三个步骤：①源域(source domain)和目标域(target domain) 的建构以及互动过程。通过该过程，建立隐喻的相关映射以及整合网络。②关联理论和顺应理论理据下的隐喻意义的合成过程。通过该过程，隐喻的新创意义即可生成。③最终隐喻的阐释意义获取。整个过程中，阐释者的认知主体性作用处于凸显地位。它不仅包括阐释者的社会、文化以及认知推导能力，更强调阐释者的主观意识态度。

本书有以下三个创新之处：第一，以语用学和认知语言学为理论基础，通过整合和完善相关理论，创建了《圣经》和“四书五经”中的隐喻阐释机制的 R-A-C-C 框架。通过在建构该框架过程中的理论探索和在实际隐喻阐释中的应用，我们认为该框架优于当前的关联理论、顺应理论、概念隐喻理论和概念整合理论，是隐喻阐释的一个有力工具和理论保障。它对其他类型的隐喻的阐释也具有指导作用。第二，尝试将《圣经》和“四书五经”的文学性、文化性、哲学性以及语言特性纳入语用学和认知语言学的视域内，以经验现实主义为哲学基础，从语用学和认知语言学视角探索其隐喻的阐释机制。第三，运用 R-A-C-C 理论架构，对《圣经》和“四书五经”隐喻阐释的文化交融性和贯通性进行解读分析，探索东西方典籍的文化对比研究。

目　　录

第一章

绪　　论

第一节　引　　言

隐喻表达在人类所有的语言中都是一种普遍现象，在语言交流中必不可少。对隐喻的研究可以追溯至古希腊时期。亚里士多德（Aristotle）作为古希腊时期的思想家和哲学家，被认为是研究隐喻本质的最重要的古典哲人（Richard，1979）。在《修辞与诗学》（*Rhetoric and Poetics*）这本书中，亚里士多德认为隐喻的定义是它可以赋予某物其本身之外的特性。他认为隐喻仅仅是一个修辞工具，主要应用于文学作品中，并且在诗歌中是必不可少的（Aristotle，1954）。在《诗学》（*Poetics*）中，他将隐喻的概念描述为不可知物，这可以使诗歌具有文体学特征，同时也能给予诗人以独到的能力，通过模仿、展现相似之处，或者命名无名之物，从而引导出新的见解视角（Johnson，1981；Preminger & Brogan，1993）。但在《修辞学》（*Rhetoric*）中，他将隐喻的特点描述为一种说服艺术的技巧，并再次将比喻表达法与哲学家使用的毁誉参半的辩术相互联系起来（Johnson，1981；Preminger & Brogan，1993）。亚里士多德认为，隐喻是一种可以使用一个词语替换另一个词语的工具。其方法是将隐喻这一工具应用于语言中，从而引起诗学意识和想象，而且还可以将隐喻作为具有修饰功能的工具。这种修辞工具与语言紧密相连，但与思想和行为无关。自从亚里士多德提出他的观念之后，人们便开始将隐喻理解为客体之间的比较，以便于在离散属性或关系中，确定适应于某一事物的说法同样能够适用于其他事物（Gibbs，1992）。隐喻就是一种比较，表达的是某种事物与另一种事物有相似之处。这种观点在2000多年（公元前4世纪至今）的隐喻研究中具有主导性作用。柏拉图学派认为它是人类的内在机制之一，同时也代表着语言的本性和人类自身的本质，然而在19世纪，隐喻是英国浪漫主义文学的主要组成部分。

自从进入20世纪，语言研究便得到了空前的发展，语言学家们根据语言学理论开始对隐喻进行新的研究，由此出现了有关隐喻的一系列观点。在 20 世纪 30 年代，I. A. 理查兹（I. A. Richards）在他的著作《修辞哲学》（*The Philosophy of Rhetoric*）中，提出了相互作用观点（View of Interaction）；后来马克斯・布莱克（Max Black）对此观点进行了改进（Black，1962，1993），并且马克・约翰逊（Mark Johnson）和卡尔・豪斯曼（Carl Hausman）对此观点做出了进一步的提升，使其成为隐喻语义学的基础（Johnson，1989；Hausman，1988）。隐喻语义学继承并且发扬了亚里士多德的替代（Substitution）观点，所以其理论的合理性更加完善。隐喻语义学将隐喻看作一种语义异常，并且认为它是语言规律的变异。隐喻不仅仅是一种语言现象，而且在各个学科之间都是一个值得讨论的话题。相互作用观点也强调，不应该将隐喻仅仅看作语言现象的一种分支或者修辞的手段，应该将其视为心理学、人类学、语言历史学甚至是儿童语言习得的研究对象。

从 20 世纪 70 年代开始，对隐喻的讨论逐渐成为语用学、符号语言学和认知语言学的研究目标，进而形成了在语用学和认知语言学视角下的隐喻研究领域。语用学视角下的隐喻研究来源于赫伯特・保罗・格莱斯（Herbert Paul Grice）的会话含义（Conversational Implicature）理论（Grice，1975）。格莱斯认为，当说话者使用隐喻时，会话含义也随即出现。这是因为说话者有意违反质量准则。其实，格莱斯的观点与传统的修辞学视角有相似之处，两者都强调隐喻意义属于比喻的范畴，并且来源于原文本的变异。继格莱斯的观点之后，约翰・塞尔（John Searle）提出将两种概念区别开来，即词语或句子的意义与说话者的话语意义（Searle，1982）。他认为，字面话语意义与隐喻话语意义有所不同。塞尔提出了一些语用规范和原则来对隐喻话语意义加以说明。与格莱斯和塞尔不同，丹・斯波伯（Dan Sperber）和迪尔德丽・威尔逊（Deirdre Wilson）认为认知活动的基础就是关联性，而且隐喻意义的产生并不是违背交际原则或话语准则的结果，而是受制于关联性原则（Sperber & Wilson，2006）。所有这些观点形成了隐喻阐释的语用学研究方法。

在 20 世纪 80 年代早期，乔治・莱可夫（George Lakoff）和马克・约翰逊提出了一个全新的系统，称为“概念隐喻系统”（Lakoff & Johnson，1980）。根据莱可夫和约翰逊的观点，人们以隐喻的形式将每天大多数的经历（从具体物质到抽象事物的处理）概念化。隐喻的认知功能作用就是将具体物质融入抽象或难以理解的概念中。根据莱可夫（Lakoff，1994，2008）的观点，对隐喻性话语的认知处理首先涉及将一些具体的、可以感知的、经验性的或物理性的属性，投射到一些概念性的思想或抽象的理念上，然后再对这些难以理解的特性加以阐述，并且使其具体化。伊芙·斯威策（Eve Sweetser）基于日常使用的语言，对叙事的隐喻结构方面进行了探索（Sweetser，2008）。毋庸置疑，以上这些观点为拓展隐喻的认知语言学研究空间奠定了基础。

第二节 中西文化典籍隐喻研究回顾

与我国文化经典“四书五经”相类似，西方文化经典《圣经》的一个显著特征便是其中隐喻语言的大量使用。《圣经》为基督教的经典，人们将其看作西方文化和文明的基石。除了作为基督教圣典之外，《圣经》在西方世界也是一部最具影响力的文学作品，在全世界范围内的传播也最为广泛。《圣经》并非一部哲学著作，但却经常为哲学家们所思考和引用。无论是柏拉图的著作，还是亚里士多德的著作，都无法与《圣经》这部巨著在哲学与文化思想方面相提并论。《圣经》并非一部历史书，但比起犹太民族其他的历史书籍，它更加完整且详尽可靠地记录了犹太人的历史。《圣经》并不具有严格意义上的文学特点，但却以其独特和精练的语言，成为脍炙人口的文学作品，其价值源于其浩瀚无边的精神营养。虽然《圣经》并非同一作者在同一时期或在同一地点所著，其作者有 40 多位，他们具有不同的职业、身份背景、知识水平、智力水平、性格以及情感，但是整部作品在内容和结构上依然有条有理，前后照应。整部作品用三种语言完成（希伯来文、希腊文、亚兰文），成书于约公元前 1400 年，距今有将近 3500 年的历史积淀，在全世界范围内均有出版。毫不夸张地说，《圣经》是一部举世瞩目的神作。

英文“圣经”一词来自古腓尼基人的一个城市名，希腊文的意思是“书籍”（威廉·本顿，1986）。《圣经》共有两部分，即《旧约全书》《新约全书》（简称《旧约》《新约》）。《旧约全书》主要包含四部分：律法书、历史书、诗歌智慧书和先知书。《圣经》整部 66 本书的编辑和撰写工作从摩西（Moses）一直到使徒约翰（Apostle John），创作时间从公元前 1400 年至公元 1 世纪。后来，《旧约全书》的 39 卷书就成为犹太教和基督教的经文，书中内容包括了神话、寓言故事、史诗、歌本、诗歌、历史、先知神谕、宗教教义规制。根据基督教教义，《旧约全书》是由上帝通过摩西颁布给以色列人的，而《新约全书》则是由耶稣基督颁布的。而且，通常基督教会所使用的《新约全书》是由

27 卷不同的书构成，这些书的作者共有 8 位。《新约全书》中最为重要的部分或许是《福音书》。

《圣经》在许多方面都有巨大的价值和意义。基督教认为《圣经》经文盖世无双，历史学家将其视为稀世珍宝，文学家认为它在文学领域具有不可替代的收藏价值（张朝柯，2004）。

传统上讲，西方世界对《圣经》隐喻的解读可以追溯至公元前 6 世纪，当时的哲学家试图翻译荷马的史诗《伊利亚特》（*Iliad*）和《奥德赛》（*Odyssey*）。根据他们的想法，除了字面意义外，所翻译的史诗中仍有关于宇宙和人类生命的暗含意义。这种隐含的深层意义必须通过隐喻才能解读。早在公元前 2 世纪中期，托勒密埃及的一位名为布鲁斯（Bruce）的犹太哲学家在对《圣经》的解读中，认为人们仅仅对其字面意义进行解读还远远不够；除了字面意义之外，还必须对《圣经》中更为复杂深邃的隐喻意义加以研究（梁工，2007：110）。在 2000 多年的历史长河中，基督教将对《圣经》隐喻的解读作为一项极为重要的工作。从某种意义上来说，可以将基督教的神学历史看成是对《圣经》经文多年来从未间断的解读史（刘锋，2007）。古罗马时期的圣·奥古斯丁（Saint Augustine）是一位北非天主教的主教，他通过将《圣经》中的神圣寓意用相应的寓言故事来讲述，从而创立了寓意解经法。这种通过寓言来解读《圣经》的方法持续了超过 1500 年的时间。然而早在大主教时期，罗马帝国亚历山德里亚（Alessandria）的神学家们因受到神秘主义哲学家尤迪厄斯·斐洛（Jadueus Philo）的启发，创立出寓言解读方法，对《圣经》加以解读。他们的想法是要区分书中所述不同层次的意义，并且寻求文本背后隐藏的神秘意义。在对《圣经》的解读中，斐洛特别强调，研究重点应该是文本意义之外的内在隐喻意义。

然而在中世纪时期，《圣经》中的“四重义”（quadriga）思想受到大家的追捧。著名的神学家托马斯·阿奎纳（Thomas Aquinas）在其所著《神学总论》（*Summa Theologica*）一书中，将字面意义和精神意义加以区分，并且进一步将精神意义划分为寓言意义、道德意义以及类比意义的范畴。根据他的观点，在对神意进行研究的过程中，类比工具必不可少，因为有些方面的神圣本性被隐藏，而其余方面则显露于有限的人类心智中。根据阿奎纳的观点，人们能够通过上帝所创造的事物（普遍启示）来了解上帝，但仅限于用类比方式。他认为，使用一些实际可见的事物对《圣经》的真谛加以解读是明智的，因为人们可以通过这些具体的事物来理解《圣经》。而且因为上帝并不以任何俗世形象或影像存在于世，所以人们只能依靠隐喻了解上帝。在很长的一段时间内，强烈依赖于《圣经》的字面意义和历史意义的解读方式一直占据主导地位，以至成为一种唯一标准或权威模式。然而，从 18 世纪开始，随着历史批判法的兴起，《圣经》隐喻解读的实证主义开始受到挑战。许多不言而喻的文字叙述都要受到批判视角的检验。人们的关注点也逐渐向不同种类的隐喻、类比、寓言故事、象征符号以及神的话语上靠拢，努力以全新的解读视角对《圣经》加以理解。

在 1899 年，德国的《圣经》研究学者阿尔道夫·朱力策（Aldof Jülicher）出版了其著作《耶稣的比喻》（*Die Gleichnisreden Jesu*）。朱力策的观点与之前的《圣经》解读者的观点不同。他认为在阅读中，自己从每个寓言里只能获取一条寓意，从而将其称作“单一法则”（One-point Approach）（转引自王磊，2008）。从此之后，对《圣经》隐喻的解读便进入了多元化的时代。在 19 世纪与 20 世纪之交，对《圣经》隐喻的研究进入了一个前所未有的繁荣期。阿兰德·赫尔特格伦（Arland Hultgren）对耶稣所述的 38 个寓言进行了全面的研究，并且在其所著《耶稣的寓言：书评》（*The Parables of Jesus: A Commentary*）一书中，以全新的视角做了批注（Hultgren，2000）。大卫·高尔乐（David Gowler）在《他们是如何看待寓言的？》（*What Are They Saying About Parables?*）一书中，对不同时期的圣经寓言研究加以讨论（Gowler，2000）。在这本书中，高尔乐采用了反思性方法，对来自寓言中的耶稣思想进行研究。

然而，在语言学领域，对《圣经》的研究仍然停留在《圣经》的翻译方面以及对世界文化和文学的影响上。一般而言，国外对《圣经》隐喻的研究主要从基督教神学的角度入手，还有一些研究在语言学层面上进行。根据乔布·金都（Job Jindo）的观点，当前的《圣经》隐喻研究中，有三种基本研究范式（Jindo，2016）。第一种研究范式称为理论导向型，主要研究《圣经》隐喻中的理论问题；第二种研究范式称为隐喻导向型，主要对《圣经》中一些特定的隐喻进行探索；第三种研究范式称为文本导向型，分析的是特定文本中的一些隐喻现象。就中国学者的研究方向而言，主要是对《圣经》的文学性和翻译进行探索，这其中包括叶舒宪（2003）、梁工（2006，2007）、刘锋（2017）等许多学者，他们的研究成果皆具有代表性和影响性。从语用学和认知语言学相结合的角度，将《圣经》隐喻看作一个整体来研究，是本书的一个有意义的尝试。

就中国国学经典而言，其内容包含甚多，而“四书五经”是其主要的组成内容。南宋著名理学家朱熹将“四书”（《大学》《中庸》《论语》《孟子》）和“五经”（《诗经》《尚书》《礼记》《易经》《春秋》，简称《诗》《书》《礼》《易》《春秋》）合称“四书五经”（韩秀丽等，2007）。其中，“四书”为儒家传道、授业的基本教材。几百年来，“四书”在我国广泛流传，其中许多语句已成为脍炙人口的格言警句。《论语》《孟子》分别是孔子、孟子及他们的学生的言论集，《大学》《中庸》则是《礼记》中的两篇。《大学》是孔子讲授“初学入德之门”的要籍，经孔子的学生曾参整理成文；《中庸》是“孔门传授心法”之书，是孔子的孙子子思“笔之于书，以授孟子”的。这两部书与《论语》《孟子》一起表达了儒学的基本思想体系。首次把它们编在一起的是南宋著名学者朱熹。

朱熹分别为这四部书做了注释，在朱熹去世后，朝廷便将他所编定注释的“四书”审定为官书，从此盛行起来，到元代延祐年间（1314—1320年）恢复中断了数十年的科举考试，尊奉程朱理学，明朝、清朝沿袭而衍出“八股文”考试制度，题目也多出自朱注“四书”。这些因素使“四书”不仅成为儒学的重要经典，而且也成为每个读书人的必读书，所以，有人把“四书”与西方的《圣经》相比，认为它是东方的“圣经”。事实上，无论就其流传的广泛性，还是就其对于中国人的人格心理塑造的影响的深刻程度来看，这种比拟都是一点也不为过的。

“五经”是儒家的五种经典。汉武帝建元五年（公元前136年）设立五经博士，奠定了儒家经典的地位。“五经”包括经、传两部分。它不仅对了解先秦时代的哲学思想、社会生活有极重要的意义，而且保存了一些相当罕见的商周史事材料（李浴华、马银华，2006）。

“四书五经”文字简洁，陈述有理有据，是儒家思想的代表和核心，也是中国古代哲学思想的发源地。为了阐明儒家学说的主体思想，作者们大量运用了隐喻的修辞手法，来阐释儒家的“天人合一”“天人感应”“和谐辩证”“中庸之道”等观点。就“四书五经”隐喻阐释的研究而言，古今中外目前还是处于空白的状态。就中国古代研究隐喻的历史来说，从先秦至南北朝时期，文人士子就开始了对隐喻的研究与运用。南北朝时期的刘勰在他的主要作品《文心雕龙》中第一次给比喻以系统的总结和阐述。他认为“喻”的存在是以本体和喻体之间业已存在的相似性为基础的；同时也认为，“喻”是语言形式上的一种修饰，也就是认为“喻”具有修辞格的作用。继刘勰以后，对“喻”进行进一步阐释的人是宋人陈骙，他第一次明确提出了“隐喻”的概念。真正把隐喻用得炉火纯青的则是中国古代的那些诗人。中国历史上比较有名的诗人在诗作中都或多或少地运用了隐喻。比如三国时魏国曹植著名的《七步诗》，这首诗用同根而生的萁和豆来比喻同父共母的兄弟，用萁煎其豆来比喻同胞哥哥曹丕残害弟弟的事情，表达了对曹丕的强烈不满。

还有其他一些原因，比如受文化、地理等因素的影响，以“雾、雨、月光、风”等景象为写作对象，创设隐喻。隐喻有时往往因为喻体特征不够明显而不能够把本体展现出来，给读者造成误解。比如传统意象“柳”是离别的象征，因此大家都能够明白“柳”的喻义。但有些意象就显得比较朦胧、多义。隐喻一般被看作一种修辞格，但实际上在中国古代诗歌中，除用作修辞以外，隐喻更主要的则是作为一种表达手法来使用。诗人通过隐喻来表达自己更强烈的思想感情或表达一种不能直接言说的思想，如诗人对当时社会的不满，就不能直接在诗中明言，而得通过隐喻手法来婉转地流露出来。

本书基于中西方文化典籍隐喻研究的现状，采用语用学和认知语言学的观点，借助语用学和认知语言学的相关理论，即关联理论、顺应理论、概念隐喻理论以及概念整合理论，对中西方文化典籍的隐喻加以解读。根据上述所有的分析结果，讨论这些理论在中西方文化典籍隐喻的解读中的优缺点，并最终创建出一个以语用学和认知语言学理论为依据的理论框架。该框架作为一种综合性和互补性的研究工具，适用于中西方文化典籍的隐喻阐释。

第三节 研究的理论基础

本书是在隐喻研究范畴之内，专注于对中西方文化典籍隐喻的解读。中外对隐喻的研究已经拥有超过 2000 年的漫长历史（束定芳，2000）。无数的研究者们将自己的心血都倾注于此，从而得到了无数研究硕果。但遗憾的是，很少有学者从语用学和认知语言学的角度，对中西方文化典籍《圣经》和“四书五经”中的隐喻加以全方位的解读。因此，研究现状触发了笔者的研究动机。另外，从研究的视角来看，与一般的隐喻研究相比，我们采用最新语用学和认知语言学的方法来研究中西方文化典籍隐喻阐释，相对比较前瞻。本书的研究重点就在于采用语用学和认知语言学的观点，并且将这些理论观点加以整合，建构一个综合性的语用—认知框架，对中西方文化典籍隐喻阐释的交融性和贯通性加以研究。

语言使用中的语用学理论是从 1969 年发展至今的（孙亚，2008）。格莱斯继承了塞尔的言语行为理论，是现代语用学研究的奠基人。格莱斯的整个研究奠定了一个条理化的语用学框架。格莱斯提出合作原则（Cooperative Principle）和其四个准则（maxim）后，得到了语用学界的广泛关注。合作原则详尽地解释了在背离某些准则的情况下，在交际中人们如何能够从说话者的字面话语中，推断出其内在含义。但问题在于格莱斯所提出的理论并没有提及隐喻现象。1983年史蒂芬·列文森（Stephen Levinson）首次提出，我们可将合作原则和其准则看作了解隐喻的参考标准。根据合作原则理论，大多数的隐喻话语都是由违反其自身的准则而获取的。但这并非了解隐喻的唯一标准，因为对合作原则和其准则的违背或许会导致其他种类的修辞手法（Levinson，2001）。鉴于此，我们仍然需要其他的标准，以此来对隐喻解读中的语用和认知过程进行充分高效的描述。

自格莱斯开始，在语用方面的隐喻阐释研究出现了几次重要的过程，其中约翰·塞尔是最具影响力的研究者之一。根据塞尔所言，隐喻也是一种言语行为（Searle，1979）。塞尔认为，隐喻阐释不能借助于言语自身和其语言语境关系来解读（Searle，1979）。显然，许多言语行为理论学家都对隐喻原理做出了详细的解释，主要研究了词意或句意（如词语和句子的字面意义）和说话者意义（例如，通过说话者所发出的词语或句子的字面意义得出说话者的意义）之间的言语行为差异。因此，隐喻理论的核心问题就是应该如何阐述关于字面意义和隐喻话语意义之间的关系（Searle，1982）。“隐喻是言语行为”这一观点由塞尔所提出，主要通过实际验证，了解隐喻是如何与其他比喻性话语或字面语言意义区分开来，从而达到对隐喻阐释的掌握。另外，为了保证在隐喻话语下的有效交流，塞尔进一步提出了“单独必要条件和整体充分条件”（individually necessary and collectively sufficient）[①]这一组原则（Searle，1993：108）。换言之，就隐喻理解而言，听话者必须在言语行为框架下，通过一系列的步骤，推导出说话者的隐喻意义（Gibbs，1992）。

除了塞尔的言语行为理论之外，在1986年，斯波伯和威尔逊二人提出了关联理论，此理论作为一个语用过程的框架，可用于对隐喻加以认识和了解。斯波伯和威尔逊认为，人类的认知基于事物之间的相互关联。然而，交流作为一个非演示性和明示的推理过程，需要基于人类的语用机制和认知机制才能进行（Sperber & Wilson，2001）。关联性在很大程度上依赖于语境效果和相应加工过程之间的关系。在隐喻理解中，交际者必须极为重视“关联性”这一概念。威尔逊（Wilson，1984：52）认为，关联理论的一个重要含义，就是任何一个额外的尝试都暗含了进一步的语境效果。然而，隐喻作为一个间接性言语行为，需要听话者付出更多的努力来处理信息，从而得到说话者的隐喻意义。总之，

① 全书外文中译文，如无特别说明，均为笔者遵照外文原文进行的自译。

关联理论在隐喻的解读和理解中扮演着重要的角色。

顺应理论又称为语言顺应理论，是由耶夫·维索尔伦（Jef Verschueren）在1999年所提出和发展起来的。根据顺应理论的观点，语言选择是以变异性、商讨性和顺应性为特征，在语言使用中与生俱来。维索尔伦强调，语言使用的顺应过程使得语言选择达到交流的目的成为可能（Verschueren，2000：69）。作为描述性理论框架，顺应理论侧重于语境成分和相关的语言单位，对语言使用做出指导。顺应理论强调，使用者一旦使用了语言，则必将相应地做出语言选择。虽然顺应理论并没有关联理论那样深厚的理论积淀，但仍然具有强大的解释能力。因此，这个理论很适合对隐喻的产生和发展进行对应的解释。

自1980年乔治·莱可夫和马克·约翰逊发表其著作《我们赖以生存的隐喻》（*Metaphors We Live By*）至今，人们更倾向于将隐喻看作是关于思维和行为的问题，而非仅仅是一种诗学和修辞学的工具。乔治·莱可夫和马克·约翰逊二人所提出的隐喻新视角的关注点在于将隐喻看作概念思维，而非文字。他们认为，经验主义是隐喻研究的基石和出发点。而且，语言同样具有隐喻性。对抽象概念的理解应该依靠不同领域中的概念结构的具体框架。

吉尔斯·福康涅（Gilles Fauconnier）和马克·特纳（Mark Turner）继乔治·莱可夫和马克·约翰逊二人提出概念隐喻理论之后，进一步地提出了概念整合理论（Fauconnier & Turner，1994）。该理论利用了概念隐喻理论的观点，展示出四个空间的模型，其中包括了在构成要素中的投射和整合。两种认知理论在隐喻的运行机制中，都起到了有效的阐释作用。

在对上述语用学理论和认知语言学理论的大量研究和观察中，笔者认为，这些理论在隐喻生成和解读中所采用的理论视角确实存在一些优缺点，尤其在《圣经》和“四书五经”的隐喻研究中更明显。这种假设也为本书进一步研究关于如何理解隐喻，特别是如何阐释《圣经》和“四书五经”中的隐喻提供了理论支撑。

基于上述总体思考，笔者认为在近些年的《圣经》和“四书五经”隐喻的认知语用研究中，一些认知语用学理论的发展趋势带来了新的研究视角。我们的设想是建立一个综合性认知语用研究方案。在这一方案中，认知语言学和语用学四种相互依赖的理论共存于一个框架中。我们能够借助各个学科之间的知识，建构一个整体的理论系统，从而对一些困难复杂的隐喻问题加以阐释。依托于这一综合性的理论框架，我们将主要着眼于《圣经》隐喻和“四书五经”隐喻的两个方面进行考量，即隐喻识别(metaphor identification)和隐喻解读(metaphor interpretation)。

目前，国内外的研究人员仅仅从文学、神学以及翻译的角度对《圣经》和中国国学的“四书五经”进行过研究。虽然在2005年，廖巧云博士在她的专著《C-R-A模式：言语交际的三维阐释》（*C-R-A Model: A Tripartite Account of Verbal Communication*）中，对语言交际进行了语用学研究，但我们很难找到在语言学特别是在语用学和认知语言学视角下的《圣经》和“四书五经”的隐喻对比研究。因此，笔者的目标是建构一个语用—认知框架，即R-A-C-C框架，在语用学和认知语言学以及经验现实主义视域下对《圣经》和“四书五经”中的隐喻进行解读，主要目标如下。

首先，对《圣经》和“四书五经”中的隐喻交际功能进行反思和界定。就此我们提出了以下几个问题：交际的一般原则是否会对以上隐喻的理解和阐释产生限制作用？我们是否应该采用一般交际理论来对这类隐喻进行分析和阐释？语用机制和认知机制到底会对以上类型的隐喻理解产生怎样的束缚？在解读这类隐喻时，有没有一种更佳且具有说服力或至少是能够弥补现有理论的不足之处的原则？笔者将对上述问题进行重新梳理和阐述。

其次，以《圣经》和“四书五经”中的隐喻为研究核心，探讨如何确认和推导隐喻中的外显意义与暗含意义，如何生成语境假设，以及如何建构隐喻推理过程。

再次，以《圣经》和“四书五经”中的隐喻为语料，基于关联理论、顺应理论、概念隐喻理论和概念整合理论，采用语用学和认知语言学的分析方式，对《圣经》和“四书五经”的隐喻阐释研究的可能性和必要性进行探索。同时，在对隐喻的解读分析过程中，就以上理论的优缺点分别进行探讨。

然后，在吸纳语用学和认知语言学理论的优势，以及通过应用语用学和认知语言学理论对上述隐喻阐释效应进行再评估后，建构出一个较为完善的、综合性更强的语用—认知框架，即R-A-C-C框架。这样的框架适用于对所有各类隐喻的阐释解读，特别是对《圣经》和“四书五经”中的隐喻阐释。

最后，基于R-A-C-C框架的有效性和适用性，对《圣经》和“四书五经”中的隐喻阐释的文化交融性进行综合分析。

第四节　研究方法

人们普遍认为，隐喻的使用是一项涉及社会、文化和心理语言学的复杂活动，因此需要采用多种研究方法来研究这类活动。考虑到隐喻研究的困难性和复杂性，笔者采用了一些相对应的研究方法。

本书在研究中主要采用了理论驱动型和定性研究方法。理论驱动型和定性研究方法虽然有时也会带有一些主观性的特点，但是具有高度的推测性。根据学者沈家煊的观点，描述是阐述的前提，而对语言现象进行阐述是最终目标（沈家煊，2006：6）。本书基于对《圣经》和“四书五经”中的隐喻阐释的分析，最终目标是建立一个认知语用阐释架构，具有理论性和描述性的特征。

本书在研究中会采用一些相关的语用学理论和认知语言学理论。前者主要面向动态语言理解、语言使用以及语境，而后者则用于语言解读中的心理过程分析。在隐喻信息的发出和解读中，本书会采用以上这些理论来探究发出者和接收者的心理活动，找出这些相关的语用学理论和认知语言学理论的不足，从而进一步建立一个多层次、多维度的框架，以此来阐释《圣经》和“四书五经”隐喻中相关的哲学、社会学、文化、道德伦理等各个方面的问题。

具体来说，相关的语用学和认知语言学理论能帮助我们更加深入地探索《圣经》和“四书五经”隐喻中所包含的信息意图、交际意图和隐喻意图，了解此类隐喻是如何实现交流目的的。简而言之，研究的重点是这类隐喻的阐释过程，而非隐喻本身。基于理论的论证和应用，本书还会对隐喻阐释过程中的主要特性加以总结。从这个意义上讲，语用学理论和认知语言学理论能够为此项研究提供理论支撑。虽然本书未能提供充足的语料，但对 R-A-C-C 理论架构的优越性的探讨将会贯穿始终。这种基于 R-A-C-C 框架的理论描述和分析贯穿整个研究过程，同时对本书的观点和假设进行展示和印证。

本书采用的数据资料来自《圣经》和“四书五经”，《圣经》包括《旧约全书》《新约全书》。《旧约全书》包括《创世纪》《出埃及记》《以赛亚书》《诗篇》；《新约全书》包括《马太福音》《马可福音》《路加福音》《约翰福音》。“四书五经”部分包括《大学》《中庸》《论语》《孟子》以及《诗经》《尚书》《礼记》《易经》《春秋》中的隐喻例证。笔者通过大量定性和推理的方法对其进行分析研究，以期探索受话人对隐喻意义的真实理解过程，印证 R-A-C-C 框架的阐释效用，最终探索中西文化典籍中隐喻阐释的文化交融性。

第五节 章 节 构 成

第一章是对现今综合研究成果的介绍，其中包括《圣经》与“四书五经”

隐喻研究的各个方面、当前研究的基本原理阐述，以及本书的目标和方法。

第二章主要对隐喻产生的实质、功能、理解方法，以及隐喻与语言、交际和认知的关系进行阐述。

第三章是文献综述，主要对隐喻的理解和解读的各种观点加以讨论和评价；同时对国内外现今研究的不足之处加以介绍和讨论。

第四章主要阐述 R-A-C-C 框架，这一架构专为《圣经》与“四书五经”隐喻的阐释而建构。这一章将阐释 R-A-C-C 框架的理论思考和哲学依据，同时对 R-A-C-C 框架的工作原理和机制进行说明。

第五章是对 R-A-C-C 框架应用于《圣经》隐喻阐释的解析。这一章会对 R-A-C-C 框架对《圣经》的隐喻阐释的可行性和优势进行反思，并且将其与其他语用学和认知语言学方法进行对比。

第六章是对 R-A-C-C 框架应用于“四书五经”隐喻阐释的解析。这一章会对 R-A-C-C 框架对“四书五经”隐喻阐释的可行性和优势进行反思，并且将其与通用的语用学和认知语言学分析方法进行对比，找出各自的优劣。

第七章是对 R-A-C-C 框架下的《圣经》与“四书五经”的隐喻阐释的文化交融性进行探索和解析，以期从“天人合一”“天人感应”“和谐辩证”“中庸之道”四个维度，探索中西文化交融性和贯通性的支点。

第八章是全书的结语，包括研究的重大发现、启示和局限性，以及对未来进一步研究所提出的建议。

第二章

隐喻与语言、交际和认知

第一节　引　　言

虽然关于隐喻的研究可以追溯至公元前 4 世纪的古希腊时期，但隐喻研究至今依然能够得到研究者的关注，因为“我们的生活离不开隐喻”（Lakoff & Johnson，1980）。在过去的 30 年中，社会科学发展势头迅猛，这得益于人们对语言研究的重视，将其看作了解社会制度和社会结构的工具（Palmer，1996；Brugman，1990）。因此，人们对隐喻和隐喻问题的研究出现了新一波热潮。在相当长的一段时间内，一个被称作“隐喻狂热”（metaphormania）的风潮席卷了国际学术界。这就好像有一场“隐喻革命”（metaphoric revolution）在全世界范围内展开。目前，隐喻的研究受到越来越多人的关注，包括哲学家、语言学家、心理学家；而且人们将此研究看作试验场，用来验证意义和交际理论以及一般语言理解和鉴赏理论的有效性。

简而言之，人们将隐喻看作修辞学中一种基本的修辞手法，这种修辞手法可以反映出人类的基本思维模式。在字面语言和比喻性语言的长期竞争中，隐喻一直以来都是作为比喻性语言中最基本的形式而存在的。比喻性语言是与词汇的语义转换结构密切相关的，与字面语言的使用不同，词义转移过程的目的就是要实现一个全新的、意义更加广泛的或者更加富有特殊意义的词义。一般而言，隐喻和发生词义转移的基本形式相互关联，这一转移过程将一个词、短语或物体的特性转移成为另外的词语或物体的特性。

隐喻拥有巨大的力量，它能够通过多种视角，帮助人们认识世界，并且为不同的事物建立各种联系。根据莱可夫的观点，在我们的思维中，隐喻无处不在；而且在日常生活中，人们会无意识且自然而然地使用隐喻（Lakoff & Johnson，1980）。时至今日，来自包括哲学、社会学、心理学和语言学在内的各个领域的许多学者对隐喻的研究和定义做出了突出的贡献。隐喻的实质也能从多维视角中进行研究。然而，由于隐喻的复杂性和多样性，有些语言学理论并不能很好地阐释某些隐喻的意义生成。因此，在本章中，我们将会对经常被引用和普遍被接受的关于隐喻的观点和争论加以讨论，以此为我们的研究重点——中西方典籍的隐喻阐释做好铺垫。

第二节　隐喻研究回顾

人们普遍认为，隐喻作为一种修辞手法或表述，用于将某个对象或事物以各种方式描述成为与其类似的另一种对象或事物。这种修辞手法在文学作品中十分普遍，特别是在诗歌中，来自一类语境下的词语或短语会与其他语境下的词语或短语相关联。隐喻的传统定义和《我们赖以生存的隐喻》（Lakoff & Johnson，1980）一书中的观点并不相同，这本书认为我们所生活的世界里，隐喻和隐喻表达无处不在。有些隐喻已经深深地根植于每个人的精神和思维中，而且其中很多已经应用于我们的生活之中。在接下来的讨论中，我们将对隐喻、语言、交际以及隐喻和认知的关系进行探讨。

一、隐喻的定义

亚里士多德在他的著作《诗学》中，首次提出了隐喻的观点，这个概念是通过类比法，将某个术语应用于表达其他术语。这种转换可以从属类到种类，也可以从种类到属类。为了清楚地表达且便于理解，这里需要列举出亚里士多德所提出的四种隐喻转换，即从属类到种类、从种类到属类、从一种种类到另一种种类，以及类比法。

除了亚里士多德的观点之外，还需要提到另一位重要人物。这就是古罗马著名的修辞学家马库斯·F. 昆体良（Marcus F. Quintilian）。他认为，在隐喻中，一个名词或动词从一种形式到另一种形式的转换，其修辞效果要远比其字面形式更加令人满意（Harris et al.，1980）。另外，昆体良采用了不同的词语表述，提出了四种隐喻转换，这和亚里士多德所述稍有差异。具体而言，这四种转换是从有生命到无生命、从无生命到有生命、从有生命到有生命，以及从无生命到无生命。

在 20 世纪，理查兹发表了《修辞哲学》一书。根据理查兹的观点，隐喻就是利用一组事物作为一个参照，这一组事物与另外一组中的事物在特定的方式下具有相似的关系，以此来促进话语的理解。

根据莱可夫和约翰逊的观点，隐喻可以看成是通过另外一个事件来理解和经历某一事件（Lakoff & Johnson，1980）。通常，隐喻的使用与特定的言语过程密切相关，这个过程就是将某个词语的一种含义转移至另一个词语上。如此一来，第一个词语和第二个词语就建立了联系，并且产生了隐喻效果。许多著名的哲学家、思想家以及语言学家都在他们的著作中对隐喻做出了阐述，但主要从非认知语言学的角度出发。首位从认知语言学角度解读隐喻的学者是约翰·洛克（John Locke）。他在 1690 年发表的《人类理解论》（“An Essay Concerning Human Understanding”）一文中，提出了类似概念隐喻的观点（转引自王寅，2007：404）。正如丹尼尔·利里（Daniel Leary）所强调的观点一样：换句话说，洛克认为我们精神层面的概念是隐喻性的（Leary，2014）。

紧随洛克的研究之后，德国哲学家伊曼努尔·康德（Immanuel Kant）对隐喻提出了自己的观点。康德认为我们的经验直觉在类比中被加以应用，其中我们的评价具有双重角色。首先，我们将概念应用于我们所感知的物体上；然后，我们采用直觉思维的规则，将其用于完全不同的物体上。前者是后者唯一的标志。我们所使用的语言通过类比而富有这种间接概念化特点（王寅，2007：404）。

奥拉夫·杰克尔（Olaf Jakel）认为，虽然康德并未提及“隐喻”这一术语，但是“符号”一词就能与“隐喻”相匹配（Jakel，1996）。他还进一步提到，我们的生活充满了类似的用法，通过它们我们能够获得概念表达方法。威廉·德怀特·惠特尼（William Dwight Whitney）同样认为，语言发展历史中的一个重要实例就是我们将物理意义和感知意义应用于精神和道德概念，以及它们之间的相互关系中（王寅，2007：404）。

德国哲学家汉斯·布鲁门贝格（Hans Blumenberg）对空间特性中的心理特征的隐喻表征做出阐述，他认为人类知识是在经验和空间的基础上，通过隐喻而构成（王寅，2007：405）。另外，他分别在 1960 年和 1971 年发表了两篇文章，即《隐喻学范例》（“Paradigms for a Metaphorology”）和《隐喻观察》（“Observations on Metaphors”）。他首次引入了“隐喻学”（metaphorology）的概念，认为应该从认知的视角研究隐喻，而且这种方式能够帮助我们对认知的基本结构加以了解。

理查兹根据隐喻是不同事物的两种意义相互作用的原因而提出了交互的观点（Richards，1979）。这种观点通常由单一的词或短语支撑，通过它们之间的交互作用而产生意义。他的观点后来通过学者布莱克（Black，1962）和罗杰·图兰格（Roger Tourangeau）和乔治·斯特恩伯格（George Sternberg）

（Tourangeau & Sternberg，1981）的研究而得到进一步发展。莱可夫和约翰逊是认知语言学理论视角下隐喻研究的代表人物。在《我们赖以生存的隐喻》一书的开头，他们就强调了认知语言学在隐喻研究中的重要性，认为隐喻在日常生活中普遍存在，不仅仅存在于语言之中，而且植入于思维和行动里。从以上论述中我们可以得知，人们对隐喻的理解已经上升至认知和推理的高度，因此可以总结出以下一些共同点：

（1）人们将隐喻视为一种修辞手法；

（2）隐喻是明喻的一种特殊形式；

（3）隐喻是词语和短语的一种替换形式；

（4）隐喻在事件或物体中包含有相似特性。

根据安德鲁·奥托尼（Andrew Ortony）的观点，隐喻是将一个词或一个短语应用到一个物体或一个概念上，而不是仅仅用来与另一个物体或概念做比较（Ortony，1993）。因此，从 20 世纪 80 年代到 90 年代的著作中，人们已经开始对隐喻的认知功能有所了解。

我们知道，隐喻在对两种物体做对比时，不使用“像”或“如同”这样的连接词。与明喻相比，隐喻的效果则显得更进一步。在对某事物进行描述时，相比将某事物比作其他的事物，隐喻要求我们将这一事物认作其他的事物。根据理查兹所著《修辞哲学》一书中的观点，隐喻包含两部分：喻旨（tenor）和喻体（vehicle）（Richards，1979）。喻旨指的是具有赋予属性的主体，喻体指的是具有借用属性的主体。有些作家采用 ground 和 figure 这两个词来表示理查兹所定义的喻旨和喻体。这里我们对下列诗行做出探讨。

> 其实明天如何，你们还不知道。
> 你们的生命是什么呢？你们原来是一片云雾，
> 出现少时就不见了。（雅各书：404）
> Yet you do not even know what tomorrow will bring.
> What is your life? For you are a mist
> that appears for a little while and then vanishes. [①]

① 本书中的《圣经》中英文引文均选自 2006 年中英双语版《圣经：简化字现代标点和合本》（*Holy Bible: New Revised Standard Version*）。

在这个例子中，作者将“生命”（life）一词比作“云雾”（mist）。其目的是通过运用云雾的共有属性，对基督徒的生活加以描述。在此，“生命”一词就是喻旨，“云雾”一词就是喻体。

在认知语言学中，与“喻旨”和“喻体”相对应的术语是“目标域”和“源域”。在此，关于上述隐喻的讨论可以写成“Life is mist.”（生命是云雾）。在这种隐喻中，相关元素构成了隐喻映射，其中 life（生命）映射于 mist（云雾），如此便形成了概念映射过程。

二、隐喻的分类

一般而言，相比类比，隐喻则更加有说服力和活跃性（隐喻更趋向于表示二者的相似性，而类比主要指明其差异）。其他的修辞手法包括转喻、提喻、明喻和讽喻之类的对比手法，都和隐喻有很多的相似之处，但是通常是通过事物陈述的对比而将其区分开来。隐喻能够反映出一些我们已经了解的东西，但有些东西我们可能无法完全理解（Palermo，2002）。当人们建立起一个隐喻结构时，会自然而然地联想到自己意识之外的那些东西，虽然无法命名，但它们确实存在（Pynte et al.，1996）。如果人们欣赏和使用隐喻，那么在交流中就会促进和提升理解效果。

通常，人们将隐喻进一步地分为以下几个特定的类别。

（1）寓言（allegory）：这是一种延伸的隐喻，以故事的形式来呈现主题。

（2）矛盾误用（catachresis）：这是一种混合的隐喻，有时会通过策划和修辞错误来使用。

（3）格言（parable）：这同样是一种延伸的隐喻，对道德或某种精神有教导或展示的作用。

另外，隐喻还有一些其他常见类型，具体如下。

（1）死喻：是指转移后的形象失去了意义。死喻通常是指被人们忽视且大多数说话者完全没有意识到其发生的隐喻，如 to break the ice（破冰；打破沉默）。另外，还有人更加普遍地将死喻等同于一种过时的或陈词滥调式的隐喻。

（2）延伸隐喻：这指的是一种扩展的隐喻，或称为奇喻。这种隐喻建构了一个主体结构，其中包含了一些附属项目和比较关系。在这种扩展的隐喻中，通常会有一个基本比较，这种比较来自每个全新的阶段，这会为主题赋予新的理念。

（3）混合隐喻：混合隐喻指的是从某种识别方式跳跃至另一种识别方式的隐喻，两种方式保持不一致性。混合隐喻通常是对某种事物由于不专注而产生的不太确切的用法。这种隐喻能够产生有趣且无逻辑的形象，因此应尽量避免使用。

因此，隐喻的主要环节就是特定的词语从一个语境到另一个语境的转移。对于亚里士多德所提出的四种相互区别的隐喻来讲，最后一种（通过类比产生的转移）最为显著，以至于所有关于隐喻的重要理论都与其进行过参照。

虽然有些隐喻并非刻意为之或有时无意引出，但它们能够在大多数的著作、一些话题或是一些语言风格中出现。我们可以发现，文学作品中所有的主题信息均为隐喻，在对主题信息的讨论中，作者经常采用叙述故事的方式来传递人们对主题的理解和感知。

许多学者都对隐喻分类做出了各种尝试。厄尔·麦克马克（Earl MacCormac）将隐喻分为表征性隐喻（epiphors）和建议性隐喻（diaphors）（MacCormac，2008：23-24）。建议性隐喻是一种新奇的隐喻，通过向听话者发出某种不愉快的信息，使其回想起某些特定的情感和压力。最初，建议性隐喻在喻旨和喻体中会表现出更多的差异性，而非共同点。这些差异性在不同的展示中需要得到认可。相比之下，表征性隐喻是一种传统型的或基于对比的隐喻形式，这种形式已经抛弃了其本身的情感力量，并且不再会对现今的概念产生挑战（Gentner，1988）。其他的观点认为，表征性隐喻和建议性隐喻主要是强调一些事物的存在性和可能性。根据其他定义，表征性隐喻是一种基于明确类比的隐喻表现类型，其主要功能是对相对著名和鲜为人知的事物之间的相似性加以描述。建议性隐喻是一种建议性类型的隐喻表现形式，其主要功能是通过强调参照物之间的差异性，从而产生新的合理意义。建议性隐喻和表征性隐喻在以下文本中有所体现。

> 又说："神的国，我们可用什么比较呢？可用什么比喻表明呢？好像一粒芥菜种，种在地里的时候，虽比地上的百种都小，但种上以后，就长起来，比各样的菜都大，又长出大枝来，甚至天上的飞鸟可以宿在它的荫下。"（马可福音：68）
>
> He also said, "With what can we compare the kingdom of God, or what parable will we use for it? It is like a mustard seed, which, when sown upon the ground, is the smallest of all the seeds on earth; yet when it is

sown it grows up and becomes the greatest of all shrubs, and puts forth large branches, so that the birds of the air can make nests in its shade."

在对上文中所表现的建议性隐喻和表征性隐喻进行阐释时，我们需要发挥自己的想象力，找到“种子”（seed）和“神的国”（the kingdom of God）二者之间的相似性。这里，关于自然界中事物的简单并列关系和超自然的想象力是显而易见的，其中各种意义之间的隐含关系的对比一目了然。

另外，拜平・因杜尔亚（Bipin Indurkhya）分别对传统隐喻、相似型隐喻以及相似创造型隐喻进行了区分（转引自蓝纯，2003：42）。具体而言，人们将传统隐喻看作日常用语中必不可少的一部分，而且相对其他修辞手法，传统隐喻的使用次数更多。相似型隐喻鼓励听话者在源域和目标域两者之间做比较和对比，以便能够发现二者之间的共同点。相似创造型隐喻则用来呈现相似性，这种相似性之前并不存在于两种语域或两种输入空间之中。

除以上分类外，莱可夫和约翰逊（Lakoff & Johnson，1980）还列举出三种隐喻类型，即结构隐喻、方位隐喻、本体隐喻。

结构隐喻属于基本的概念隐喻。这种隐喻中包含了公式“A 即是 B”，其中目标域 A 可以通过源域 B 来理解（Kövecses，2006：20）。这里以“Love is a journey.”（爱情是一场旅程）的隐喻手法为例。在这个隐喻中，从源域到目标域包含了相对丰富的知识。通过建构出的源域，交际者能够通过认知来了解目标域中的各个方面。

方位隐喻与结构隐喻的不同之处在于，前者建构了一整套事物相互之间的概念体系，其中大部分都与空间方位有关，如上-下、里-外、前-后、离-合、深-浅、中心-边缘等。以上的空间方位来源于人们所处真实环境中的自身体验。这种隐喻指向基于特定的原因或计划，而且它还立足于我们的亲身经历和文化体验（Lakoff & Johnson，1980：4-15）。

本体隐喻的目的在于使人们根据自身的经历，将所见事物、做出的活动、情感等看作实体和物质。莱可夫和约翰逊认为，人们在日常生活中经历的实体对象，特别是关乎自身的经历，能够为本体隐喻的大范围信息收集提供基础，正如人类空间方位中的基本经验能够对方位隐喻产生促进效果一样。换句话说，本体隐喻是基于人类的基本经验，将所见事物、做出的活动、情感、观念等看作实体和物质的方法（Lakoff & Johnson，1980）。

本体隐喻“相比结构来说，为目标概念提供的认知框架更少。其中认知的效用似乎'仅仅'在于为抽象目标概念的一般类别提供本体状态"（Kövecses，2002：34）。在通过具体对象、物质和容器进行思考却未能对其加以了解和区分时，就能够对本体隐喻加以利用，因为我们这时无法对源域和目标域的结构关系做出精确的解读。鉴于此，我们只是将一些物体的基本特征与物质赋予我们的各种经历。在对目标概念的本质了解不足时，我们就需要大幅度地使用隐喻。

根据莱可夫和约翰逊的观点，最受关注的本体隐喻包括拟人手法和容器隐喻。人们常常将拟人手法看作本体隐喻的一种形式，即在非人类物体上赋予了人类的品质。这就帮助我们通过人类的各种动机、性格和活动来了解非人类物体的各种形式。例如：

（1）Life has cheated me.（生活欺骗了我。）

（2）His theory explains to us that ...（他的理论告诉了我们……）

（3）The computer went dead on me.（电脑死机了。）

（Kövecses，2006：35）

在上述各例中，我们为 life（生活）、theory（理论）、computer（电脑）这些非人类物体赋予了特定的人类属性，如欺骗、告诉和死亡。这样一来，我们就能够更加形象地对其产生敏锐的感知。

莱可夫和约翰逊（Lakoff & Johnson，1980：29）认为，人类通过自己的皮肤而与外界产生联系或区别；与此同时，外界属于人类自身的另一部分。我们每一个人都是一个容器，拥有边界界面和进出的基础。然而在现实生活中，我们的进出方向会投射在其他的物体上。因此，这些物体就可以被看作容器，有内部和外部之分。人们的视野也可以被看作一个容器，我们所看到的事物就能够被放入这个容器之中。鉴于我们的视野和容器相关，于是就有了"Visual fields are containers."（视野就是容器）的隐喻概念。另外，我们还能够使用隐喻将各种事件、行动、活动和状态概念化。换句话说，所有这些事物都可以被看作容器中的离散实体。正如"Are you in the race on Sunday?"（你周日有比赛吗？）这句话中的 race（比赛）一样，我们即将其视为容器中的物体。

三、隐喻的产生和功能

（一）隐喻的产生

人们普遍认为隐喻和语言以及认知的模式和过程紧密相关。我们或许能够在每个单独的语言和社会中找到隐喻的用法。根据大卫·E. 库珀（David E. Cooper）的观点，“非字面性谈话的识别需要理解它发出的原因、扮演的角色和发挥的作用”（Cooper，1986：4）。事实本就如此，需求是所有事物发展的原动力，隐喻也是如此。正是有了需求，隐喻才得以产生。一般而言，隐喻的产生基于复杂的因素，对其中的三个因素我们应该加以考虑：认知因素、心理学因素和语言学因素（束定芳，2000：91）。然而，笔者认为，还应该对交际因素加以重视和讨论。

作为一种认知现象，隐喻和人们的思维模式和过程紧密相连。认知是通过处理、分析和归纳现实世界中无数复杂的事物而实现的。因此，对新事物的认知需要基于一些已知的概念。当新事物在人脑中与已知概念产生了某种特定的联系，就会以此作为新隐喻产生的基础。在早期阶段，由于思维的局限性，使用者会倾向于将两种不同的事物当作相同的事物，由此产生了隐喻表达。这种隐喻主要存在于人类认知能力的初级阶段。

众所周知，在人类思维发展的初期，词语和表达并非用来表述特定的概念和目标，而被用来模糊地指代某种情景。根据心理学的研究成果，某些概念的构成会历经一个漫长的发展过程，人类认知的发展也同样如此。最初，人类早期的认知能力还不发达，很少能够使用一些具体的词语或短语来对一些抽象的想法和观念进行描述。所以，在大多数情况下，人们都会借助词语和短语本身来得到帮助——词语和短语用来描述人类的生活和活动，以此来指示和表明一些抽象的事物。因此，就出现了“人是衡量一切的标准”（Embler，2011：49）这样的说法。

我们可以发现，人类的认知思维是受限的，在最初仅仅与自然界相关联。随着时间的推进和社会的发展，思维的缺乏（poverty of thought）阻碍了人际交流，这也为根隐喻（root or radical metaphor）的形成提供了关键支撑。根隐喻是认知的基础，由喻旨或本体和喻体构成。喻旨或本体存在于表层结构中，而喻体隐含在深层结构里。起初，人们无法区分根隐喻中的喻旨和喻体，也并没有意识到自己正在使用隐喻。隐喻的本质仅仅是在人类的认知能力发展到一定水平后才能被感知或觉察到。当人们感知到喻旨和喻体通过相关性产生了必然的联系的时候，才能对喻旨和喻体进行区分，才能感受到根隐喻的存在。其实，人类概念系统中的绝大部分都是基于根隐喻而构成的。由于根隐喻的普遍性和微妙性，人们很难察觉到它的存在。或许这正是莱可夫和约翰逊所提到的“概念隐喻”，这种隐喻深深植根于人类的认知领域中，而且很难被察觉。

隐喻思维是人类了解世界的工具之一。人们通过对不同事物相似性的类比来了解其属性。隐喻还为人们提供了全新的方法来认识事物，这些事物原本在本质上并无关联。因此，隐喻思维同样是科学思维的重要构成之一。人类的思维过程和思维表达中充斥着隐喻。因此，为了对未知的领域进行探索，以及对周围世界加以了解，我们必须利用自己的观念和概念系统，并且将其映射在未知领域中，以此获得新的知识和认识。总而言之，隐喻是达到抽象概念模式中必不可少的路径，并且能够为我们建构概念系统。

从语言学角度而言，如果我们探寻词语和短语的构成，那么隐喻几乎为所有的问题都指出了方向，这一切都不足为奇。这些词语和短语的常规用法使其逐渐失去了原本的隐喻意义，导致其最后成为死亡隐喻。例如 pupil 一词，它最初的含义是指瞳孔，现今却几乎丧失了原有意义，变成“小学生”的意思了。因为语言的缺乏（poverty of language），我们在表达某种特定概念或全新的概念时，找不到相应的词语或表达方式，所以需要借助一些现有的词语或表达方式。思维缺乏的客观原因之一可能是我们语言中的词语和表达方式有限。我们并不需要在每个新事物或现象的解读中创造出“新词”，这样不现实且没有必要。其他方面的原因可能是，虽然我们的大脑创造力极强，但认知能力的存储量有限。然而，由于这个“客观缺陷”，现今人们在表达全新和未知的概念时所使用的一些词语和短语，成为隐喻产生的重要途径。在创造新词、术语和表达方式的过程中，人们时常会在新老文本语境中寻求二者的相似之处，从而能够使用一些有全新含义和寓意的短语，进而对全新且不知名的语言现象加以讨论。

众所周知，修辞学中的隐喻最初由亚里士多德提出，之后涌现出了众多修辞学家。亚里士多德在其著作《修辞学》（Aristotle，1991：24-25）中，将隐喻定义为“这是一种敏锐的观察力，作为一种说服手段，适用于现有任何场合之中”。作为重要的修辞手法之一，隐喻通过激发出听话者的偏见、怜悯、愤怒之类的相似情感，进而达到说服的效果。正是使用了隐喻以及其他的修辞手法，词语和表达方法才变得更加引人注目。总而言之，词语和表达方式上的变异使得听话者和说话者都感到非同寻常，并且“在常规使用中，这样的变化会使语言显得更加庄重”（Aristotle，1991：14-15）。正是使用了隐喻，人们才能获取最为新鲜的话语寓意。

斯特拉·沃斯尼亚杜（Stella Vosniadou）总结出了人们使用隐喻的原因：

（1）想要令其语言或多或少有趣一些；

（2）增加其语言的力量；

（3）达到竞争的目的；

（4）出于礼貌或“面子”（Vosniadou，1989：160）。

前两点很好地说明了使用隐喻的修辞原因。至于第三点“达到竞争的目的”，说话者的陈述目的和他的人际目的之间总会存在冲突。这些才是使用隐喻表达的真正原因。

交际可能是促使隐喻产生的原因，而上下文可能是引发使用隐喻的唯一因素。根据奥托尼所提出的一般假设，隐喻通过使用离散符号系统传递连续性的体验信息，因而发挥了必要的交际功能（Ortony，1993）。或许通过想象，隐喻生动形象且富有情感地表达了所感知的经验；而在库珀看来，交流者之所以倾向于使用隐喻，可能仅仅是因为说话者之间对这些隐喻所产生的效果熟悉或亲切。在某种意义上，使用隐喻能够令人们感到轻松（Cooper，1986）。

（二）隐喻的功能

人们普遍认为，隐喻在本质上不光是语言的，它也是一种基本的认知方式。就隐喻的功能而言，目前为止有大批学者和研究人员提出了各种看法和观点，其中束定芳教授在隐喻功能研究方面，一直处于前沿行列，他曾对隐喻做出了相对全面的研究。在出版于2000年的《隐喻学研究》一书中，他列举了关于隐喻的六个功能，即修辞功能、语言学功能、诗歌功能、认知功能、社会功能和文字游戏功能。基于其标准，我们可总结为，人们日常交流中的隐喻性话语大体上有三个主要功能：修辞功能、语言功能和认知功能。

一般公认的说法是，人们使用隐喻性话语的主要目的是获得一定的修辞效果。我们将隐喻性话语作为一种修辞手法，可能是由于以下三个原因。

第一，在交流过程中寻求恰如其分的和生动形象的效果。

第二，达到一种新奇、独特的效果。人们一般倾向于使用一些新鲜奇特的表述。例如：

（1）谈起找男朋友，你应该试着找个潜力股。

（2）婚姻就是买彩票。

（3）两支队伍将在比赛中PK。

此处我们所使用的“潜力股”指的是一个前途光明并有发展潜力的男朋友；“彩票”暗指“幸福的婚姻取决于一个人的运气”；网络游戏中的术语PK指对手之间的竞争。所有这些实用的隐喻性话语都产生了一种特殊的修辞效果。

第三，为了避免一些冒犯性表达或者令这些表达不那么令人厌恶，我们倾向于使用具有委婉语功能的隐喻。例如，在某种情况下我们可以使用“他驾鹤西去了”来代替“他死了”，以此避免令人不悦。

通常情况下，人们认为隐喻是语言发展和变化过程中的重要形式。它能够弥补词语上的空缺，提升表达的意象，强化表述的准确性。一词多义是语言中的一个典型现象。一词多义中的许多含义都产生于隐喻的使用。例如，“热”这个词的字面义为“温度很高”，自此我们可以延伸到其他的含义，如“有辣椒的食物”“兴奋并饶有兴趣”“非常好、幸运或巧妙”“苦难或危险”，如此等等。此外，由于特定的表达缺乏合适或贴切的单词和短语，我们有时会采用隐喻以弥补该空缺。例如，我们可能使用一些与动物相关的短语来表达某些特定的意义。例如，“The cat wolfed down a bird.”（这只猫狼吞虎咽地吃了一只小鸟），以及“Wolfing down your meal does harm to your digestion.”（吃饭狼吞虎咽对你的消化不好）这两个句子中，短语 wolf down（狼吞虎咽）即为隐喻，暗指像狼一样吃东西的行为。

隐喻对于人类而言是基本的认知方式。我们许多概念和概念体系中的看法都是隐喻。可以说，隐喻是人类组建概念体系的重要基础。莱可夫和约翰逊称：“我们的概念构成了我们的感知，它同时影响我们如何在世界上生存，以及如何与人打交道。我们的概念体系因此在决定我们每天的现实生活中发挥了核心作用。如果我们认为我们的概念系统主要是隐喻性的，那么我们思考的方式、我们的经历以及我们每天所做的事情大约也都是隐喻性的。”（Lakoff & Johnson，1980：3-4）

隐喻的另外一个功能是我们可以通过某一已知领域的经验来概念化某一未知领域的经验。这使得我们可以利用相对熟悉的经验来组织相对不熟悉的经验，并形成一些看法，从而进一步采取相应措施。

根据莱可夫和约翰逊的分析，人类的概念体系主要建立在本体隐喻的基础之上。本体隐喻使人类能够依据客体或实体理解他们的经验，并能够挑选出那些经验的一部分，将其当作离散的实体或统一整体的部分。本体隐喻可用作不同的目的，且不同的隐喻可反映不同的目的。

隐喻的社会功能反映在两个方面：增强社会成员之间的亲密性和满足礼貌的需要。我们人类是社会中的个体，需要时时刻刻地在社会中交际。隐喻在我们生活以及交际活动中必不可少，从社会意义上、交际意义上甚至是宗教意义上看，我们都非常需要隐喻。

四、隐喻理解

隐喻的效果和机制主要通过隐喻理解而实现并得以应用。至于隐喻理解，我们可以主要集中在两个方面：隐喻理解的过程和隐喻理解中语境的作用。实际上，隐喻理解的过程主要在于两个方面：隐喻的识别和隐喻意义的推断（束定芳，2000）。

（一）隐喻的识别

隐喻理解是一个持续的心理过程，它实时地发生，开始于该过程的第一秒并有可能通过长期的反思分析而延续。据罗伯特·吉布斯（Robbert Gibbs）的观点，理解指的是当读者目光扫过一个文本或当他们初次听到一些语言的话语或表达时，为某种话语创造意义的那一短暂的瞬间（Gibbs，1995）。理解的过程包括了信息意义重组，即将理解的产物视为一个类型，并初步判断及确定某个话语的意义是字面意义还是隐喻意义，是反讽意义还是其他意义。

一般而言，话语理解的过程中通常要考虑两个典型要素：一个因素是受众对上下文语境和话语的主题非常熟悉，因此可以对说话者所要表达的意思做出大概的推测；然后受众会对其交际预期做出修正，以此做出回应并实现交际目的。另一个因素是受众并不完全理解当前文本和话题以及说话者的意图，此时话语的理解就取决于对实际话语的解码，然后从话语的字面意义判定语境意义以及说话者想要表达的意义。我们主要集中在受众如何判断和识别隐喻，以及如何在特定环境下理解隐喻的意义两个方面。

我们可以根据一些隐喻性话语信号来识别隐喻。这些信号可以当作隐喻的标志。比如：

> 并戴上救恩的头盔，拿着圣灵的宝剑，就是神的道。（以弗所书：343）
>
> Take the helmet of salvation, and the sword of the Spirit, which is the word of God.

> 你们要防备假先知，他们到你们这里来，外面披着羊皮，里面却是残暴的狼。（马太福音：15）
>
> Beware of false prophets, who come to you in sheep's clothing but

inwardly are ravenous wolves .

因为我们的神乃是烈火。（希伯来书：397）
…for indeed our God is a consuming fire.

具体而言，在以上句子当中，“救恩的头盔”（the helmet of salvation）、“圣灵的宝剑”（the sword of the Spirit）、“残暴的狼”（ravenous wolves）以及“烈火”（consuming fire）原本的意义已经转移到了新的领域，因此而产生了隐喻的效果。然而，在使用语言的过程中，大多数隐喻的形成都没有任何信号。在这样的情况下，听话者会依据实际语境因素和语义或语用意义与字面意义的冲突，来判断是否存在隐喻效果。

据奥托尼所言，词语和句子自身并不产生隐喻，而是某种特殊的用法将其变成了隐喻。他还认为，任何话语创造隐喻效果的首要关键因素是它必须在语用方面或语境方面是异常的（Ortony，1993）。或者换言之，对于任何词语、短语或句子而言，字面意义与实际语境并不一致。第二个因素是这个语义冲突或语义异常大体上不能消除。第三个因素是对一个隐喻句子的理解必须符合说话者的意图。以此奥托尼提出了隐喻认知的三个标准：①语境异常条件；②隐喻延展力能够大体上得以消除；③说话者有意使用隐喻（Ortony，1993）。

总而言之，由于隐喻的典型结构是“A 是 B”，但是 A 和 B 属于两个不同的范畴，所以隐喻的一个特征即两个不同的事物是类似的，因此制造了语义的不协调。所以，当听到或读到语义上不正常的句子时，听话者或说话者并不会仅仅得出表面的意义。相反，听话者会试着从其他方面寻求其暗指的意义。最普遍的方法就是将该话语或句子视为隐喻。

（二）隐喻意义的推断

当听话者确定说话者的确使用了隐喻之后，接下来就是对隐喻意义进行推断。话语的意义不是简单来自词语、短语或结构，并且隐喻意义很大程度上依赖于特殊的语境。可以说，话语的意义主要是在语境的基础上得以实现的。因此，从某种角度而言，语境是一个决定性的因素，它在理解隐喻性话语时发挥着限制和解释的功能。这里我们主要讨论语境的质量和数量，以及它们对隐喻阐释的作用。

语境的质量指的是语境信息的特征，即语境的种类。目前，不同的学者对语境做出了不同的分类。白解红教授将语境分为语言语境和非语言语境（白解红，2000）。这里笔者暂且用这个分类进行举例分析。语言语境是一种特殊语境，该语境中一些语言单位相互依赖，以此来表达某种意义。这些语言单位可能是词语、短语甚至句子。例如，“The train was snaking its way through the mountain.”（火车在山间蛇一般蜿蜒而行）这句话中，snaking 一词被认为是整个句子的中心点，它为隐喻意义的表达提供了语境：火车像蛇一样，在山间蜿蜒而行。再看另外一个句子，“She is just a caged-bird.”（她就是一只笼子中的鸟儿）中的 caged-bird 在隐喻意义上暗指她已经失去了自由。非语言语境指的是非语言的因素，比如实际言语行为中的参与者，言语行为中的时间、场合、事件，以及交流过程中传递隐喻信息时语言单位所依赖的背景。对于一些表达来说，如果没有非语言语境的帮助，理解隐喻意义会非常困难。比如，“The old rock is becoming brittle with age.”（岩石随着岁月的增长而变得易碎）这句话中，我们可以就语境的改变而理解为隐喻性的或非隐喻性的。如果语境是“话语行为的参与者在讨论岩石的进化”这样的场合，那么这个句子就可以理解为非隐喻性的；相反，如果语境变为“交谈者在谈论一位曾经年富力强的教授，而今由于上了年纪而虚弱不堪”时，这句话的理解就完全不同了。它可以理解为“老教授随着年龄的增长身体一天不如一天了”。

事实上，在实际交际过程中并非只有一两个语境因素发挥作用，而是通常会有多种语境因素共同作用，妨碍了我们对隐喻意义的理解，因此便产生了语境数量对隐喻意义的影响。也就是说，语境因素的数量在推断隐喻意义的过程中发挥着更重要的作用。我们来分析“I've climbed to the top of the greasy pole.”（我已经着手做最困难的事情了）这句话。这句话是英国著名作家、政治家本杰明·迪斯雷利（Benjamin Disraeli）1868 年就职英国首相后所说的话。对这句话的隐喻意义的解码包含了许多语境因素，如历史因素、政治因素、个人主观因素以及背景因素等。正是由于这些语境因素的作用才产生了隐喻效果。如果不对这些语境因素加以掌握，我们就很难在这句话里感知到隐喻的意义。

总而言之，隐喻的理解是一个复杂的过程，包含了许多复杂的因素。在这些因素中，语境的作用尤为重要。从广义上而言，语境因素包括从语言学、文化、社会、心理学因素到一个人的常识，再到认知因素等。从狭义上而言，语境因素主要包括交际过程中某一话语结构表达某种特定意义时所依赖的上下文语境。可以假定，如果存在足够的语境线索，听话者则可以直接理解话语的隐喻意义。如果所提供的语境线索并不充足，则听话者理解隐喻的过程将会更为复杂。即便有时语境线索会提前或延后出现，但它仍旧为隐喻的理解制造了不同程度的障碍。换而言之，隐喻理解对语境背景信息非常敏感，在很大程度上受语境的约束。

第三节　隐喻与语言、交际和认知的关系

如雅各·L. 梅耶（Jacob L. Mey）所言，“隐喻表达的基本功能是通过观察和措辞来表达我们的世界”（Mey，2001：305）。隐喻表达中的措辞与一般性的指代性表达不同。然而就隐喻表达而言，它经常使用措辞来指代所谓的“真实世界”中的某个事物。并且，隐喻通过自身的概念化融入我们的环境，从而构成了我们的心智世界。最后，由于任何语言的隐喻在相对较长的时间里依旧保持稳定这样一个事实，因此我们对自己的语言和文化保持长期的敏感性就显得非常重要了。

一、隐喻与语言

人们出于各种动机和原因而使用隐喻。传统上而言，人们倾向于使用隐喻表达来创造一种修辞效果，或在语言表达中用可选择的方式来弥补字面语言的不足。众所周知，语言是人类符号活动的基本形式，也是最复杂的形式。语言具有众多功能。一般而言，语言是交际中基本的且不可或缺的工具。它并不能作为一个中立媒介而被说话者自由地、轻而易举地使用来表达说话者的个人意图。相反，某些隐喻有时充满了其他人的意图。据 M. A. K. 韩礼德（M. A. K. Halliday）所说，语言是构成文化的符号系统（Halliday，1985）。语言意义与我们的经验直接相关。语言是文化传递其信仰、价值观和准则的基本方式。根据萨丕尔·沃尔夫（Sapir Whorf）的假说，语言影响人的认知并且传递思想，同时语言有助于重塑认知和思想。当人们在交际的语境中使用了语言，语言就以多重复杂的方式与文化联系在了一起。从布罗尼斯洛·马林诺夫斯基（Bronislaw Malinowski）到 J. R. 弗斯（J. R. Firth）（Malinowski，1923；Firth，1957）的观点来看，语言也仅仅是当它在某些环境中发挥作用时才出现的。根

据约瑟夫·海斯（Joseph Heath）的观点，我们不会孤立地感知语言，如果我们孤立地感知语言，我们将无法感知到它（Heath，2001）。但是我们却经常在特定的情景中、人们的活动场所和社交中感知语言，通过这些场景语言，相应的真实意义才得以产生。这就是一种特定情景，所以语言在“情景语境”中才能发挥作用。并且，如果任何语言表述缺乏在特定情境中的具体使用，那是毫无意义的。总而言之，语言所发挥的所有功能必须由一些交际规则加以限制且需要某种交际语境（Hargie & Dickson，2014）。

社会交际主要通过语言的方式发生。大批学者都对“交际”进行过定义，其数量不少于100种。目前广为认可的是拉里·A. 萨莫瓦尔（Larry A. Samovar）和理查德·E. 波特（Richard E. Porter）的定义。根据他们的定义，交际发生在我们的行为被赋予某种意义的时候。当有人观察到我们的行为或附带动作并赋予其意义时，无论我们的行为是有意识还是无意识的，是故意的还是无意的，交际都发生了（Samovar & Porter，2000：22）。在该定义中，他们强调，行为中意义的归属应该被视为整个交际过程中的重要部分。在对许多交际的定义进行修正后，茱莉娅·伍德（Julia Wood）最终将其定义为：“交际是一个系统的过程，在该过程中人们使用并通过符号互动以创造和解释意义。”（Wood，2005：15）

就交际中的意义而言，伍德声称，交际中的意义有两个层面：内容层面和关系层面。内容层面主要是指交际的字面意义，而关系层面指的是特殊语境中的意义（Wood，2005）。

经过以上讨论，笔者认为“语言”和“交际”这两个术语自身在一个循环动态的过程中发挥作用，该过程包括了多种因素，如社会因素、文化因素、语用因素、认知因素等。交际信息的产生和解释需要语用要素和认知要素的共同参与。

二、隐喻与交际

当隐喻用于解释人们如何通过社会、文化、宗教以及阶级差异进行交际时，它就变得必不可少了。由于这个原因，隐喻研究有助于对人类交际和认知能力进行进一步的了解。它也为解决语言和交际中的各种问题提供了工具。

人们普遍认为，语言是多功能的。它可以用于表达人们的思想和情感。语言的功能必须在一定的交际语境中才能实现。人们一般认为，语言的理解受限于一些交际规则。隐喻性语言也是一样。笔者认为，交际理论和原则是人们理解隐喻性语言的基础。我们首先对字面语言和非字面语言的理解加以区别。一种方法是假设交际过程与语言的理解相关，无论该语言是字面性的还是比喻性的。从标准的语法和语用假说的观点来看，理解比喻性语言要比理解字面性语言需要付出更多的努力。换言之，隐喻的理解比字面意义的理解更加依赖于交际原则。从本质上而言，该假说引发了一个问题：理解隐喻性语言的过程与理解非隐喻性语言的过程相似还是不同?

标准语法理论和语用学理论都认为对隐喻性句子的字面理解优先于隐喻意义或非字面意义。这两种理论也认为只有在变异出现之后，或者语义异常和对语用规则的违背发生之后，听话者才会寻求隐喻解释（非字面意义）。

当谈及关于语言理解的语用学理论时，语用学理论通常会得出与语义学理论相似的假说。从语用学来说，一个话语有两个层面的意义，也就是句子意义和说话者意义。句子意义被认为是判断说话者实际所要表达的意义的基础。根据格莱斯的观点，说话者可能打算在不违背或不蔑视合作原则的最大限度的条件下说出他想说的话（Grice，1975）。塞尔给出了相似的见解，他认为理解的过程是对字面理解的合理性的评估（Searle，1979）。鉴于这种观点，隐喻性话语应该首先从字面上进行分析；然后试着寻求替代性的隐喻意义。简而言之，语义异常或违反语用规则最有可能引发“触发条件”，在该条件的基础上，句子中的隐喻意义才能得以建构。

我们已经讨论了隐喻理解与字面理解的区别，并得出这样一个结论：隐喻理解的建构以触发条件为基础，并在极大程度上受语用规则的限制。从这个意义上而言，隐喻理解的建构比字面理解的建构更加依赖于语用规则。此外，交际规则在交际者分辨一个话语是字面的还是非字面的过程中起到决定性作用。

三、隐喻与认知

传统上而言，虽然修辞和诗歌学派已经将隐喻视为语言的特殊用途，但这些理论的论证则往往倾向于忽略隐喻的认知方面，以至于我们经常认识不到大多数思想是隐喻的这一事实。众所周知，词语经常用于比喻意义或隐喻中。然而，研究这种语言现象的主要是一些对修辞和文体研究兴趣颇深的文学研究者和语言学家，而不是认知语言学方面的专家和学者。最早从语言学角度出发对隐喻进行研究讨论的学者包括史蒂芬·乌尔曼（Stephen Ullmann）、尤里埃尔·怀恩里希（Uriel Weinreich）、杰弗里·里奇（Geffery Leech）和詹姆斯·R. 马丁（James R. Martin）（Ullmann，1957；Weinreich，1969；Leech，1969；Martin，1991）。就语言学研究意义而言，他们对隐喻研究做出了极大的贡献。

下面以《马太福音》第 13 章第 3—4 节中“种子”（seeds）这一词例做一说明。因为就表达的字面意义和比喻意义而言，相似和比较的意义构成了隐喻的基础，因此“种子”这个词在以下句子中可以充当隐喻的功能。

> 他用比喻对他们讲许多道理，说：“有一个撒种的出去撒种。撒的时候，有落在路旁的，飞鸟来吃尽了……”（马太福音：24）
>
> And he told them many things in parables, saying: “Listen! A sower went out to sow. And as he sowed, some seeds fell on the path, and the birds came and ate them up.”

这里，“种子”（seeds）和上帝的话的类比相似，所以“种子”这个词就可以用于替换上帝的话。因为“种子”这个词和上帝的话属性相同，也就是说，它们都可以传播出去并对其他人产生影响，因此它们可以用于互相替代和比较。

从隐喻这样一个“替代”和“比较”的角度出发，理查兹（Richards，1979）和布莱克（Black，1962，1993）提出了所谓的隐喻“互动理论”。他们认为，隐喻的本质在于隐喻表达和使用该表达的语境之间的互动。在上面的例子中，隐喻性范畴“种子”的使用和“播种”这一语境相互作用，因此可以将“播种”解释为“传播上帝的话语”。

这个例子说明隐喻不仅仅是一个通过语言表达想法的方式，而且更是一个思考事物的方式。同样，莱可夫和约翰逊（Lakoff & Johnson，1980）认为，我们不只是在语言学层面使用隐喻，而且大多数情况下通过“源域”来定义所谓的“目标域”。一些认知语言学家诸如莱可夫、约翰逊和特纳声称，即便隐喻被认为是概念现象，我们仍旧有办法通过我们所使用的语言去理解它们。

隐喻是具有概念性的，而概念尤为重要，因为它们建构了人类的感知、与世界相处以及与他人相联系的方式。这些通过隐喻而得到的产物不是语言而是思想。隐喻通过概念化与大脑的心智空间发生联系。我们可以看到，诸如时间、状态、变化、情感以及目的的概念都是隐喻性的。因此，这就是莱可夫和约翰逊（Lakoff & Johnson，1980）认为人类概念体系主要是隐喻性的原因所在。这仅仅是因为人类思考和行动的方式主要都是隐喻性的。

隐喻不是存在于词语当中，也不是存在于句子当中，而是存在于基于概念映射的句子当中。句子的词语引发了概念性理解。概念性理解自身也可能是隐喻性的。总的来说，一个隐喻性句子会引发隐喻性理解。因此我们可以在认知意义上得出这样的结论：通过长期习惯而无意识并入语言的隐喻被视为最重要的一种表达方式。

从隐喻的认知角度来看，隐喻不应该被视为语义从一个范畴向另一个范畴的延伸。相反，范畴之间的关系才是最重要的。必须认识到两个概念域之间系统合理的类比，同时必须认真考虑与相关概念和领域相联系的知识来源。

在认知意义上，隐喻的核心不只是附属在个别范畴上的典型属性，而且也是在建构整个"认知域"的过程中起主导作用的因素。隐喻所转移的正是语言结构、内部关系和认知模型的逻辑推导。这个转移过程实际上就是从源域到目标域的映射。从认知角度来说，隐喻可以被看作从源域到目标域的映射过程。通常，我们依据更具体的世界结构来使抽象世界概念化。换句话说，抽象范畴的概念化与人们的经验、日常行为、事件以及物体紧密相连。

第四节　小　　结

总之，隐喻存在于语言、社会和文化的各个维度。广义上来讲，隐喻不单是一种语言现象，更是一种语用现象和认知现象。一方面，隐喻是人类对环境理解的基本认知；另一方面，它是将世界概念化的主要方式。实质上，隐喻是一种认知活动或者认知过程，在该活动或过程中我们利用一个领域中的经验去理解另外一个领域中的经验。它有着跨越语言每个层面的多维度功能。

语言、隐喻和交际每一个都不能孤立地存在，在这一点上它们紧密地联系在一起。隐喻是交际过程中语言现象得以体现的不可或缺的方式。交际原则、认知概念和认知推理负责对隐喻的意义进行阐释。换言之，语用和认知两方面的因素共同作用于隐喻的理解和阐释。

第三章

隐喻研究理论背景综述

第一节 引 言

纵观中外隐喻理论研究史，历经 2000 多年，其研究经历了修辞学、语义学和以认知语言学为核心的多学科研究三个阶段。从最初的隐喻研究传统观照开始，西学鼻祖亚里士多德和中国儒学奠基人孔子的传统修辞观长期居于主导地位，隐喻一直被当作一种典型的修辞格和约定俗成的语言技巧。自此之后持续到 20 世纪 30 年代，先后有隐喻研究的“替代论”“比较论”“互动论”学说，此类隐喻研究的传统观一直持续到 20 世纪中后期。

隐喻研究是一个动态的发展过程，直到 20 世纪 80 年代，以美国认知语言学家莱可夫、约翰逊为代表的学者，在“意向图式”的基础上，以“经验主义”为哲学基础，提出了“概念隐喻”学说，颠覆了隐喻作为修辞格的观念，开始建构起当代认知隐喻研究的框架，将隐喻研究从语言技巧层面提升到了人类思维与认知的层面。随后到 20 世纪 90 年代，美国认知语言学家福康涅在“概念隐喻”的基础上又提出了“概念整合”理论，进一步对莱可夫的概念隐喻观进行了补充，认为概念隐喻的映射不是源域空间向目标域空间的单向映射，而是双向的、多模态的映射。这一学说极大地加快了隐喻研究理论的发展进程。

第二节 隐喻的传统观

传统观的普遍观点奠定了随后各类隐喻理论的发展基础。隐喻研究的历史起源最早可追溯至亚里士多德。亚里士多德所常讨论的内容可见其《诗学》《修辞学》中，其中他所描述的隐喻被视为隐喻研究领域最主要和最具有影响力的学说。从某种意义上而言，早期传统的隐喻研究方式都带有强烈的亚里士多德的色彩。

一、替代论

众所周知，亚里士多德是第一个大量地恰当使用隐喻的哲学家。在希腊文学史上，他被其后大多数修辞学家誉为“隐喻之父”。替代论源自亚里士多德在他的《诗学》《修辞学》中所提出的观点。昆体良是公元 1 世纪的修辞学大师，在亚里士多德的替代论的基础上，他认为隐喻应该分为四类：第一类是“用一类有生命的物体代替另外一类有生命的物体”；第二类是“无生命的物体可以被无生命的物体代替”；第三类是“无生命的物体可以被有生命的物体替代”；第四类是“有生命的物体可以被无生命的物体替代”（Quintillian，1953：9-10）。昆体良认为隐喻主要有两个功能：一个是令概念更清晰，另一个是修饰。

昆体良在亚里士多德的影响下说明了“转换”或“替代”作为隐喻特点之一的含义。该观点认为，隐喻性词语或短语用于替代字面意义不同的词语或短语。根据布莱克（Black，1962）所说，这个方式将隐喻视为一种措辞或逻辑的错误。隐喻性词语或短语通常被视为干扰了句子的字面意义，因为隐喻使句子变得更加不可理解。例如：

> 耶和华是我的亮光，是我的拯救，我还怕谁呢？（诗篇：860）
> The LORD is my light and my salvation; whom shall I fear?

从字面上看，这行诗被认为是一个错误的句子，错误地将“耶和华”类比为一束光。在逻辑上，这个句子并没有表达出它字面上所要表达的意思，因为它造成了语义上的变异。因此，像这样的语言表述被称为间接表述，因为其真实意义与字面所表达的意义不同。

在这类替代方法中，一个短语的字面意义被新的短语所取代，真正的潜在意图就被隐藏了。为了理解该潜在意图，听话者必须考虑替代的那部分，将该部分翻转，用原来符合句子其余部分意义的词语来替换这一部分。通过这样做，就能发现上面诗歌的意思是“耶和华像一束光，因为光亮能够给敬畏的人带来方向和明亮”。

显然，这种替代法存在一些缺陷。其中一个便是该方法不能给隐喻性表达提供解释性功能。此外，这种方法将隐喻的使用当作修饰功能，而不是把其看成是语言使用必不可少的要素。然而，这种方法的确为后来隐喻研究的发展奠定了基础。

二、比较论

一般来说，比较论的发展紧随类比和明喻的发展进程（胡壮麟，2004）。比较论在某种意义上而言比古希腊时期亚里士多德所开创的替代论更加复杂，覆盖范围更广。亚里士多德认为隐喻是基于类比原则的含蓄的比较（Ortony，1993）。许多当代理论家认为比较是理解隐喻的基本过程（Glucksberg & Keysar，1990）。根据该理论，对于隐喻而言，两个事物之间首先必须天生相似、相像或类似（Insole，2002）。

与强调句子内词语成分的替代论不同，根据比较论，隐喻句子表面上可以看成是显示了某种关系的变异，但在实际上却隐藏了符合规则的比较意义。比较论观点的基本假设是隐喻表达能够在一定程度上替代同等的字面比较。在这种情况下，即便表层存在一些明显的区别，目标语和源语在深层结构上也相似。例如：

> 你们众民当时时倚靠他，
> 在他面前倾心吐意。
> 神是我们的避难所。（诗篇：899）
> Trust in him at all times, O people;
> pour out your heart before him;
> God is a refuge for us.

理解这句话时，听话者所要做的就是用一种看似缓和的具有相似性的短语替换看似异常的隐喻。因而，“神是我们的避难所”就可以理解为“神像一个避难所，在这个避难所中所有人都有不一样的属性”。所以，隐喻的意义就被认为等同于相关明喻的意义。明喻的特点是对具有共同属性的事物做出公开的表述。原则上，比较论观点仅仅是将隐喻视为明喻的扩展，因而隐喻意义也是由话语的语境所投射出来的。

比较论的基本准则是为了传达关于 X 的信息，A 的性质被转移到了 B，因此隐喻在两个层面上发挥作用：在第一个层面上，隐喻描述指向一个客体；在第二个层面上，所指向的客体被比作其他客体。例如：

耶和华是我的产业，是我杯中的份；
我所得的，你为我持守。
用绳量给我的地界，坐落在佳美之处；
我的产业实在美好。（诗篇：847）
The LORD is my chosen portion and my cup;
you hold my lot.
The boundary lines have fallen for me in pleasant places;
I have a goodly heritage.

此例中，在第一个层面上，隐喻性词语“产业”“杯中的份”与“耶和华”产生相关性；在第二个层面上，客体“耶和华”被分别比作“产业”“杯中的份”。关键因素是在“耶和华”“产业”“佳美之处”之间先前存在着相似之处，隐喻意义正是来自这个相似之处。

比较论以两个事物为先决条件。第一，隐喻中包含两个相似事物之间的联系。在上面的句子中，人们将其阐释为“上帝像是我的产业、我的每日的依靠、我的拯救者”。这里明喻和隐喻的区别就变得模糊不清。没有“像”这个词，这个明喻事实上就变成了隐喻或暗喻。第二，美学意义在隐喻中得以强调。为了更好地说明其美学意义，通常一个字面上的客体被比作为一个更加生动形象的客体，这就带来了意想不到的美学效果。

事实上，该观点的确存在一些瑕疵。布莱克认为，这个方法对目标概念和源概念之间尚未发现相似之处的隐喻缺乏说服力（Black，1962）。或者说，它不能帮助听话者以一种新方式理解目标概念。该方法所依赖的相似性是在源概念和目标概念之间事先已经存在了的相似性。

三、互动理论

很长一段时间内，“替代论”和“比较论”在阐释隐喻的本质和运作机制方面占据了领导地位。该结论导致对隐喻的深入研究从那时起就一度被忽略。

这在一定程度上是亚里士多德对隐喻所做评论的负面效果所造成的，亚里士多德认为隐喻是一种高雅的或修饰性的语言。在这种情况下，理查兹开始了对隐喻及其意义的系统性研究。

20 世纪 30 年代，理查兹出版了专著《修辞哲学》，他在该书中提出了互动理论。他认为，人们使用隐喻时，两个短语的两种思想和意义相互影响和激发，并因此产生了互动过程之外的隐喻意义（Richards，1979：90）。根据理查兹的观点，隐喻的作用存在于平常使用的语言之中，因为语言本身是极其具有隐喻性的。

理查兹的观点建立在两个假说之上。一个假说是，我们的想法都是隐喻性的，并且隐喻性语言源自隐喻性想法模型。该观点与过去“隐喻只是一种变异，它源于语言的普通操作”的说法极其不同。另一个假说是，隐喻的阐释与人类能够更好地掌控复杂生活的个人实践和经验相关（Richards，1979：95）。

该观点也被称为“拉力观点”（tensive view），它强调概念的不完整性或隐喻中两个要素之间的“拉力”。它认为隐喻的两个成分应该被称作“喻旨”和“喻体”。喻旨指的是潜在的想法或主题；喻体被视为一种想法，并在此想法中来理解喻旨。两个成分的出现和互动产生了隐喻。

布莱克（Black，1962，1993）发展并完善了互动理论，他认为隐喻的两个部分相互作用，并认为互动理论在一些方法上优于替代论或比较论。第一，隐喻性陈述有两个主体，即主要主体和次要主体。第二，这两个主体被看作“事物的系统”而非仅仅是像词语一样孤立的东西。第三，隐喻通过将附属于次要主体的“相关含义”系统映射为主要主体。第四，相关含义通常由次要主体的普通含义所构成。第五，次要主体对主要主体的特征进行挑选、强调、抑制并组织。让我们以下面诗行为例来说明。

> 因为主耶和华是我的力量，
> 是我的诗歌，
> 他也成了我的拯救。（以赛亚书：1093）
> for the LORD GOD is my strength
> and my might,
> he has become my salvation.

一个人需要认识到“力量和诗歌”的各种特点或者相关的“共性”。那些被称作“力量和诗歌”的人应该有着诸如力量、慰藉、勇气、幸福等特点。但并非每一个特点都与上帝相关，因为隐喻自身抑制了一些细节，强调了其他的特点（Black，1993：41）。第一主体和第二主体之间的互动造成了这样一个情景，在该情景中说话者和听话者都加入了挑选、组织和设计的过程之中。

简而言之，通过强调隐喻两个部分之间的相互作用，互动理论为随后隐喻认知观的出现做出了初步的准备。就隐喻和认知的关系而言，互动理论向前迈出了一大步。

第三节　隐喻的语用观

语用学是一个兴起于 20 世纪 70 年代的新学科。根据语用学观点，语言现象研究不应该脱离具体的语境而孤立地进行。单独的词语和句子自身并不包含隐喻。相反，是一些特殊的用法产生了隐喻。从语用学来看，隐喻被看作一种话语。隐喻的解释取决于话语的字面意义和语境在语义或语用上的冲突。我们在这里简要地回顾格莱斯关于隐喻的观点、塞尔关于隐喻的言语行为观点、关联性观点以及顺应性观点。

一、格莱斯的观点

格莱斯是英国牛津学派语言哲学家，后移居美国，被认为是从语用学角度阐述隐喻的第一人。他从合作原则出发，提出了会话含义理论。根据合作原则，说话者与听话者都需要以某种方式进行合作，以此保证交际的成功进行。当我们说话时，虽然是潜意识的甚至是无意识的，但我们大脑中通常都有合作原则及其质量、数量、关系、方式四个准则来指导我们说话。如果一方故意违反了某个原则或者做出了非合作性回答，另外一方就不得不根据语境做出与表面含义相反的假设和推导。正是通过这种推断，人们才能弄清楚话语的真正意图或会话含义。所以，隐喻正是一个充分利用合作原则中四个准则的恰当例子。例如：

A: Do you like Tom? 你喜欢汤姆吗？

B: He is a mule. 他就是头驴。

B 没有对 A 的问题进行直接的回答。似乎他的回复与问题之间并不直接相关，这被认为是在表面上违反了质量准则和关系准则。因此，B 的回答应该被看作一个隐喻。基于这种假设，我们推测 B 的回答在更深的层次上并没有与质量准则和关系准则相冲突。然后我们可以在“B 对汤姆的感情”和“驴的特点”之间建构一个可能的相关性解释，以此得出 B 所说的含义，即“她不喜欢汤姆，因为汤姆倔得像头驴”。

斯伯波和威尔逊（Sperber & Wilson，2001）认为格莱斯的观点继承了传统修辞学方法，即隐喻是由话语字面意义变异而来的一种比喻意义。说话者并不总是遵循合作原则的准则。说话者整体上遵循合作原则，但有时他可能会违反其中任何一条准则，因而产生特殊的含义。然而，对于听话者而言，他可能通过从表面上违背这些准则的行为，进而得出这个特殊的会话含义。格莱斯的方法和传统方法都认为只有当字面意义与实际语境不适用时，人们大脑里才会出现隐喻意义，使得话语本身同合作原则相一致。与传统隐喻观相反，格莱斯的方法更强调隐喻意义的推断过程。

二、塞尔的观点

塞尔关于隐喻解释的言语行为理论源自格莱斯的会话含义思想。塞尔认为，隐喻不能单纯用词语及其相关语言语境之间的关系来解释。在说出一个句子时，说话者不仅传达了词语或者句子的意思，而且也传达了说话者的意图。隐喻是一种特殊的言语行为并以说话者的意图为特点。因此，隐喻的问题应该集中到如何将字面意义同隐喻性话语的意义相联系这一原则上来（Searle，1979）。

隐喻表达是一种非字面的间接言语行为。根据塞尔的观点，句意和说话者的意图在非隐喻性话语方面大体上是相似的，而在隐喻性话语方面，两个意思则完全不同。当一个话语从字面上解释有不足之处时，听话者必须借助于“相似性”的含义来寻求说话者的意图。

塞尔（Searle，1993：102）认为，当我们说出“S 是 P”时，其隐喻意义表示“S 是 R”。他进一步指出，任何隐喻性话语的问题都是听话者依据所获取的信息和会话原则来确认 S、P、R 三个子集之间的关系，以便于说明“说话者是如何能够当 P 的意思明明不是 R 时，却运用隐喻方式说出‘S 是 P’这句话来隐喻地表明‘S 是 R’；另外，听到‘S 是 P’这句话的听话者是如何能够知道说话者的意图是‘S 是 R’的”。

我们都知道，在字面话语中，说话者的意图（S 是 R）等同于句意（S 是 P）。在理解字面话语时，听话者不需要具备其语法规则知识之外、话语发出条件知识之外的其他信息，以及说话者和听话者所共享的一系列背景信息之外的信息。为了理解并辨别说话者的字面意图和隐喻性意图，或者换言之，使“S 是 P”和“S 是 R”能够被区分，对于听话者而言，拥有语法规则知识、说话者所分享的背景假设等信息是远远不够的。最重要的是，听话者必须依靠一些其他的途径来帮助他们从“S 是 P”中获取“S 是 R”的信息。因此，塞尔就隐喻理解提出了三点提议和八条规则，其中最重要的说法就是，隐喻理解与获取说话者意图表达的隐喻意义紧密相关。隐喻性文本的理解也会被视为对说话者意图的获取。因此，在理解隐喻时，听话者就必须寻求含有说话者意图的具体隐喻意义。

塞尔关于隐喻的言语行为理论在很长一段时间内极具影响力，但也颇具争议。他的“隐喻的标准语用模型”（Standard Pragmatic Model of Metaphor）引发了研究者极大的兴趣和争议。的确，他的理论中存在着如下一些不足之处。

第一，格莱斯和塞尔都假设字面意义和隐喻意义之间有着显著的区别，前者以后者为先决条件，但是他们没能解释字面理解从何而止，隐喻理解又从何而始。

第二，对以上问题给出正确的答案非常困难，因为不同的人对不同的动词所表示的不同的行为有着不同的反应和理解。

第三，塞尔认为隐喻意义的理解开始于字面意义的理解，这意味着听话者理解隐喻性话语会花费很长的时间，但实际上并非如此。

第四，塞尔认为隐喻属于非字面表达，但是他没能区分非字面表达的其他形式，例如讽刺、夸张甚至是转喻。

第五，塞尔的言语行为理论擅长于解释那些意义相对独立于语境的常见隐喻，但是对于那些基于创造相似性的新奇隐喻而言，塞尔的理论似乎就缺乏说服力了。

三、关联性观点

斯伯波和威尔逊 1986 年提出的关联理论对隐喻解释具有极强的说服力，因而被认为是认知语用学的基础。作为认知语用学的核心理论，关联理论总结了对话语的心理推导机制，并被认为是解释各种语言和认知问题的首选。

作为认知语用学的主流，关联理论同格莱斯的观点一样，主张就隐喻而言，其字面话语和非字面话语之间没有任何区别，这一观点为隐喻研究提供了新的视角。相对隐喻研究的传统语用学方法，斯波伯和威尔逊提出了明示—推理模型。根据这一模型，隐喻意义是由听话者首先明确预设，然后建构语义暗含预设，最后得出结论这样一个过程而形成的。此外，作为看得见的特殊表达形式，隐喻可被视为一种随意言谈，因此需要大量的处理加工努力才能得出隐喻意义。

斯伯波和威尔逊认为，在一定程度上命题内容和说话者想法之间的关系是一种隐喻过程，并基于这种关系提出了他们的隐喻观。根据他们的观点，一个话语至少有两个层面的关系：一是命题形式和说话者的想法之间的关系；二是这个想法和它所代表的意义之间的关系（Sperber & Wilson，2001：231）。隐喻包括话语命题形式和话语所表达的思想之间的解释性关系。

斯波伯和威尔逊（Sperber & Wilson，1995）称，隐喻被认为是因语言的随意运用而产生的某种相关的含义。威尔逊（Wilson，1994）也认为，随意地讲话是实现最佳关联性的方式。因此，隐喻应该在这种框架内自然地产生。斯波伯和威尔逊也声称，隐喻性话语和字面话语之间没有分界线；相反，它们之间存在着连续性（Sperber & Wilson，2001：242）。从这个意义上而言，我们或许可以认为，解释隐喻和解释一般性话语所经历的过程几乎一致。其隐喻意义是通过寻求最佳关联性和基于语境假设做出推断而得到的。所以隐喻阐释涉及一个间接性，需要额外的处理努力。例如：

（1）Sally is a block of ice. 萨利是一块儿冰。

（2）Sally has an emotional makeup similar to the coldness of a block of ice. 萨利的脸色如同冰块儿一般冷酷。(Searle，2001：82)

在理解句（1）时，读者需要更多额外的处理努力，因为句（1）比句（2）包含了更多的间接因素。

简言之，关联理论将隐喻的阐释看成是根据认知语境寻求最佳关联性的过程。获取相关性需要说话者和听话者都付出认知努力。也就是说，从说话者的角度而言，他们要准确地去表达其想法；从听话者的角度来说，他们要努力获取隐喻要表达的意义。

四、顺应性观点

顺应理论最先由维索尔伦于 1987 年提出，随后经改进和完善最终形成于其专著《语用学新解》（*Understanding Pragmatics*）之中，具有一定的影响力。一般而言，顺应理论的核心观点是：使用语言的过程是一种语言选择的过程，是语言使用者如何在语言交际过程中不断做出语言选择的过程；语言自身拥有以下三个特点——变异性、协商性和顺应性，基于这个事实，人类能够做出语言选择。

至于语言使用，人类“从可能性的可变范围中做出协商性选择，以此满足交际需求”（Verschueren，2000：60-61）。此外，维索尔伦认为，由于语言内部结构原因或是语言外部原因，语言的使用涉及有意识或无意识地不断地做出语言选择的过程（Verschueren，2000：55-56）。

维索尔伦认为交际中最核心的部分是说话者和听话者。如果没有二者相互的认知，也就没有话语的使用和理解。因此，隐喻性话语的跨域映射依赖于说话者和听话者之间的认知互动。说话者的目的能否及时地传递给听话者，在很大程度上影响交际的成败。尽管说话者在交际过程中有很大的自由，但在某种情况下和听话者一样要做一定的选择。维索尔伦认为，语言的使用是出于语言内部或外部的原因，人们在言语交际中是自觉和不自觉地进行语言选择的。在生成语言时，说话者做出一系列的选择。尤其是产出隐喻性话语时，说话者要做出一系列决策，经历一系列过程。比如某人说：“婚姻就是一座围城。”在讲这句话的时候，说话者首先在大脑中形成了一个交际目的，即他想告诉对方自己对婚姻的态度。为了满足其交际目的，说话者会选择相应的形式和策略。维索尔伦（Verschueren，2000）认为，如果语言使用者在选择过程中过分挑剔的话，交际就不会成功。为了做到这一点，说话者必须做出必要的顺应。在众多的语言变异性选择中，说话者有可能做出隐喻性表述作为交际策略，然后在语言协商过程中，派生出多种可选择的语言形式，最终确定一种自己认为最有可能顺应交际目的的隐喻性话语。听话者通过对“围城”直接或间接的体验，如“围城”会带给人“围困、窒息、失去自由”等感觉，最终感知到说话者的态度。在这一交际过程中，我们可以认为说话者在语言的变异和协商中动态地顺应了交际目的。

同样，对隐喻性话语的理解过程，也是听话者为了顺应说话者的交际意图而建构新意义的认知过程。根据维索尔伦的顺应理论观点，听话者对说话者的真正意图的理解在于双方的真正顺应。也就是说，听话者不能随心所欲地理解隐喻性话语，也不能毫无根据地猜测对方的意图，而要根据隐喻性话语跨域映射的特点，顺应说话者的交际意图，从而正确地理解其隐喻性话语。

即便维索尔伦没有对隐喻讨论太多，但是顺应理论非常适用于对隐喻语言的解释，因为隐喻也是选择的结果，并且以动态的方式发挥作用，这是语言使用的一个特征。此外，维索尔伦称，语言顺应可以从四个互相关联的角度得以处理和解释，这四个角度即语境关系顺应（contextual correlates of adaptability）、语言结构顺应（structural objects of adaptability）、顺应的动态性（dynamics of adaptability）、顺应过程的凸显性（salience of the adaptation processes）。这同样适用于隐喻的阐释。

总而言之，不论是在隐喻产生的过程中还是在隐喻阐释的过程中，说话者和听话者都要使自己以动态的方式顺应语境以及语言的内外结构，包括语言使用者的意识凸显性，以实现交际和隐喻的阐释目的。

第四节　隐喻的认知观

根据传统观和语用观，隐喻具有多种变异特征以及修辞和交际功能。认知观摒弃了这些假说，并开始着重考虑隐喻的认知价值。

认知语言学创立之后，语言研究的一个新的模式开始出现。这个新模式源自人们认识到了语言大都是隐喻性的，且隐喻在人类如何思考中发挥了重要的作用（Lakoff & Johnson，1980）。这个新的语言研究方法被称为认知语言学，但它与诺姆·乔姆斯基（Noam Chomsky）所使用的语言研究方法还不尽相同。认知语言学所感兴趣的是人类如何思考，以及语言在认知中所起的作用。

一、意象图式理论

意象图式理论是认知语言学理论中最重要的理论之一。莱可夫在他的《女人、火和危险的事物》（*Women, Fire and Dangerous Things*）一书中首次提出了这一理念。它是认知语言学中经验主义和体验哲学的哲学基础。经验主义强调的是经验在人的认知中的重要性，其中包括我们所有的经验，如身体上的经验、心理经验、社会经验、文化和感情经验。这些经验在我们与客观世界交流时就会随之产生。莱可夫（Lakoff，1987：5）关于经验主义的观点如下。

首先，我们的思想之所以能够显现出来，是因为我们把事实结构和概念系统结合起来形成身体体验并为此变得有意义。另外，概念系统的核心与我们自身的观念、身体动作、身体历练和社会经历都有着密不可分的联系。

其次，我们的思维也是充满想象力的。这是因为有时候我们的观念间接影响着自己的经历，这可能需要隐喻、转喻、心理意象等超越文字直接表述的手法把外在世界呈现出来。

最后，我们的思维有格式塔（Gestalt）特征。这就意味着我们的行为、感情、信仰都是复杂且相互作用的整体。而且，我们的概念意识结构是多维度的，不是一般的"建筑模块"规律所能建构的。

经验主义强调经验在语言理解中的重要作用。在经验主义领域，广义的"经验"包括实际经验和潜在的经验，如观念、我们赖以生存的自然环境、观念对环境的影响、社会功能的本质等。当谈到对隐喻陈述的理解时，经验是很重要的一个因素，因为隐喻是建立在经验的基础上的。根据莱可夫的理解，撇开经验基础谈隐喻是行不通的。

上述经验源于人们与实体空间的相互作用，意象图式是基于这一基础建立的。莱可夫（Lakoff，1987）对意向图式的定义更容易被人们接受：意向图式是一种认知表征，它是对具有相似经历或特性的事物进行不同的语言表述的一种概念化的概括。

我们可以总结出意向图式理论的三个特点：

第一，意象图式是在人与外界相互作用时形成的一种抽象结构，它具有经验主义之特点。

第二，意象图式是人脑中的认知呈现，它是抽象的、看不见的。它设定并联结着人的行为和抽象意识。

第三，意象图式从某种程度上来说是动态的，它可以被映射到抽象概念。

就意象图式和隐喻的关系而言，莱可夫认为隐喻使得意象图式映射到抽象领域并使意象图式保持最初的基本逻辑（Lakoff，1987）。隐喻不是任意的，而是基于人类实践经验得到的最终结果。事实上，人们的抽象思维通过隐喻在具体行动中表现出来。约翰逊声称意象图式和隐喻中都体现着人们的理解（Johnson，1989：137）。换句话说，意象图式和隐喻形成了人们的理解和推论形式。一个人对客观事物或者世界的认识就体现着他的行为方式或者与世界相处的方式。

二、概念隐喻理论

概念隐喻是由莱可夫和约翰逊在其发表的《我们赖以生存的隐喻》中首次提出的。他们更多关注的是人们如何理解并如何用语言来表达自己的经历。基于他们的研究成果，他们认为隐喻不仅仅是诗歌表达或者修辞的方式，而且进一步讲，我们的语言就是在隐喻基础上建构起来的。这为人们具有相似的隐喻心理过程提供了依据。隐喻不再只是单纯的语言现象，而是我们认知和日常表达的一部分。

概念隐喻指出，隐喻有三方面的特征，即普遍性、系统性和概念性。根据莱可夫和约翰逊的研究，隐喻是通过一个概念域来理解另一个概念域（Lakoff & Johnson，1980）。正如我们对传统类比的定义那样，概念隐喻提供给我们的是在两种不同的认知领域（源语言和目标语）内分析隐喻的不同方法。因此，“吉姆是只狐狸”（Jim is a fox.）这句话中的隐喻应理解为将概念域中的“狐狸”映射到“吉姆”这个概念域中。

莱可夫和约翰逊（Lakoff & Johnson，1980；Lakoff，1987）认为，我们赖以生存的世界中的基本概念和大部分的宇宙事物都是通过映射这种方式被理解的，比如时间、状态、空间和数量。这些我们每天经历的日常事宜和所接触的知识都有相对应的抽象概念。我们可以通过提取对相似事物的认识来帮助了解未知事物，充分利用事物之间的关联性和相似性辨别其不同和差异之处。例如，概念隐喻中“More is up.”体现的就是一个映射的过程，这个过程中纵向发展的数量在发生变化，例如“蔬菜的价格随着需求的增加而不断高涨”（Prices are high for the demands for vegetables are rising.）或者“今天我很高兴”（I am in high spirits today.）。

概念隐喻的重要性在于它提出了对隐喻进行理论分析的一种认知方式。概念隐喻认为语言不是句法和结构所建构的，而是由概念图式意象构成的。概念隐喻理论认为隐喻中把更多的抽象概念设为目标，或者把具体的客观概念作为素材，然后通过两个概念之间的映射，就会得到隐喻中的隐喻意义。

笔者认为概念隐喻理论中的一个重要论点需要具体阐明。那就是，当我们谈到隐喻的理解及含义时，可以通过两种概念间的映射来进行分析。首先，我们必须对概念隐喻和语言的隐喻表达有一个明确的认识。后者是源自更多具体的概念域中的语言及术语文字。因此，所有的与生活事务及其相关的表达都是语言的隐喻表达。根据这一理论，一个隐喻提供了一个经验框架，并将抽象思想容纳其中，这进一步促进了思想的表达。这与其他隐喻方法共同创造了一个认知映射的隐喻网络。我们可以通过源域和目标域的映射来更好地描述句子的暗含意义，实现交际目标。

三、概念整合理论

自 20 世纪 80 年代以来，莱可夫和约翰逊的概念隐喻理论，也就是我们谈到的源域和目标域之间的映射，加上意象图式，已经为人们所采纳，作为隐喻释义的一个最有效的方式。他们认为隐喻不只是一种修辞格，而且还是一种认知和思维方式。莱可夫和约翰逊的理念鼓励其他语言学家去探索隐喻背后的认知过程，尤其是隐喻意义的建构和推导机制。虽然莱可夫和约翰逊的概念隐喻理论有效地阐述了一些规约化的和一些根植于人们大脑中的根深蒂固的隐喻，但是对于一些新奇的隐喻表述（novel metaphors），包括玩笑、卡通图片或者网络实时意义建构等其他形式的隐喻，似乎缺乏解释力。除此之外，在解释并建构自然语言的隐喻阐释过程等方面并不成功。

1985 年，美国语言学家福康涅提出了“心智空间”（mental space）这一概念，并将其描述成“小概念包”（small conceptual packet），认为要理解语言的意义，就要研究人们长期交谈或是听话时形成的认知域。20 世纪 90 年代，福康涅进一步提出了概念整合理论。该理论为人类的创新思维和新概念产生提供了有力的解释。

概念整合理论中一个重要的部分就是概念整合网络，它指的是以框架为结构的心理空间网络。框架由说话者的背景知识所建构。福康涅和特纳认为，一个完整的概念整合网络包括了四个概念空间：输入空间 1（Input Space1）、输入空间 2（Input Space 2）、类属空间（Generic Space）、整合空间（Blending Space）。他们将这四种空间以图像的形式表现出来，如图 3.1 所示。

图 3.1 描述的是概念整合网络的主要特征。在这个图中，圆圈代表的是心理空间，实线表示输入空间内的匹配和空间映射，虚线表示输入空间和类属空间或者整合空间之间的联系。整合空间里面的方框代表新创结构。

根据该理论，类属空间向两个输入空间映射，整合反映出输入空间共同的、常见的、抽象的组织与结构，从而规定了核心跨空间映射。人们对某一概念的获得并不是一蹴而就的，通常经历了如下过程：首先，笼统地将表象的东西进行“组合”（composition）；其次，在知识框架中使初步获得的材料加以“完

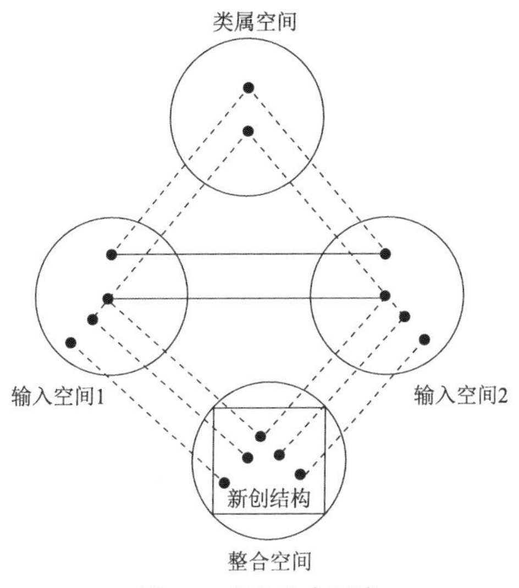

图 3.1　概念整合网络

（Fauconnier & Turner，2002：46）

善”（completion）；最后是“扩展”（elaboration），即对“完善”了的概念进行精致加工整合。经过这三个彼此关联的心智认知活动后，产生新创结构（emergent structure）。

福康涅和特纳（Fauconnier & Turner，1998）提出的概念整合理论是一个比较先进的隐喻推导网络模式。它是一种在极为复杂的动态原则和限制机制下的通用的大脑推导和工作机制。概念整合理论主要有两个重要的发展阶段。第一阶段起始于福康涅 1985 年出版的《心理空间：自然语言意义建构面面观》（*Mental Spaces: Aspects of Meaning Construction in Natural Language*）。第二阶段是以他的专著《思维和语言的映射关系》（*Mappings in Thought and Language*，1997）、《我们的思维方式：概念整合和心智隐藏的复杂性》（*The Way We Think: Conceptual Blending and the Mind's Hidden Complexities*，2002）为标志。加上其他相关的论文，概念整合理论最终完善并形成一个整体。根据福康涅和特纳的论述，这些基本的心理推导过程相当富有想象力，而且可以产生自我意识、个体的相似性及差异性。其他诸如框架类比、隐喻及常识性推理都是在这种简单认知和无意识状况下产生的。而且，基本的心理活动受规则、年龄、社会等级及专业知识的限制（Fauconnier & Turner，2008：18-27）。正如福康涅和特纳所说，概念整合的过程是极富有想象力的，对人的思维模式的形成也很关键

（Fauconnier & Turner，2002）。简而言之，概念整合是极富创造力的动态心理活动，这是人们在理解语言时不可忽视的一点。根据这一理论，在概念投射的多维空间里，意义不是由单一空间所建构的，而是由一系列活动连接起来形成的。建立一个概念整合网络至少需要四种心理空间，通过不同空间中元素间的映射，选择性地将它们映射到整合空间，形成一个新创结构，最终整合形成新创意义。

（一）心理空间理论

概念整合理论是由心理空间理论发展而来的。心理空间理论与莱可夫的认知语义学和罗纳德·W. 兰盖克（Ronald W. Langacker）的认知语法都是认知语言学中不可分割的一部分。心理空间理论是基于莱可夫和约翰逊的概念隐喻理论发展而来的，即隐喻被定义为两种概念域内稳定而系统的一一对应关系。相比而言，心理空间理论是“说话者在思考或者谈论一个已领会的，想象过去、现在及未来的场景时建构的一个临时性的表征结构”（Fauconnier，1994：16）。也就是说，心理空间可以丰富我们说话或者思考时的部分结构。正如 E. F. K.克尔纳（E. F. K. Koerner）所说的，“心理空间不等同于语域，而是取决于空间呈现的已知语域构成的特定场景”（Koerner，1996：20）。而且，根据福康涅和特纳的观点，心理空间可被看作储存信息的特定语域的短期存储器。从某种意义上来说，它就是双方思考和交谈时的部分想法和实际行动的“小概念包”（Fauconnier & Turner，2002）。

心理空间是对说话者心理的呈现，并将语言结构视为鼓励说话者建立相关要素的一种句法认知观念。心理空间的要素不是客观世界的真实事物，而是说话者心理的间接呈现。心理空间在很大意义上是部分的集合，它们可以建立一系列的概念问题，如希望、可能性、时间、信念、违背事实等。当我们思考和说话时，不断建构的心理空间受语法、语境和文化的限制。

心理空间理论对语义的建构提出了一些基本规则，但对句子之间语义和系统性操作机制方面的问题还有待研究。

（二）概念整合的基本过程

概念隐喻的两个语域模式是由福康涅和特纳 1985 年提出并建构的网络模式，有助于系统地描述对隐喻表达和非隐喻表达的实时理解中的各方面的问题。这个网络模式包括整合空间、类属空间和两个输入空间（图 3.1）。

整合过程的完成需要以两个输入空间为基础，来产生第三空间，最终才能形成新创结构。在概念整合的过程中，输入空间内部存在部分相匹配的联系。在图 3.1 中，实线代表着匹配关系。在整合过程中，输入空间内的部分跨域映射与相对应的事物之间存在联系。

类属空间与输入空间存在一一对应的关系，并包含输入空间里的内容。具体来说，它反映着一些共性，多是抽象结构和被输入空间分享的部分，还有当前交叉映射的核心。随着概念映射的进行，属于输入空间的结构构成了一个类属空间。在整个网络建立之后，随着其他几个空间和联系的展开，类属空间得以建构。

还有第四个心理空间，即整合空间。在整合的过程中，两个输入空间的结构会映射到另一个整合空间。除此之外，类属空间和整合空间之间也相互联系。整合空间包括类属空间中的类属结构，还包括一些不太容易进入输入空间的结构。

在整合过程中得到的新创结构不在输入空间内。新创结构是通过以下三个步骤创建出来的，即“组合”“完善”“扩展”。首先，通过“组合”来自不同输入空间里的多种因素，一种在各个空间不存在的新的关系建立起来。这个过程就叫“组合”。其次，在“完善”的过程中，一个附加的结构被放在整合空间中。具体来说，这个过程涉及一套整合的结构，并从两个输入空间中通过背景框架知识、认知及文化模式被投射到整合空间。这种整合结构可以被看成是整合空间中相对完善的一个结构。部分来自整合空间的结构形成了一个相对较大的新创结构并使之完善（Fauconnier & Turner，2002）。形式的完善可以被看作最基本的补充。最后，在一个相似的框架形成时，我们就会动态操作整合空间。对整合空间的操控就是“扩展”阶段。依据福康涅的观点，“扩展”是基于整合空间的原则和逻辑而进行的，通过想象的心理刺激来改变整合空间。在“扩展”的过程中，通过整合而激发的心理表现和不断的动态完善会产生新的逻辑和准则。因此，“扩展”可以不间断、无限制地继续，并且有很多可为人们在操控整合空间时所利用的方向。我们可以看到整合贯穿于整个身体和心理世界。福康涅和特纳也提出，在建构整合空间的过程中，整合中的任何事物都应该再次投射到输入空间，这个过程是完全无意识的（Fauconnicr & Turner，2002：44）。

（三）整合的空间特征

正如概念整合理论所证实的，映射和投射的心理过程都存在一定的空间特征。福康涅和特纳指出，整个整合网络为了建构一个心理空间，必须经历这样一个心理过程：交叉匹配输入空间，有选择性地投射到整合空间，确立分享的结构，再向后投射到输入空间，补充新的结构进入输入空间，最终进行整合操作。最重要的是，每当需要时，整合网络都可以随时工作，并且达到平衡，也就是说能够使网络自动投射到输入空间路径中产生特殊点的那个位置上（Fauconnier & Turner，2002：44）。整合过程主要体现在以下几个方面（Fauconnier & Turner，2002：47-48）：

（1）概念整合网络。

（2）匹配和对应连接。事实上，各种连接与存在的相应关系是有紧密联系的，如框架与框架内的内容角色、身份与连接、转换与描述的关系、类比联系、隐喻联系等。

（3）类属空间（交际者所分享的常识）。

（4）整合（两个输入空间的结构投射到整合空间）。

（5）选择性投射（在投射到整合空间之前选择输入空间的要素及其事物间的联系的过程）。

（6）新创结构（新创结构是通过“组合”“完善”“扩展”三步形成的）。

第五节　小　　结

事实上，传统观认为隐喻是一种非正常的语言表述，是一种修辞方式。尽管这种观点历史悠久，但也确实存在一些严重缺陷：按照传统观点，人们无法把隐喻当成一种语用和认知方式去感悟世界。对于充斥着文化和语用因素的隐喻而言，传统分析方法是站不住脚的。

至于隐喻的语用观，尽管格莱斯和塞尔对隐喻是如何被激发和产生的这类问题给出了满意的回答，但他们的理论在对隐喻阐释的认知处理方面缺乏一定的解释力。斯波伯和威尔逊在关联理论中提出的隐喻阐释的动态语境观，厘清了隐喻表达和非隐喻表达之间的关系，总结了寻找最佳关联的基本交际形式。关联理论的观点与建构主义者的观点相似，认为隐喻是一种语言使用的正常现象，因此传统修辞所认为的字面意义和非字面意义之间的区别应被视为毫无意义。此外，它致力于解释隐喻的机制，而不是语言规则或关系。不足的是，斯波伯和威尔逊并没有介绍如何通过使用关联性原则来解释隐喻。即使它具有很强的解释力，但它对具体语言使用的描述却不足。关联理论并没有对如下问题为我们提供一个适当的解释，例如“交际者的隐喻推断与认知语境之间的关系是什么”以及“交际者在隐喻理解方面的关联性的假设可以达到什么程度”等。

顺应理论主要探讨语言使用者在认知环境下的语言选择。换句话说，它提供了对隐喻话语工作机制的理论见解，认为隐喻是选择和适应语境和结构的问题。事实上，顺应理论具有很强的描述力，但与关联理论相比，其解释力并不强。顺应过程是从感知、表征、规划和记忆中实现的。但是，维索尔伦似乎没有给我们一个明确的答案，诸如“一个语言使用者如何从他的感知、描绘和记忆中找到顺应的对象”，他也没有深入分析为什么顺应过程的凸显性会有一些差异。

当涉及隐喻的认知观时，我们已经看到它在解释我们使用的语言的意义和理解方面比其他语言学理论有更大的优势。莱可夫提出的概念隐喻理论解决了隐喻到底是思想还是语言的基本问题。根据概念隐喻理论，正是基本隐喻的相互作用，最终形成了复杂的隐喻。跨域映射原则擅长处理常规的概念化隐喻和人们长期接受的隐喻模式，但无法通过“双域”解释实时概念的意义建构。概念整合理论阐明了各种概念和联系之间的复杂的相互作用：概念整合理论中可能存在许多“空间”；在整合过程中可能会有一些重复，而在一个空间中整合的结果最有可能成为另一个新的整合网络的输入空间。根据概念整合理论，隐喻是两个或两个以上心智空间进行概念整合的结果，特别是融合了心智空间元素。心智空间元素的融合产生了新创结构，因此概念整合理论的新创结构在解释“映射”的新意义中起着最重要的作用。“新创”的特点不会出现在以“单一映射”和“双域”为特征的概念隐喻理论中。在上述的基础上，我们有理由认为概念整合理论有广泛的解释力，原因如下。

第一，整合解释的阐释力更准确，它比逻辑解释更具优势，因为逻辑推导缺乏整合过程的意义压缩，包括新创结构。第二，整合解释的功能更强大，效率更高，因为相同的整合和映射方案能够解释许多表面上不同的含义现象。第三，整合解释更为普遍，因为它在更广泛和开放的数据阵列中更深入地体现了形式和意义的和谐。更重要的是，整合理论的优势在于其对语言与心智之间的相互关系的解释。

一方面，概念整合理论显然可以弥补莱可夫和约翰逊的概念隐喻理论的缺陷，从而在某种程度上可以说概念整合理论吸收了概念隐喻理论的精髓，并从中发展而来；另一方面，概念整合理论和概念隐喻理论并不是完美无缺的，相反，即使这两个理论可以处理一些语言问题，特别是以前不能理解的一些隐喻性问题，但是似乎也需要在语用和认知层面上进行改进。

在这种情况下，笔者认为在语用和认知层面的基础上，对东西方文化经典《圣经》和“四书五经”隐喻进行综合研究是完全可行的。我们有必要建立一个全面的理论框架，即 R-A-C-C 框架，对《圣经》和“四书五经”的隐喻阐释进行研究。

第四章

中西文化典籍隐喻阐释的理论框架

第一节　引　　言

在上一章隐喻研究理论背景的文献回顾的基础上，本章旨在建构一个基于语用和认知的隐喻阐释理论框架。该理论框架是一个与东西方文化经典隐喻阐释研究相关的 R-A-C-C 框架。这个新的模式或框架将是一个全新的理论组合。也就是说，该理论框架整合了关联理论、顺应理论、概念隐喻理论和概念整合理论的大部分内容，使之成为一个有机的整体。首先，本章将探讨融合四个理论并建构一个整体性的理论框架的哲学基础和可能性；其次，本章将提出专门针对东西方文化经典隐喻阐释的认知语用学理论架构；最后，本章将根据以往的探索和观察，对这个框架做一个具体的描述和说明。

第二节　中西文化典籍隐喻阐释框架的理论思考

在过去的 30 年间，学者对传统修辞学隐喻研究的理论和实证基础纷纷提出质疑。传统修辞学认为隐喻是对字面真值的偏离，其仅为一种修辞手法，与认知、理解毫无关联，而这样对隐喻的真空解释并未阐述话语双方的理解机制。随着认知科学和关联理论的发展，其对隐喻做出了更为全面的阐释，二者的隐喻观更具解释力。认知语言学家认为人类的思维趋向于隐喻化，因此话语中的隐喻更具说服力。“隐喻起先隐含于思维和行动中，语言中的隐喻仅仅是衍生物。”（Lakoff & Johnson，1980：153）认知隐喻观认为，语言中的隐喻只是不同认知域概念映射的表层反映，而其深层的机制应蕴含于人类的认知思维之中。关联理论提出隐喻自然生成于沟通、交流，利用隐喻这种看似松散的用法

（loose use），明晰地表达晦涩难懂的语言。隐喻总是连续地、任意地用于语言中，不是任何已经存在的概念的映射（Sperber & Wilson，2006：184）。

基于以上事实，我们尝试建构一个专门针对东西方文化经典隐喻阐释的综合多维框架——R-A-C-C 框架，涉及语用、认知、哲学、社会和文化诸因素。在以下部分，我们将探讨一些基本理论概念和相关思路，作为建构东西方文化经典隐喻理论框架的前期基础。

一、语用学观照

正如第三章所指出的，斯伯波和威尔逊（Sperber & Wilson，1995）提出的关联理论以及维索尔伦（Verschueren，2000）提出的顺应理论在隐喻解释方面具有较强的解释力。我们知道，语用学作为以语境依赖性为依托的对语言解释的研究，在过去 30 年中发展很快。关联理论是语用学的新尝试，它一方面致力于回答交际和沟通性质的哲学问题，另一方面专注于解释交际过程如何在听话者心目中进行，以及听话者如何阐释交际的心理过程。

语用学研究的目标是阐释语言理解中语言意义与语境假设之间相互作用的机制。要实现这一目标，不仅要加深理论上的理解，而且要对各种语言和语境中的话语解释进行详细的调查。哲学家格莱斯对现代语用学做出了标志性的贡献，他在 1967 年哈佛大学威廉·詹姆斯（William James）讲座上概述了传统交际模式的替代方案。格莱斯的讲座提供了一种推理模式，表明交际活动部分来讲至少是一种心智的活动，这涉及理性推导和想象力的运用。根据格莱斯的推理模式，在传达一定的想法时，说话者所要做的就是让听话者理解他的意图。通常，语言中的意图不容易被解码，但听话者可以通过逻辑推导推断说话者的说话意图。格莱斯的语用学的主要贡献在于为传统的意义理论提供了一种非语义学层面的阐释。它替代了传统的“交际代码论”，为交际活动的进行提供了更加科学的解释。

格莱斯认为言语交流的暗含意义涉及一个重要的推论因素（Grice，1989）。对于格莱斯而言，语用学的中心目标是解释隐含的意图或暗示如何被推断和解码。在某种意义上，如果交际者能设法在传达某种思想方面提供充分的信息，则交际过程一定会成功。同时，听话者有能力从说话者提供的证据中推断出这个意图。在此基础上，格莱斯认为推理理解是由合作原则及其相关准则，如质量、数量、关系和方式准则所决定的。格莱斯认为，在所有的语言交际中为了达到特定的目标，说话者和听话者之间存在着一种默契，一种双方都应该遵守的原则，他称这种原则为会话的合作原则。也就是说，每一个交谈参与者在整个交谈过程中所说的话都要符合交际的公认目标或方向。该原则如下：

> Make your conversational contribution such as is required, at the stage at which it occurs, by the accepted purpose or direction of talk exchange in which you are engaged.（Grice，1975：45）
>
> 使你所说的话，在其所发生的阶段，符合你所参与的交谈中的公认目标或方向。

合作原则有以下四个主要准则，每个准则也有其次要准则（Grice，1989：26-28）。

（Ⅰ）数量准则（The maxim of quantity）

（1）尽量提供所需的信息（以当下交流为目的）[Make your contribution as informative as is required (for the current purposes of the exchange.)]。

（2）不要提供多余的、不需要的信息（Do not make your contribution more informative than is required.）。

（Ⅱ）质量准则（The maxim of quality）

尽量提供真实的信息（Try to make your contribution one that is true.）。

（1）不说你认为是错的话（Do not say what you believe to be false.）。

（2）不说不确定的话（Do not say that for which you lack adequate evidence.）。

（Ⅲ）关系准则（The maxim of relation）

具有关联性（Be relevant.）。

（Ⅳ）方式准则（The maxim of manner）

清晰明了（Be perspicuous.）。

（1）避免含糊其词（Avoid obscurity of expression.）。

（2）避免模棱两可（Avoid ambiguity.）。

（3）简洁（Be brief.）。

（4）有序（Be orderly.）。

人们总是希望说话者能遵循合作原则及其相应的准则，所说话语真实合理，具有明确的相关性。不过，格莱斯认为，说话者并不一定总是遵守合作原则。事实上，格莱斯要说明的是为什么有时说话者的真实意图可能比他实际表达的字面意义更多。格莱斯认为，有时候，说话者会有意违背合作原则中的某一项。听话者应该推断说话者的隐含信息，并且假设说话者在真正意义上遵守合作原则及其相应的准则。换句话说，当一个准则明显受到违背时，听话者必须超越语言编码的意义，同时假定说话者遵守合作原则和规范。换句话说，在正常的交际过程中，说话者没有真正地违反任何准则；即使违反，也是表面性的。有时候，说话者有可能是刻意和公然违反一个准则的，但其目的确实是要表达一个隐含的意义和目的。因此，对合作原则无论是有意的还是无意的违背，在格莱斯语用学关于意义的推导中都起着重要的作用。

从合作原则来看，隐喻是违反质量准则所产生的会话含义。“会话含义”是格莱斯提出的另一个理论。它是语用学的核心内容，在言语交际中起着非常重要的作用。会话含义理论以其新颖和重要的内容引起了哲学界、语言学界的广泛关注。格莱斯于 1957 年发表的《意义》（“Meaning”）一文中正式提出“非自然意义理论”。他把意义分为两类：“自然意义”（natural meaning）和“非自然意义”（non-natural meaning）。这一区分的重要理论意义是他主张运用“非自然意义理论”去全面地、深入地分析言语交际中的话语意义或信息交流内容。格莱斯的“非自然意义理论”实际上是一种交际理论。任何交际过程都涉及交际意图，任何成功的交际都取决于听话者对说话者的交际意图的准确理解。按照格莱斯的“非自然意义理论”，在言语交际中，“非自然意义”由字面意义和非字面意义两部分共同组成。因此，要全面地、深入地研究交际中话语的含义就必须既研究话语的字面意义又研究话语的非字面意义，而非字面意义中又以会话含义最为重要。会话含义具有以下特征：可取消性（cancellability）、不可分离性（non-detachability）、可推导性（calculability）、非规约性（non-conventionality）和不确定性（indeterminacy）。会话含义的产生是由于在现实交际中，人们出于种种原因，并不都严格地遵守合作原则及其相关准则。

不少修辞，如隐喻、讽刺等，都是违反合作原则中的某一准则而产生会话含义的。隐喻属于“非自然意义”，因而单从字面意义去理解隐喻是行不通的。这样一来，在理解隐喻时，听话者应迫使自己超越话语的字面意义，去设法领悟说话者所说话语的暗含意义。有些隐喻所表达的意义不严格地受语境限制。例如，“西安是一部历史书”这一隐喻不需要特定的语境来推导出其暗含意义。隐喻所包含的会话含义不是话语的规约含义，而是非规约性含义中的特殊性会话含义，因而具有会话含义的特征。比如，“He is a machine.”这一隐喻在不同的场合具有不同的含义，它可以用以含蓄地表示某人工作勤恳、任劳任怨；或者说他的工作方法机械呆板，缺乏灵活性；或者说他缺乏感情，待人冷漠；等等。因而，在不同的场合，因交际主体不同，同一句话可能有不同的含义。隐喻同样具有可推导性和非规约性。譬如，从“他是个老狐狸”这句话中可推导出其会话含义：“他是一个非常狡猾、难以对付的人。”

格莱斯语用学的研究方法虽然具有很大的冲击力和影响力，但其研究方法仍有些遗留的问题待解决。首先，我们必须解决有关合作原则的来源、正当性及其几个准则的问题。此外，关于理解过程的本质问题也必须解决。根据格莱斯的观点（Grice，1975），理解过程是一种有意识和推理的过程。但从心理学的角度来看，交际的推理过程似乎是自发的、无意识的和自动的。然而，在这方面，格莱斯语用学中的会话推导似乎无法解释听话者如何会自动而且无意识地了解说话者的会话含义。

然而，格莱斯的语用学最为迫切的问题是如何界定相关性。格莱斯没有发展关联准则，他承认在这个准则中存在一些问题。根据他的接班人之一杰拉尔德·盖茨达（Gerald Gazdar）的评论，格莱斯显而易见对这四项准则并没有完全论述清楚，特别是在处理关系准则方面（Gazdar，1979）。他的评论显示了人们对格莱斯的观点普遍持怀疑的态度。

基于格莱斯语用学对隐喻解释的局限性，关联理论为隐喻研究提供了一个更为广阔的视角。20 世纪 80 年代，斯波伯和威尔逊在《关联性：交际与认知》（*Relevance: Communication and Cognition*）中提出旨在解释认知与交际之间的关系的关联理论，其中最为基础的假想是：人们总是关注那些与他们最有关联性的信息。基于这一关联性，斯波伯和威尔逊提出了两大原则：一是关联的认知原则，即人类的认知总是倾向于最大关联性；二是关联的交际原则，即每一个明示的交际行为都应设想为它本身具有最佳关联性。关联理论的出现目的在于处理格莱斯语用学方法未解决的一些问题（Sperber & Wilson，2001）。它是基于相关性的概念以及认知原则和交际原则的两个基本原则建构的，前者强调人类认知必须为其最大关联做好准备，后者提出在传递信息时同时会产生关联期望。这两个原则具体如下（Sperber & Wilson，1995：233-270）。

（1）关联的认知原则（Cognitive principle of relevance）

人类认知总是倾向于获取最大关联性。（Human cognition tends to be geared to the maximization of relevance.）

（2）关联的交际原则（Communicative principle of relevance）

每一个话语或话语推导行为的交际都以最佳关联为前提。（Every utterance, or other act of inferential communication, communicates a presumption of its own optimal relevance.）

关联理论分别从认知和交际两个方面来阐述。在认知方面，关联理论认为人类的认知随着达尔文所说的生理进化而发展。人类的认知机制同样是顺应和选择的结果，因此人类的认知倾向于获取最大关联，以此获取最大认知效应；交际方面的原则建立于认知原则的基础之上，但这里涉及的是最佳关联而非最大关联，因为这一程度的关联不仅要考虑到听话者的利益，也要考虑到说话者的利益（注意此处最佳关联与最大关联的差别）。

交际是一种相关性的认知过程，包括言语、思想、记忆等。只有在有关联性的情况下，话语才值得处理。一般来说，在解释和处理信息时，一定程度的认知处理努力是必须付出的。通常，当在一定的语境假设的情况下处理话语时，可以通过对这些假设进行修改或重组来产生一些认知效果。具体来说，语境效果主要以下列三种形式生成（Sperber & Wilson，2001：112-117）。

（1）认知效应与当前语境假设相结合，产生了语境上的暗示。

（2）认知效应加强了当前的语境假设（为此提供了更多证据）。

（3）认知效应与当前的上下文假设相抵触（提供更多的证据来回击它）。

此外，对话语的解释既要付出认知努力又要考虑语境效应。在获取话语的关联性方面，交际者针对话语阐释所付出的加工努力和语境效果彼此密切相关。

（1）认知效应越大，关联性就越大。

（2）对话语处理付出的努力越少，关联性越大。

换句话来说，在同等的情况下，一方面，处理一条信息所取得的认知效果越大，其相关性就越大；另一方面，在同等的情况下，处理一条信息所需的努力越小，相关性就越大。

基于上述论点，我们可以根据以下两个范围条件来定义“关联性”（Sperber & Wilson，2001：153）。

范围条件 1：如果一个语境假设在上下文中的语境效果大，那么这个假设就具有关联性。

范围条件 2：如果一个语境假设在上下文中所需的处理努力小，那么这个假设就具有关联性。

因此，我们可以看到，相关性依赖于语境效应和处理努力的相互作用。相关程度在一定程度上是由语境效应与处理努力之间的关系决定的。根据斯波伯和威尔逊（Sperber & Wilson，1995：125）的观点，在其他情况不变的条件下，一种语境假设所产生的语境效果越大，它的关联性就越大；在其他情况不变的条件下，处理新信息所付出的努力成本越高，信息的关联性就越小。换句话说，三个要素之间存在动态关系：语境效应、处理努力和相关性。因此，我们可以得出结论，语境效应和关联性是成正比的，而处理努力和关联性则成反比。

当一个话语具有足够的关联度值得人们去理解和处理时，此话语具有最佳关联性。此外，正是在最具关联性的句子中，说话者往往情愿且能够制造最佳关联性。

最佳关联性：当且仅当在以下情况下，话语才具有最佳的相关性。

（1）有一定的关联性使话语值得处理。

（2）与说话者的能力和偏好是一致的（Sperber & Wilson，1995：270-275）。

如上所述，关联理论理解程序要求听话者找到符合最佳关联性期望的解释。换句话说，与关联性原则相一致的且符合说话者意图的解释可以由听话者通过寻找话语中存在的最佳关联来实现（Gutt，2004：33）。关联性原则实质是“每句话语都能产生一种关联的期望值的原则”（Sperber & Wilson，1995：47）。总而言之，这个原则既不是一个准则，也不是一个规则，而是一个对交际过程的概括：每当一个说话者在传递某种信息时，他会自然形成一个预设，即他将要说的话是和听话者有关的。

总而言之，语用学的关联理论否定了格莱斯某些关于交际本质的基本假设。关联理论并不像合作原则那样是建立在准则的基础上的。因此，对于类似隐喻和反讽等违反话语交际准则的行为，我们必须认真分析。根据关联理论，隐喻并不像格莱斯所说的那样，是蓄意、公然地违反“质量准则”，而只是一种随意的言谈。格莱斯从语用学的视角对隐喻现象进行了初探，他认为隐喻现象违背了合作原则中的质量准则，从而产生了特定的会话含义。可是这一初探仅将隐喻研究引入语用学的范畴内，却没有进一步解释对这一语言现象的理解问题。

关联理论中认知语境更强调语境的动态性，语境是在理解话语的过程中不断变化、选择的结果，而不是静态规定的，这确保了话语的最佳关联性。其中，认知语境主要是由百科知识、心理图式及社会心理表征等因素构成。基于以上论述，关联理论注重语用推理过程以及话语的理解，关联理论的隐喻观则将隐喻看成是解释性使用语言的例子和隐喻含义的产生过程，却忽视了隐喻在话语理解中作为心理机制的作用。与此同时，关联理论对隐喻的阐述排除了话语双方因认知语境中的参数差异而导致的交际失败的情况。

下面的例子可以说明如何借助关联理论解释隐喻话语：

（1）Tom is a fox. 汤姆是一只狐狸。

（2）Mary is a snake. 玛丽是一条蛇。

当听话者严格地从字面上理解上述两句话语时，它们并不能满足听话者对关联性的期望。为了找到预期的关联性，听话者必须努力去获得足够的隐含信息。因此，听话者有充分的理由抛弃这些从严格意义和字面意义上理解句子所需要的相关的条件，重新从另一个角度去宽泛地理解句子。只有在理解字面意义的基础上同时获取足够的暗含意义来满足对相关性的期望，听话者才有可能理解言语的隐喻意义。这个过程可以被认为是建构新的认知推导路径之一。基于这种方法，句子（1）可以被视为断言，也就是说，汤姆不是狐狸，而是具有狐狸所具有的一些属性，这样可以使该描述具有最佳关联性；同样，句子（2）也可以被认为是断言，也就是说，玛丽不是字面上所说的蛇，而是具有蛇的一些特定属性，这样就使得这个描述具有最佳关联性。

极富创造力的隐喻以弱隐含（weak implicature）为特征。理解这一系列的弱隐含则需要听话者付出额外的认知努力（cognitive effort），而这些额外的认知努力会产生诗意效应（poetic effects），隐喻的使用便能产生这种效应。隐喻及其修辞手法都是一种随意言谈（loose talk），是话语最佳关联性的另一种表现。另外，隐喻又被认定是一系列特定概念（ad hoc concepts）的线性建构，这些特定概念是在某些特定语境中对词语意义的扩展或者限定。

基于上述讨论，我们可以得出结论：关联理论的确优于以前的隐喻解释和理解的传统语用方法。正如我们所知，隐喻作为一种描述性语言，涉及说话者的思想与实际表述情况之间的关系，以及说话者为此所付出的努力，实际上是一种松散的和模糊的沟通形式。隐喻的使用往往会产生一种诗意的效果和暗含的语义（徐章宏，2007）。

总而言之，隐喻是一种隐性的弱势交际形式，所以它的解释是依赖上下文语境的、不确定的，从而导致一种“诗意效应”。强弱意义之间的区别对诗意效应的关联阐释非常重要。在关联理论中，诗意效应被用来描述“通过一系列弱隐含而产生的最佳关联效应”（Sperber and Wilson，1995：222）。诗意效应是基于广泛激活的语境假设的特殊认知处理而产生的，而这种语境假设正是通过寻求最佳关联来激发的。从某种意义上说，诗意效应源于通过一系列弱隐含去寻求相关性。因此，从关联理论的意义上看，隐喻理解的最终目的是寻求最佳关联性，尝试通过建构语境假设来重新获得句子的暗含意义。

从上面的讨论我们可以看出，一方面，关联理论适用于解释人的沟通过程。它进一步发展了格莱斯的语用学。这样一来，关联理论开始从人的认知和心理角度来考虑沟通，超越了格莱斯在解释交际中的哲学观。另一方面，即使关联理论比以前的语用学理论更可信而且更可行，但如果单独来看，它仍然缺乏解释更复杂的隐喻话语的阐释力。斯伯波和威尔逊只是详细阐述了交际过程是如何进行的，他们似乎不愿意谈论隐喻的工作过程，即使它也是交际过程的一个重要方面。

维索尔伦在 1999 年提出的顺应理论是解释语言现象（包括隐喻）的全新实用观点。维索尔伦声称，语言选择的不断进行是语言使用的主要特征。他进一步解释说，语言选择是在任何时候和任何场合发生的。

语言使用主要有三个特点：变异性、商讨性和顺应性。变异性是“语言的一种特性，即它所定义的范围内可供选择的可能性”（Verschueren，2000：69）。“变异”是生物学里的一个概念。维索尔伦借用了生物学里的这个概念，认为语言的变异性指“语言具有一系列可供选择的可能性”。人类社会可被看作一个高级生物圈，与社会生活密切相关的是语言，人们的各种需求、意图都是通过语言来表达的，但这种语言表达要受到小至交际环境、大到社会环境的约束，也就是要顺应环境。人们不能随心所欲地想说什么就说什么，想怎么说就怎么说，因为这样往往会“祸从口出”。所以，人们使用语言要讲究策略，这种策略是通过语言的变异性（即语言具有一系列可供选择的可能性）来体现的。没有这种语言的变异性，顺应就难以实现。人们为了交际的需要，就要为表达一种意思而创造多种表达方式，以供人们在不同的环境中选择。于是，语言中出现了大量的同（近）义词、委婉语、隐喻，为人们的语言交际提供了选择空间。

商讨性是指“语言选择不是机械性的，也不是严格按照形式与功能的关系来做出的，而是在高度灵活的语用原则和语用策略的指导下完成的”（Verschueren，2000：69）。通俗地讲，就是指说话者面对丰富的可选项时，自己与自己商量讨论，决定选择合适的语言表达形式，以顺应交际意图与环境。“商讨性”的另一种意思是为话语找到一个合适的语境。商讨性透露出各种不确定因素，即语境的变化性。因此，商讨性涉及语用的动态性这个问题。

顺应性意味着“语言使用者能从可供选择的不同语言项目中做出灵活的选择，从而尽量满足交际的需要”（Verschueren，2000：69）。顺应是语言选择的目的，是对商讨提出的要求，即要求商讨的结果（最后确定的表达形式）必须与交际环境相适应；否则，商讨就毫无意义可言。这三个概念从根本上而言是分不开的。它们代表着语言特性在语言学和语用学研究中的紧密结合。

关于语言的顺应性，维索尔伦（Verschueren，2000）声称，我们应该将研究的四个角度或任务放在对语用的描述和解释上。这些研究角度和任务包括：语境关系顺应、语言结构顺应、顺应的动态性和顺应过程的凸显性。这四个语用研究角度是语言语用研究的基本组成部分,可以用来解释和描述语言的使用。

根据顺应理论，“意义”是语用研究的基础和主要关注点。维索尔伦（Verschueren，2000：11）认为，意义不能被看作是静止不变的，而是在语言使用过程中动态产生的，这是语用学研究关注的一个焦点。如图 4.1 所示，语用研究的四个角度在意义的产生中相互联系。

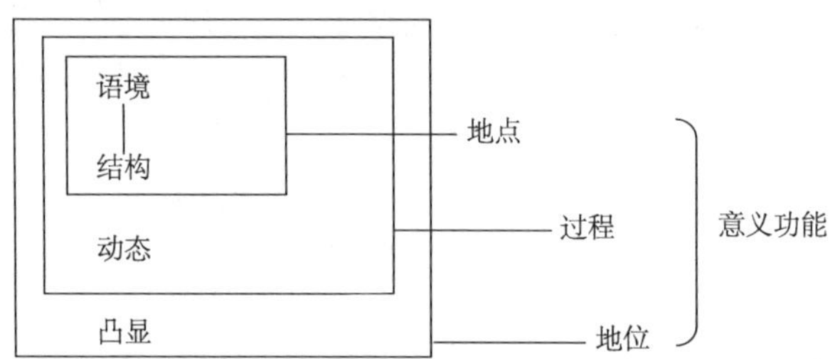

图 4.1　语用理论的结构（Verschueren，2000：67）

为了描述语言现象，我们必须从语境关系顺应和语言结构顺应开始。这两个角度描述了语言事件在确定适应性位置时设置语言和语言外参数的组合（Verschueren，2000：67）。就顺应过程而言，在解释顺应的动态性时，我们必须考虑变异性和协商性功能。动态性考虑了时间维度上的情境与结构之间的关系。事实上，顺应过程是上下文结构相互关系的动态运作。

最终,语言使用者普遍关注的是语境和语言结构的不同程度的动态适应性。因此，对顺应过程的凸显结构的研究揭示了人类参与这一过程的意识状态。

简而言之，我们研究语用现象的动态过程，探讨语境和语言结构在多大程度上和意识相互作用，以便更好地了解语言在每个可能的结构层面上如何有效运行，并揭示语言意义如何在不同的社会、文化环境中和意识水平上动态产生。

顺应理论强调语言交际的过程是不断地进行语言选择的顺应过程，这些选择可以发生在语言组织的各个层面，包括语音、形态、句法、语义等。语言使用的顺应过程，不仅需要顺应交际意图，而且需要顺应交际环境（何自然，2007：47）。顺应理论的语境包括交际中的社会文化语境、情景语境和语言语境（上下文语境），其中，前两种语境包含四个方面：①说话者（utterer）和听话者（interpreter）；②心理世界（mental world）；③社交世界（social world）；④物理世界（physical world）（Verschueren，2000：77-108）。在语言交际这一顺应过程中，“顺应”指的是言语交际者对交际意图和交际语境的顺应。维索尔伦提出的顺应理论为语用学研究开拓了一个全新的视角和方向，该理论的优点如下。

首先，维索尔伦将语用学作为综观，也就是认为语用学渗透在语言运用的所有层次的观点，与过去的把语用学看作语言学的一个分支的观点相比，可以说是更科学和更完善了。其次，与语用学传统研究的分类方法不同，维索尔伦另辟蹊径，指出语言使用中的变异性、商讨性和顺应性。根据“语言的使用就是不断地进行语言选择”这个观点，提出了顺应理论，并具体地分析了语言选择中语境关系顺应、语言结构顺应、顺应的动态性和顺应过程的凸显性等四个方面的任务，为语用学研究提供了一个非常实用的理论框架。这种研究角度可以说具有高度的概括性和科学性，因为它概括了语言的重要特点和语言运用的核心。最后，维索尔伦指出了认知科学在语用学研究中的重要性，随着认知科学的发展，他的观点给之后的学者提供了重要线索：人们发现，语言交际和认知有着密切的关系。除此之外，维索尔伦所提出的顺应理论作为语用研究的理论框架，具有覆盖面广的特点：这一理论框架能将过去传统语用学研究课题的内容贯穿在一起。

与此同时，一些学者也注意到顺应理论的一些不足之处。陈春华（2003）在对顺应理论和关联理论这两种语用观进行比较的行文中提出了顺应理论的不足之处：这里的语境概念似乎无所不包，但问题是语境的各个组成部分是如何相互作用以完成复杂的话语生成和理解过程的？杨平（2001）在其提出的“关联—顺应模式”中也指出顺应理论可能遇到的两个问题：一是顺应普遍性的基础到底是什么？二是维索尔伦认为，顺应的过程是交际者对某些假设进行“意识”唤起的过程。为什么会在唤起“意识”的程度上有差别？维索尔伦对此也未做深入的探讨。由于顺应理论的理论基础没有关联理论那么扎实和牢固，因此它在解释的高度和深度方面大打折扣。

可见，顺应理论的优点和缺点共同存在。总而言之，顺应理论的主要问题似乎在于缺乏扎实的理论依据，这使得它和关联理论比起来描述性更强，但是对话语意义的解释力较弱。

尽管关联理论与顺应理论存在异同，如关联理论具有较强的理论阐释力而顺应理论在描述方面更为具体，但两种理论都强调语境在交际中的作用。因此，二者在语境观、交际观方面存在共同之处，这可理解为是两种理论可调和的原因所在。

关联理论和顺应理论具有相似的语境观。关联理论中的认知语境与其他认知语言学理论一致，它模糊了传统语境各因素之间的界限，并将它们内在化、认知化，把语境看成是听话者大脑中以假设形式出现的概念表征和心理表征。顺应理论中的语境则包括交际语境和语言语境，交际语境主要包括物理世界、社交世界和心理世界，而语言的选择在考虑语言语境的同时必须与交际语境顺应，也就是说，交际者在交际过程中必须考虑到交际语境三个主要因素的综合情况，然后做出适当的选择。由此看来，尽管关联理论与顺应理论对语境的定义不尽相同，但是二者存在更大程度的共同点。

第一，两种理论中的语境都是动态的概念，且语境不是在交际发生之前就给定的。关联理论的认知语境认为，听话者大脑中的概念表征会因为说话者的明示手段而发生变化，因而形成新的概念表征和心理表征，且还会跟随说话者的话语不断变化，产生新的认知语境。而顺应理论认为，语境是随着交际过程而不断变化的。语境生成的过程主要就是交际双方对语境的不断协商的过程。

第二，两种理论都强调了语境中交际双方的能动性。在关联理论中，说话者的明示行为和听话者的推理行为是语境变化的主要动力，也是交际成功的根本。明示行为提供的新信息与听话者的旧信息结合，就会使听话者产生新的语境假设，而听话者则需要利用一系列语境假设来处理这些新的假设，并从新旧假设的关系中得出新假设的语境效果。在顺应理论中，说话者和听话者都是语境中至关重要的角色，语境也只会因为两者之间的交流才会被激活。语境的另外一个重要组成部分——心理世界也包括说话者和听话者的个性、情绪、愿望、意图等认知和情感方面的因素。

第三，关联理论和顺应理论具有相似的交际观。两种理论在交际观上有所不同，关联理论的认知交际观更多地强调了语用推理的重要性，也就是将交际成功与否的重要部分放在听话者的认知能力和推理能力方面，而说话者的明示行为只是前提条件；而顺应理论则更多地强调说话者根据各种关系的顺应而做出语言选择的重要性。

两种理论都强调了人的认知作用在交际中的重要性。关联理论认为，大脑的概念表征和心理表征是交际者做出语用推理的前提,是交际完成的重要保证。认知在整个交际过程中一直扮演着重要的角色。而顺应理论认为,言语交际涉及感知及其表征、计划和记忆等认知因素。另外,交际者的元语用意识—选择语言、做出顺应的过程中表现出的自我意识反应,对交际的顺利完成也有很大的帮助作用。

关联的本质是基于三个世界的综合考虑,是说话者对听话者的认知能力的判断,同时也是听话者对说话者的话语做出正确理解的立足点。顺应是为了满足交际的需要,主要表现在语境关系顺应、语言结构顺应、顺应的动态性和顺应过程的凸显性。语言的选择是顺应的结果,因此,顺应的过程其实也是寻求关联的过程。

杨平(2001)在吸取上述两个理论各自优点的基础上,提出一个新的语用理论模式:关联—顺应模式。这一模式的主要观点如下:第一,话语交际是一个以关联性为前提的过程。第二,交际者的关联假设决定其对特定语言的选择。第三,关联假设是说话者对符合关联原则的语境顺应的结果。第四,关联—顺应是语境成分和语言结构相互顺应的动态过程。第五,关联—顺应也是一个策略选择的过程。在这个模式中,语言使用的过程被看作是一个关联—顺应的过程,即语言选择和运用是说话者寻求关联、顺应关联语境的过程。作为一种新的语用模式,关联—顺应模式强调了语言认知关联功能,阐述了语言的选择和运用是说话人寻求关联、顺应关联语境的过程,并使认知、社会和文化语境具体化,让关联理论解释的充分性和顺应理论的描述充分性得到和谐统一。因此,从语用学的视角来看,如果将关联理论与顺应理论结合起来,便能建立起一个更加强大和全面的阐释框架,使隐喻性话语的阐释更加合理和高效。

二、认知语言学观照

在语用学的观照下,以关联理论和顺应理论为依托,针对隐喻进行阐释是相当可行和有启发性的。尽管一些语言学家将关联理论和顺应理论与认知语用相对等,但是关联理论和顺应理论对隐喻问题的处理仍然在语用学范围内。进入 20 世纪 80 年代后,认知语言学家开始比语用学家更多地关注隐喻性话语。20 世纪 80 年代首先提出的系统认知语义观,后来由莱可夫和约翰逊进一步改进,认为隐喻在人的日常生活中无处不在,不仅存在于人的语言中,而且存在于思想和行动中。莱可夫和约翰逊被看作认知语言学的先驱,他们的《我们赖以生存的隐喻》引发了语言学的认知方法和方法论的革命。五年后，在莱可夫和约翰逊的概念隐喻理论的基础上，福康涅（Fauconnier，1985）提出了“心理空间”理论，引发了认知科学的第二次新发展。

莱可夫和约翰逊合著的《我们赖以生存的隐喻》为隐喻的认知研究奠定了基础，书中“概念隐喻”理论凸显了隐喻在人类认知中的重要性。“隐喻在日常生活中无处不在，不但在语言中，而且在思想和行为中。我们的思维和行动所依据的日常概念系统，其本质基本上是隐喻性的。”（Lakoff & Johnson，1980：4）莱可夫和约翰逊认为隐喻可以通过人类的认知和推理将一个概念域系统地、对应地映射到另一个概念域，即从源域到目标域的投射。人类认知能力可以从一个概念域投射到另一个概念域，而其中的关联性则是这两个概念域实体之间的相似性，因此，概念隐喻是客观事物对认知领域的相似联想。认知语言学强调在激活概念结构的过程中认知机制的主导作用，突出隐喻表达中人的参与性和体验性。

如果不提及认知语义学，谈论认知语言学也是没有什么意义的。认知语义学起源于传统语义学，它与认知语言学有着不同的研究对象。传统语义学主要研究真实条件下词语的意义。“意义”是指所有被指称的、在真值条件下的逻辑意义，这是和特定环境、说话者和听众分隔开来的。其主要目标是制定固化的理论来反映和形成语言表述结构（Lakoff，2008）。

根据莱昂纳德·塔米（Leonard Talmy）的观点，认知语义学的研究集中于语言概念内容以及语言组织（Talmy，2003：35）。然而与传统语义学不同的是，认知语义学认为意义是语言使用中概念结构的有机组成部分（蓝纯，2003：27），语言被认为是概念结构的一部分。意义是通过对客观世界的概念化而存在的，它不是一个独立的实体。因此，认知语义学侧重于概念内容的研究。人们认为认知语义学有四个哲学假设，如下所示。

（1）概念结构是体现出来的。

（2）语义结构是概念结构。

（3）意义具有广博性特征。

（4）意义建构是概念化的（Evans & Melanie，2006：57）。

这四点是认知语义学的指导原则和主要原则。众所周知，认知语义学探讨的主题源于以下两个基本假设。第一个假设是语言单位的概念结构在常规上是与意义单位相关联的（Ricoeur，2005：21）。第二个假设是概念结构组织在很大程度上依赖于隐喻和转喻（蓝纯，2003：28）。认知语义学认为语言本身没有编码意义，词语和其他语言单位是意义建构的“促进因素”。这一主张导致了这样的观念：意义建构是一个概念化和动态的过程，通过这一过程，语言单位被用来激发概念化过程操作和传递背景知识（Evans & Melanie，2006：37）。

隐喻认知理论一方面符合经验观，另一方面又是认知语义学的一个组成部分。就隐喻认知理论而言，概念隐喻理论和概念整合理论是其主要代表。

自从《我们赖以生存的隐喻》（1980）出版以来，莱可夫和约翰逊在大量研究工作中创建了概念隐喻理论（Lakoff & Johnson，1980；Lakoff，1990，1994）。莱可夫（Lakoff，1994）等提出的隐喻观点是：隐喻是概念化的表述，基于相似性而不是文字表述；隐喻的主要功能是对一些概念的理解而不是艺术和审美价值；隐喻是一种装饰性的语言；思维和推理是隐喻的必要过程。根据莱可夫和约翰逊（Lakoff & Johnson，1980）的说法，比喻是概念性的。正如我们前面提到的，概念隐喻是一个建构我们日常概念的系统，包括抽象概念，而这种概念背后存在大量的日常语言。

莱可夫和约翰逊的概念隐喻理论提供了一种不同的方法来分析隐喻。根据这个理论，比喻由两个域组成：一个是相对较清晰的源域，另一个是相对较不明确的目标域。正如我们在以前所提到的，每个认知领域都包含一些基于经验的概念性方案。隐喻是通过将源域映射到目标域来获得的。所以，“詹姆斯是一头驴”（James is a mule）这个比喻是通过将“驴”（mule）的概念域映射到“詹姆斯”（James）的概念域来理解的，如图 4.2 所示。

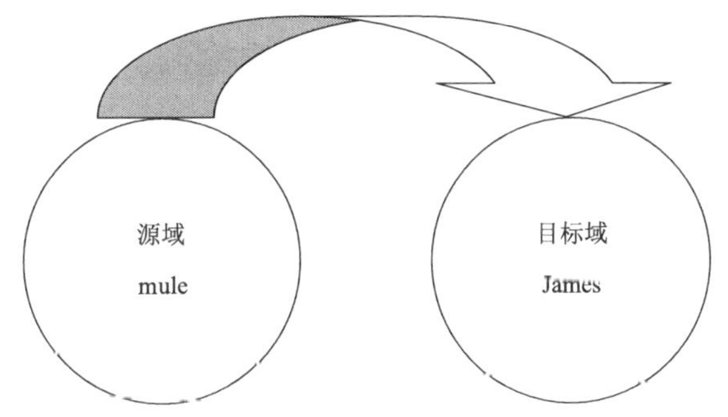

图 4.2　源域和目标域之间的映射（Lakoff & Johnson，1999：32）

从上面的图示我们可以看出，这个比喻的理解是通过应用一个更抽象的概念“詹姆斯”（James）为目标域，一个更具体的概念“驴”（mule）作为源域，通过映射这两个概念作为一个整体的投射过程。

根据莱可夫和约翰逊（Lakoff & Johnson，1999：13-14）的观点，从源域到目标域的隐喻结构映射可能是这样的：源域的相互关系、特性和知识都是从源域映射到目标域。从图 4.2 可以看到，当一个特定结构的语言表达在源域中被用来描述一个目标域时，它同时映射源域的结构到目标域。

概念隐喻理论自从出现以来就受到了许多语言学家的质疑。它的一个弱点是缺乏足够的基础实验支持。例如，山姆·格拉克伯格（Sam Glucksberg）（Glucksberg & Keysar，1990）对隐喻“Love is a journey.”（爱情是一场旅程）持怀疑态度。通过对操英语的说话者的调查发现，尽管人们可以假设“爱情”和“旅程”之间存在着一些概念上的映射，但很多人还没有把“爱情”作为“旅程”的概念植根于他们的大脑中。克劳迪·布鲁曼（Claudia Brugman）也质疑这个论述，即源域的性质应当与目标域相一致（Brugman，1990）。更重要的是，在莱可夫的理论中，他似乎只强调喻体的功能，即映射的单向传递。在交际意义上，喻体和喻旨以及源域和目标域的功能不同，具有不同的相关特征。喻体或源域的功能是“给定信息”，而喻旨或目标域的功能是“充当新信息”。从这个意义上说，源域的某些属性与目标域的属性相同。因此，源域可以根据语言环境或上下文的变化来选择和限制其属性，也就是说，它参与确定概念的映射。请看下面的句子（Lakoff & Johnson，1980：4）：

（1）Love is a journey. 爱情是一场旅程。

（2）Argument is war. 争论是战争。

从以上例子可以看出，概念隐喻的映射具有极大的任意性。这种任意性势必导致概念隐喻的无休止性，进而产生许多不牢靠的、不确定性的认知基础。也就是说，概念隐喻很容易被泛化。针对句子（1）的理解，“旅程”的特征不仅可以用来映射“爱情”这个目标域，同时还可以用来映射其他目标域，比如“生命是一场旅程”“学习是一场旅程”等。针对句子（2）的理解，“战争”不仅可以用来映射“争论”，还可以映射诸如“思考”“谋生”“升职”等目标域。

除了上述的缺陷，莱可夫声称“我们是身体”（We are bodies.），以现实世界来体现经验世界。事实上，经验世界是有限的，而现实世界是无限的。除了一些隐喻来自人们的经验世界，许多隐喻表达是约定俗成的。这些隐喻的生产和解释或多或少受到社会和文化因素的影响和限制。更重要的是，经验世界的许多生成基础在许多具有隐喻意义的习语中都找不到，更不用说源域和目标域之间的映射，如“Kick the bucket.”（一命呜呼）。

由于概念隐喻理论的一些缺陷，福康涅和特纳等语言学家提出了概念整合理论，并通过一系列文章和论文（Fauconnier & Turner，1996，1998，2002，2008）对其进行了进一步的研究。除了对概念整合理论做出巨大贡献的上述语言学家外，还有其他人如约瑟夫·格莱迪（Joseph Grady）、斯纳·库尔森（Seana Coulson）、尼里·曼德布莱特（Nili Mandelblit）和托德·欧克利（Todd Oakley）（Grady，2012；Coulson，2001；Coulson & Oakley，2005；Mandelblit，1995，2001；Oakley，2007）。概念整合是一种基本的心理操作，通过概念整合可以深入了解我们的思维，了解我们周围的世界。根据库尔森和欧克利（Coulson & Oakley，2005：184）的说法，概念整合理论不仅适用于多层面的分析，而且还可以在语言理解与人类思想和活动之间建立起一种联系。概念整合是人类生活几乎每一个方面的无意识活动。根据福康涅和特纳的看法（Fauconnier & Turner，2002：44），创建一个集成网络涉及一系列的阶段，包括心智空间的创建、两个输入空间的匹配、整合空间的投射、整合操作的运行等。简而言之，建构心理空间、整合空间与其他对应空间的联系，为我们提供了一种全新的洞察力和综合性视野，使我们对研究对象有了深层次的理解。

根据整合理论，隐喻意义是通过一系列富有想象力的心理操作获得的。我们知道，概念集成网络由至少两个输入空间构成，以及一个类属空间和一个整合空间。此外，存在跨空间映射过程，通过该过程，输入空间中的对应物相连接。在整合过程中，也有一个连接输入空间中的对应部分的跨空间映射。我们从整合过程中获得的是在输入空间中没有的新创结构。这是通过组合、完善和扩展的过程来实现的。各组成部分的投射和输入空间到整合空间的关系在整合过程中具有高度的选择性。一些被投射的元素在整合过程中可能融合在整合当中，其他元素可能会保留其各自的身份。所有这些选择都是建立在交际者最喜欢的认知模式和思维模式基础之上的。

雷蒙德·W. 吉布斯（Raymond W. Gibbs）声称，“整合理论冒着过于强大的风险，可以解释一切，也可以什么都不解释”（转引自 Coulson & Oakley，2005：186）。即使如此，福康涅和特纳（Fauconnier & Turner，2002）也提出了一些额外的支配性原则，即进一步限制整合范围。这些原则澄清了概念整合网络之间的关系，被认为是指导概念整合的支配性原则。他们描述了使新创结构尽可能优化的策略。概念整合在以下最优化原则的运作下最有效。

（1）整合原则（Integration Principle）：整合被认为是一个综合的实体，构成一个紧密集成的场景。空间中的各种元素都需要作为一个整体进行混合。

（2）网络原则（Web Principle）：不同输入空间的映射关系可以投射到心理空间，使概念内容得以扩展。这一原则确立了心理空间与其他输入空间的联系。

（3）拆分原则（Unpacking Principle）：这个原则允许解释者重新建立输入空间，交叉空间映射、类属空间和整个连接网络。

（4）拓扑原则（Topology Principle）：输入空间中的各部分组成的结构和关系应通过整合空间来反映。

（5）正当理由原则（Good Reason Principle）：整合过程中的各个部分必须服从整合的功能和目标，否则将无法进入整合过程。

（6）转喻紧缩原则（Metonymic Tightening Principle）：当和转喻相关的元素被投射到整合空间时，其对应的相互联系会减少它们之间的距离（Coulson & Oakley，2000：186）。

我们应该知道，上述原则不是整合网络的基本和必要的要求，它们只是简单地制定整合工作的最有效的条件。笔者要强调的是，所有这六项原则都可以并入两个原则，即关联原则和顺应原则，或者换句话说，所有这些原则都可以在关联性和顺应性的维度下受到支配。

第三节　理论框架的哲学基础

一、经验现实主义

中西典籍隐喻阐释的理论框架的哲学基础是经验现实主义。经验现实主义又称体验哲学，于20世纪70年代兴起，被认为是认知语言学的基础（Lakoff & Johnson，1999；王寅，2007）。体验哲学试图描绘与人类思想的本质和经验相关的意义（Lakoff，1987：266）。体验哲学认为，“意义”源自人们的亲身体验，包括大脑、身体以及文化环境的相互作用。另外，体验哲学还强调认知过程中“内在化”和“推论”的作用。

经验现实主义的建立与所谓的“客观主义”（Objectivism）立场相对立，后者是长久以来人们对人类范畴化和概念化所持的观点。无论是客观主义还是经验主义，都与基本现实主义（Basic Realism）相联系。莱可夫（Lakoff，1987：158）认为，基本现实主义包括以下几层含义：

（1）现实世界体验包括人类体验和人类自身在内。

（2）人类概念系统和现实世界的其他方面存在联系。

（3）人类概念的事实基于其内在的连贯性。

（4）人类概念是建立在对外在现实世界的知识了解之上。

（5）反对所有概念系统都一样的观点。

莱可夫和约翰逊（Lakoff & Johnson，1999：195）用客观主义来统称经验主义和理性主义。自苏格拉底起，客观主义便占据了西方文化和哲学领域的主导地位。以法国哲学家勒内·笛卡儿（Rene Descartes）和德国哲学家康德为代表，客观主义或多或少地影响了 20 世纪的分析哲学和逻辑实证主义,对转换生成语法这一语言观也有很大的影响（李福印，2008：247）。从客观主义的角度出发，莱可夫详细阐明了人的思想决定着对抽象符号的机械操控这个观点。头脑通常操纵着符号，就像电脑一样。而且，头脑与自然之间存在着紧密联系，反映了一个人对外部世界的逻辑推断。通过与外部世界的物体产生联系，符号便获得了意义。外部现实世界的内在表现也与符号有着紧密的联系。抽象符号与独立于人类特殊性质的事物相联系。人体在选择人类会加以利用的相关概念时发挥着至关重要的作用，但是在塑造这些概念的过程中并非必要因素。思想是一个抽象的概念，我们可以将其打破成简单的碎片，再加以结合成为复杂概念（Lakoff，1987）。

以上观点都说明，意义是独立于人类的理解力而存在的；而且，推论从本质上来讲是超验性的，且不受认知对象和与客观世界互相作用的影响。另外，各个范畴之间的联系也是超验的、普遍的，独立于人类的思考、大脑和身体的任何部分的。与客观主义相反，莱可夫提出了“非客观主义”，即“经验主义”或“经验现实主义”（Lakoff，1987）。

经验现实主义哲学中最重要的概念便是“体验化”。莱可夫（Lakoff，1987：344）认为，经验主义表现出了对解释人类概念系统的关注。经验主义坚持认为，概念系统的各个方面来自人类物理体验的本质。我们人类拥有躯体，以及我们作为物理和社会环境的一部分不断互相作用这两个事实形成了所谓的概念系统。基本概念和动觉意象图式对于建构体验概念，尤其是在建构已具有以前概念的结构且符合我们自身体验的概念的过程中，起到了重要作用。

根据体验化的观点，范畴、概念、知识、意义、理性等全都来源于身体体验。身体和头脑不仅在人类范畴化的过程中起到决定性作用，同样也决定着范畴和结构的形成。概念来自人类的身体、大脑和人类对世界的体验；反之，人类通过身体又得以理解概念。莱可夫和约翰逊（Lakoff & Johnson，1999：249）

认为，经验现实主义的实质在于思维、意义和思想都可以在深层的意义上体现出来。

经验主义者从“体验化”的角度对意义和真理做出了定义。意义不仅在真实情况下才客观，而且与概念结构及其形成过程相关联。在这一前提下，人类的集体生存能力以及身体和社会体验被认为是在我们的环境中发挥作用的重要因素。

另外，经验现实主义中还有一个非常重要的概念，即“理想化认知模型”（Idealized Cognitive Models，ICM）。莱可夫（Lakoff，1987：68）认为，ICM是我们组织知识的基本方法；类型结构和原型效应都是这一过程中的衍生品。每个ICM都是一个复杂的结构化整体、一个格式塔结构、一个概念化的结构等。一般来说，ICM由四种结构组成：命题结构、意象图式结构、隐喻映射以及转喻映射。其中，命题结构和意象图式结构构成了ICM的核心，而隐喻映射和转喻映射凭借命题结构和意象图式结构对ICM机制进行拓展和发散。

总而言之，体验化和ICM这两个概念在理解经验现实主义时非常重要。经验现实主义非常强调隐喻在人类认知系统中的作用。经验现实主义认为，隐喻普遍存在，且深深根植于人们的经验之中。

在莱可夫和约翰逊1999年合著的《体验哲学——体验性心智及其对西方思想的挑战》（*Philosophy in the Flesh: The Embodied Mind and Its Challenge to Western Thought*）一书中，他们将上述思想概括成体验哲学的三条基本原则：心智的体验性（The mind is inherently embodied.）、认知的无意识性（Thought is mostly unconscious.）、抽象概念的隐喻性（Abstract concepts are largely metaphorical.）。

（一）心智的体验性

根据莱可夫和约翰逊的观点（Lakoff & Johnson，1999），心智的体验性指的是人们通过亲身体验去感触未知的事物。人们对事物的概念、推导、认知，都不是凭空进行的，而是通过身体的触觉和心智的感觉去经历和体验而得来的。只有通过这一过程，概念才能被人所理解，推导才能符合逻辑性，认知才能有理有据。我们对自己身体的认识，以及对方位的把握，建构了我们形成抽象概念和范畴的基础。

人们在语言交际中会产生语义，而语义也是基于感知和体验而产生的。这便是语言交际的哲学基础。

（二）认知的无意识性

乔姆斯基的语言哲学观认为，人们的推理和语言一样，都是无意识的。在此基础上，认知科学界广泛地形成了“认知的无意识性”。人们的概念形成能力和推导能力也是认知能力的组成部分，故此也是无意识性的。人们对客观世界首先是感知和体验，进而产生概念和意义。而这一过程，都属于认识的过程，是无意识或下意识地进行的，包括推理、概括、综合等一系列心智活动。

（三）抽象概念的隐喻性

传统的隐喻观认为，隐喻是一种修辞手法，适用于诗学语言，而非概念性的。这种看法自亚里士多德开始，持续了2000多年。以莱可夫和约翰逊为代表的概念隐喻学派，以隐喻的概念性为依据，以隐喻的认知性为依归，提出了隐喻在我们生活中无处不在，是我们赖以生存的手段的看法。根据这一看法，我们说隐喻具有体验性、无意识性和抽象概念性。

概念是形成隐喻的基础，人们通过亲身体验才能获得概念。隐喻思维也是一种无意识的活动。这便是体验哲学对隐喻的认识。

二、经验现实主义的语用认知意义

一般认为，语言哲学的中心问题有两个：一个是语言与世界的关系问题，另一个是语言与词语的意义问题。针对隐喻，我们也可以围绕隐喻与我们生存的世界以及隐喻的意义两方面做进一步的探讨。认知语言学的哲学基础是主客观相结合的经验现实主义认识论。人类的经验源于人与自然、人类自身的感觉器官和智力与自然环境的相互作用，以及人与人之间的交往。同时，大脑并不是一成不变地反映客观世界，而是具有其自身认识事物的结构和规律。由于人类心智的不确定性，每当置身于自己不了解的场合时，人就把自己当作权衡一切事物的标准，因为人们认识不到事物产生的客观原因，也无法拿同类事物进行类比来说明原因，因此人们把自己的本性移加到那些未知的事物之上是很自然的。这样，在无意识之中，人就将自己看成是衡量整个世界的尺度。人类从理解环境的那个时候起就展开了心智活动，给事物赋予意义，从而吸收进入大脑。人在不理解自己所处的环境时就凭自己的心理经验来体会外在事物，通过移情，把自己变成事物本身。隐喻使人类最先认识了世界，而且人类借助隐喻性语言去了解世界。在一切语言里，大部分涉及无生命的表现方式都是从人体各部分以及感觉和情欲那里借来的隐喻。语言本身就包含着一种隐喻机制，它与人的思维方式紧密相连，人类通过深藏在思维中的隐喻概念，以语言形式来认知周围世界，而已获得的认知以经验形式存储于思维当中。在某一特定环境下，已储存的经验被激活，用于理解另一新事物，从而获得新的认知。这一认知通过语言形式表现出来，构成新的隐喻。

语言使用既是内部现象，也是外部现象。根据体验哲学，意义产生于我们的体验。因此，作为文化和认知结构的部分，思维能够塑造语言。根据梅耶（Mey，2001：303）的观点，一旦人们用语言表达了这个世界，这种表达就必然会影响人们看待这个世界的方式。人们使用语言就是体验用符号建构表达的一种方式。根据索菲亚·马默瑞杜（Sophia Marmaridou）的观点，符号形式的保持或改变，以及相应的概念经验化必然受到认知结构的制约（Marmaridou，2000：62）。意向图式、心理空间、理想认知模式、隐喻的投射和整合等认知机制，与概念的形成有着密切的联系。特别是认知结构，使各种经验的概念化成为可能。可以这么说，经验通过语言的使用得以内化。

经验现实主义的一个重要原则是人类知识是按照理想认知模型组织的。当语言成分和理想认知模型的概念成分发生联系时，便会产生一个符号性的理想认知模型。在语言使用过程中，一种特定的语言表达激活理想认知模型的概念组织时，理想认知模型便能激发语境和语用因素。推理是经验现实主义认定的另一个获取语言意义的途径。对应具体事物的抽象推理必须通过人的身体经验。对具体事物的推理包括基本层次的范畴化，抽象的推理是通过意向图式尤其是隐喻化来完成的。经验现实主义还解决了认知语用学未能解决的一些问题，诸如语用意义的非命题性以及社会意义是如何内化的，从而解释了社会变化是如何产生的等问题。

同样，语用意义除了语境因素之外，大部分也是间接地依靠他人的经验。莱可夫（Lakoff，1987）认为，经验现实主义关注我们运用想象力来理解我们所体验的一切。社会意义的体验保证了社会和集体的内化和重塑。在经验现实主义看来，身体能限制我们对客观事物的理解，而且相同的经验可以与不同的语义结构相对应。所以，这一切说明了身体经验在阐释交际意义中的作用和人类经验内化的重要性。

实际上，“语用学”就是研究不同境况下的话语意义的学科。语用学的研究一般通过以下两种方法：一种是将语用学看作与语音学、句法学和语义学等传统语言学分支相平行的学科；另一种则是将语用学看作语言使用的纵观。维索尔伦（Verschueren，2000：1）认为，“语用学可以被定义为对语言使用的研究，或者略微复杂地讲，语用学就是从语言使用的特性和过程这一角度对语言现象进行研究”。根据维索尔伦的观点，我们可以将语用学具体视为一门从普遍认知、社会及文化角度对语言现象以及不同行为状态下的语言使用进行研究的学科。维索尔伦将语用学看作语言的一般功能性研究这一观点，为我们指明了一种研究语言的新方法，这一研究方法需要更多地考虑到语言的认知、社会及文化功能的复杂性。这一观点与语言的认知观保持一致，二者都关注内在思维和外在世界在具体的物理、社会和文化环境中通过身体体验所产生的相互作用。

维索尔伦（Verschueren，2000）认为，语言的功能在实际使用中是有意义的。作为语用学所考虑的界定性特征，意义是“在使用语言的过程中动态产生的”（Verschueren，2000：11）。而且，维索尔伦认为，意义不仅是内在思维和外在世界相互作用下的产物，而且是语言形成和理解相互作用的产物（Verschueren，2000：11）。这一以语言使用为中心的观点对语言现象的研究与认知语言学所持有的基于语言使用的概念保持一致（Evans & Green，2006：129-146）。

莱可夫（Lakoff，1987）认为，语言不仅涉及对抽象符号及其在客观现实中的对应物的掌握，更涉及有机体是如何进行思考的。这一思考的过程涉及身体的本质、身体与其所处环境的相互作用、身体的社会角色等因素。从某种意义上讲，这一思考过程或多或少地与语用意义和认知意义有所联系。根据经验现实主义的观点，经验化这一概念对语用意义和认知意义有着非常强大的解释能力。体验哲学的假定是，语用意义源于个体的身体体验，包括人脑与周围的物理、社会及文化环境之间的相互作用。认知结构并非对客观存在的简单重现，而是一种由人类体验构成的有意义的结构。另外，认知过程也不是对外在现实的演绎重现，而是一种经验性的身体体验过程、一种社会文化的建构化过程。鉴于体验哲学将人类活动看作一种富有意义的心智体验，而且人类的体验有个体特征（个体功能的结果）和集体特征（个体和社会文化环境互相作用的结果），个体和集体经验都能够实现内在化。马默瑞杜（Marmaridou，2000）认为，如果“自我”这一概念从某种程度上是通过社会进程建立起来的，那么语言意义的建构便是一种社会现象。而且，如果“自我”这一概念是通过人体与环境之间的互相作用形成的，那么语言的意义便可以在我们的头脑中内化。因此我们能够得出结论：概念、范畴和思维都来自我们的身体体验；大多数认知过程和推论都是无意识地发生的；思考大多数都是隐喻的。另外，鉴于意义来源于我们的身体体验，那么认知推论、语言和句法因而全部来自我们的身体和想象（Lakoff & Johnson，1999）。总的来说，体验哲学将语言视作普遍认知的一部分，并揭示了语言系统地根植于人类的认知体系当中（Lakoff & Johnson，1999）。

早在 1935 年，布罗尼斯拉夫·卡什帕·马林诺夫斯基（Bronislaw Kaspar Malinowski）便表示，词语和短语的全部意义均来源于人类的身体体验。莱可夫和约翰逊（Lakoff & Johnson，1999：249）也表示，意义基于我们的体验。这种体验意义可以通过想象力机制形成抽象的推理和概念。在经验主义的框架内，意义的认知方法主要涉及一种特殊的心智推导，即推理。认知结构会针对一系列不同的体验概念生成潜在能力。我们可以认为，意义并不客观存在，也不主观存在于人类的头脑中，而是来自人类和环境之间不断的互相作用和互相参与（Lakoff & Johnson，1999：90）。同时，意义的建立是将感悟作为媒介。根据内在论者对现实的观点（Putnam，1981），语言意义是体验性的，来源于人类的生物能力以及物理和社会文化体验。总而言之，基于上述内容，我们可以得出，维索尔伦的意义观与语言的认知观是一致的。

从以上内容的讨论中我们或许可以得出，意义的语用观和认知观汇聚于以下方面：外在世界的意义并非自发产生的，而是通过人类的体验强加于外在世界的。简而言之，意义来源于认知、社会及文化环境。意义不仅是内在思维和外在世界互相作用的产物，也是语言生成和理解互相作用的产物。

三、建立 R-A-C-C 理论框架的必要性

到目前为止，我们已经讨论了为隐喻阐释建立理论框架的理论考量和哲学考量。我们知道，隐喻本身可以被看作一种交流过程。在这种交流活动中，通常有至少一个说话者或信息发出者、用来发送的信息，以及一个或多个接收信息的人。相比而言，在中国文化典籍“四书五经”和西方文化经典的代表《圣经》中，隐喻是一种特殊的交流方式，交流的双方分别是代表当时统治阶层的文化代言人和其子民，以及上帝和他的信徒。这种特殊的交流不同于普通的交流或谈话，我们需要对其进行彻底、详细的分析。

在之前的大部分文献综述中，我们看到《圣经》作品中的隐喻分析都围绕着神圣性、文学性或哲学性而进行，很少涉及语言学分析。一般情况下，学者对隐喻功能的理解主要受制于对上帝的虔诚和信仰。但是在过去的 30 年，关于人类思维中的隐喻结构的地位和角色研究，在语用学及认知语言学层面突然激

增。不过，少有证据显示，认知语言学及语用学中提出的语言学研究方法被应用于研究《圣经》中的对话。布莱恩·雷恩（Brian Wren）等学者试图探索《圣经》文本的语言学本质。例如，在一本名为《我应该借用何种语言？》（*What Language Shall I Borrow?*）的书中，布莱恩在她早期的认知语言学研究中对一些《圣经》中的隐喻进行了分析，指出了所有的人类语言（包括隐喻）都来自人类体验这一观点（Brian，1989）。珍尼特·马丁·索凯斯（Janet Martin Soskice）在其《隐喻及宗教语言》（*Metaphor and Religious Language*）中，没有考虑莱可夫和约翰逊的研究，认为他们混淆了词汇派生与词汇意义（Soskice，2005：81）。中国学者王磊（2008）在他发表的博士论文中，也对《圣经》隐喻（主要是《新约全书》中的寓言故事）的阐释做了一些认知方面的研究。所有这些学者都只采用了认知理论的研究方法，而非综合的语用认知方法，后者或许更适用于研究《圣经》语言的要求，但却是当前研究中的一个短板。

的确，由于有关圣灵的隐喻在信仰者当中具有很大的影响力，而且会带来启示性，因而从传统的角度来讲，《圣经》隐喻的阐释的确存在一些问题。玛丽·德斯坎普（Marry DesCamp）认为，在尝试为《圣经》隐喻阐释寻求替代品之前，一定要对其进行谨慎的分析（DesCamp & Sweetser，2015：5）。艾伦·阿特梅尔（Ellen Achtemeier）则认为，人们对《圣经》隐喻做出了特殊的拓展，使其“远远超越了字面意义和常规使用，它为这一主题提供了直接的见解和新的理解”（Achtemeier，1992：5）。总之，《圣经》隐喻比其他常规性的隐喻能够提供更加完整的表现形式和联想意义。通过以上学者的观点，我们可以看到《圣经》隐喻的确为我们提供了理解抽象事物的渠道。

事实上，鉴于人们对《圣经》的理解存在一点非常重要的不确定性，那就是认为圣灵这一概念在很大程度上是抽象的，不可能通过具体的或物理的方式或以看到、触摸到、闻到、尝到或听到的形式感知或理解上帝，而且这些概念是非人类的，无法通过听觉、嗅觉、触觉或味觉被感知。因此，这些概念往往通过隐喻的方式被理解（Lakoff，1994：203），在揭开抽象概念的真面目方面，隐喻的使用必不可少（Lakoff，1994：208-209）。

不过，在语言形式方面，学者们就《圣经》语言和其他形式的语言之间的区别一直展开着激烈的争论（Brian，1989）。阿特梅尔（Achtemeier，1992）认为，《圣经》语言中的隐喻与日常语言中的隐喻完全不同。但是这一观点目前并未获得实证性的支持。迄今为止，也并无证据显示谈论圣灵时人脑处理信息的效率高于谈论一般事物时的效率。人类对圣灵的构想必然在人类的认知能力领域发挥着一定的作用。神圣启示只能通过人类的体验显现，将两者对立起来是一种错误的观点。

在以上讨论的基础上，我们可以暂时得出结论：尽管《圣经》隐喻以特殊的语言得以显现，但是多多少少与日常语言中的一般隐喻发挥着同样的作用，然而二者可能具有不同的语言形式，而且在对其进行阐释时需要投入更多的精力和思考。这一特点使得我们能够为《圣经》隐喻阐释建立一个语言学阐释框架。

中国古典文化经典中隐喻的用法也是不可胜数。在先秦时期，诸子百家的学说、观点的阐述都运用了大量的比喻。中国古籍中，目前公认的最早提到修辞手段的是《墨子》。虽然先秦诸子都基本涉及了“喻”的问题，但从整体上看，都缺乏对隐喻的理论性探讨。《墨子》在章三十三《小取》中专门谈到了修辞的作用。《小取》系统阐述和总结了修辞的作用，对“辟”（比喻）作为演讲术中一个行之有效的形式加以特别说明。“辟也者，举他物而以明之也。”从这句话可以看出，墨子很看重“喻”的解释作用，认为“喻”实际上是使用喻体来解释本体（徐寒，2004）。

中国国学经典中存在着各式各样的隐喻表述。比如“四书”中大量的隐喻表述以各种形式存在，用来传播儒家的学说和思想。其中，《论语》《孟子》中的隐喻运用在诸子百家中独树一帜，具有鲜明的特色，但是今人却缺乏对其的系统梳理。按当代隐喻理论来看，《孟子》中隐喻的运用形式多种多样，绝不是一般形式所能概括的。鉴于《孟子》中隐喻实践的丰富性及复杂性，根据表达方式的不同，《孟子》中的隐喻可分为词句类隐喻与篇章类隐喻两大类，具体每类的隐喻类型则丰富多样。《孟子》中的词句类隐喻又可以从基本形式及其变式两方面进行研究（梁涛，2010）。《孟子》中的篇章类隐喻的运用，主要有以经典诗句喻志、选取生活小事作喻体、讽喻、故事喻这四个方面的形式。尽管早已有研究关注《孟子》中的隐喻和其作为一种修辞手段所产生的文学效果，但却很少有研究从认知语用视角对其进行重新审视，关注其中隐喻的建构和理解过程。

同样，在“五经”当中，隐喻的表达和运用占据了一半以上的篇幅，几乎成了公认的一个写作特色。但是从文献的梳理来看，真正把“四书五经”中的隐喻阐释作为专门研究内容的著作的确为数很少。

“四书五经”中的隐喻阐释和《圣经》中的隐喻阐释的一个共同点就是其隐喻都具有相似的通古性、神圣性、权威性和道德伦理性，这种特点使中国国学经典具有和西方《圣经》类似的“经”的功能。因此，盛行于西方的针对《圣经》隐喻阐释的“寓意解经法”，被广泛地应用于对国学经典的隐喻阐释。从汉代开始一直到清代，“寓意解经法”在对《论语》的阐释中曾经占据主导地位。比如针对《论语》的隐喻阐释，一些章句和修辞手法本身就具有隐喻色彩和象征意味，因此对某些字句本身的比喻意义的详细说明和进一步的寓意阐释就显得尤为迫切（李赫宇，2007）；针对意义隐含和一些隐喻性的话语，做必要的阐释，使其蕴含的未言之意得以明确完备，并上升为普遍性接受的道德律令。透视《论语》隐喻的阐释，我们可以看出，“寓意解经”现象得以在国学经典隐喻阐释中显现，使这种阐释方法的实用性、必然性与普泛性得以印证，“寓意解经法”作为一种阐释策略，在揭示国学文本的丰富内涵和解决中国古代思想文化蕴含的强大能量方面，还是比较富有成效的。但从另一个角度来看，它也有很大的主观性、片面性，在很大程度上受到当时时代、道德规范和文化的制约。

综上所述，结合古今中外对《圣经》和“四书五经”隐喻阐释的研究，笔者认为，无论是对《圣经》的隐喻探讨，还是对“四书五经”的隐喻研究，都存在着一定的局限性，因为这些研究大多是从文学的角度来进行的，而从语言学角度进行的研究比较少。此外，从语言学角度来看，尽管也有一些运用当代语言学理论来分析研究的学者，但从前几章的分析和梳理中我们可以看到，不管是关联理论、顺应理论，还是概念隐喻理论、概念整合理论，鉴于其自身的不完整性，都无法被单独运用到《圣经》和“四书五经”隐喻的阐释分析中。也就是说，迄今为止学界缺乏一个整合语用学和认知语言学理论的框架结构用于中西文化典籍的隐喻阐释。

按照所设想的《圣经》和“四书五经”隐喻的阐释流程图，对《圣经》和“四书五经”隐喻话语的阐释分析由两种方法组成：语用方法和认知方法。在阐释者相关的《圣经》和国学知识的作用下，隐喻性语言内部结构的隐喻关系、隐喻假设，以及最后的隐喻综合阐释都将随之出现，从而分别产生语用效果、认知效果和启示效果。

第四节　中西文化典籍隐喻阐释框架的提出

根据上述理据及哲学基础，我们的目标是为中西方文化经典——《圣经》

与“四书五经”隐喻阐释建构一个语用认知框架。这一框架的建构分为两个层面。首先是语用层面，其建构以关联—顺应理论为基础；其次是认知层面，其建构以概念隐喻理论和概念整合理论为基础。通过基于这两个基本层面进行隐喻阐释的解析之后，整合语用层面和认知层面各自的优劣因素，最终形成一个综合性的语用认知框架。

一、中西文化典籍隐喻阐释的关联—顺应框架

正如笔者在之前的章节中所讨论的，隐喻被认为是语境中一段完整话语的意义总和。隐喻不仅用于表述和传递信息，也可能会被用于传递思想和概念。《圣经》与“四书五经”隐喻的阐释工作涉及各种各样的因素，其范围涉及语言学、文化、心理学、认知甚至社会层面。在处理这类问题时，我们需要采取不同的理论和方法，以及语用及认知领域相关的方法论，以便为其隐喻的研究提供坚实的理论基础。

人们认为隐喻是一种重要的沟通方法。因此，隐喻阐释的过程应包含在交际的范围内。一般来讲，关联理论和顺应理论能够为这一目标的实现提供有效的工具。从语用角度来讲，关联理论和顺应理论在交际进程的功能和应用方面可以互补。斯伯波和威尔逊（Sperber & Wilson，2001）在合作原则的基础上进行了更深入的研究，并提出了关联理论，这一理论将“关联”看作唯一的准则，并且将“推论”看作沟通的渠道。斯伯波和威尔逊认为，关联性主要是由两个因素决定的：一个是语境效果或认知效果，另一个是处理努力或心智努力。要想理解一段话语意图表达的意义，首先需要对其所传达的信息进行处理，之后需要忍受信息处理过程中产生的压力，但同时要获取一定的认知效果。交流的过程实际上是一种认知过程，由于最佳认知模式——关联性的存在，交流双方可以达成良好的协调。所谓的关联性是指“在且只有在语境中存在某种语境效果的情况下，这种语境假设才是具有关联性的”（Sperber & Wilson，2001：123）。

通过前几章的讨论，我们可以得出结论：维索尔伦的顺应理论可以被看作语用学研究的里程碑。在现有研究的基础上，顺应理论首次为语用学建构了一个系统且统一的框架（何自然、于国栋，1999：433）。我们知道，使用语言进行交流是一种语言选择过程。隐喻阐释作为一种交流形式也是如此。维索尔伦（Verschueren，2000：55）认为，语言的使用是不断地做出语言选择的过程，

这种选择是有意识或无意识地出于语言内在或外在的原因。与之类似的是，交流过程中的意义也被认为是动态产生的，而非语言形式的静态对应（Verschueren，2000：11）。语言选择来源于语言的使用，而语言的使用必须与客观世界、社会环境、心理世界等语境因素相适应（Verschueren，2000）。基于语言所具有的变异性、商讨性以及顺应性等特点，笔者认为，说话者和听话者双方都应为隐喻话语的产生和阐释负责。具体来说，首先，说话者需要做出选择，从而产生适宜的隐喻话语。之后，在阐释的过程中，听话者也需要做出语言选择，从而正确理解这段隐喻话语。总而言之，隐喻话语的产生和阐释过程是一种顺应性过程，对于说话者和听话者来说都是如此。

我们假设关联理论和顺应理论互为补充。如果将二者结合形成一个工作模型，可以帮助我们对《圣经》和“四书五经”隐喻进行阐释。《圣经》和“四书五经”隐喻与传统隐喻不同，前者更加复杂且更加多样化。这类隐喻的阐释涉及多种因素，包括社会、文化、心理及宗教因素等。因此，如果将关联理论和顺应理论二者分割开来，那现有的关联理论和顺应理论将远不足以阐释《圣经》和“四书五经”隐喻。尽管如此，我们还是可以且有必要将《圣经》和“四书五经”隐喻看作一种本质上比较特殊的交流方式。因此，将关联过程和顺应过程融合成一个统一的语用框架，可以用来解释《圣经》和“四书五经”隐喻在动态环境下或现实语境中是如何运作的。

我们可以设计一个《圣经》和“四书五经”隐喻阐释的运作机制。这是一个以关联理论和顺应理论为基础的语用分析流程。整体来说，该流程由三部分组成：关联过程、顺应过程以及关联—顺应过程。在对这一流程进行详细解释之前，我们先来做几个假设。

首先，我们认为《圣经》和“四书五经”隐喻是一类特殊的隐喻话语，其隐喻的阐释过程多多少少与传统隐喻存在共同之处。因此，此类隐喻的阐释可以在语用学领域内进行。

其次，根据语用学原则，《圣经》和“四书五经”隐喻的阐释过程可以分为三个层面，即关联层面、顺应层面以及综合层面。而且，隐喻产生和阐释的过程可以被看作交际的过程，因此，我们可以将焦点放在以听话者为主导的隐喻阐释上面。

基于以上两点假设，我们可以为《圣经》和“四书五经”隐喻的阐释提出一个更加综合性的以关联—顺应理论为指导的理论框架。图 4.3 展示了《圣经》和“四书五经”隐喻话语在关联—顺应理论框架中是如何被描述和解释的。根据关联—顺应理论，每段隐喻话语一方面会自动引发最佳关联的预设和对隐喻话语的理解，另一方面会引起听话者做出选择以及相应的语言理解。这会引导听话者在字面意思和实际表达的意思之间建立联系。为了达到这一目标，听话者须利用语境假设，结合自身心理世界、社会环境以及物理环境中的相关语境因素；同时，还须丰富自己对句子意义的表层理解，加深并细化对句子意义的深层理解。这一过程的发生总是伴随着语境的变化而做出选择，并在句子深层和表层两个层面均发挥作用。事实上，顺应的过程只是寻求最佳关联的过程，听话者须从中做出各种不同的认知推断，以便获得说话者意图表达的语用意义。总而言之，语境是一种变量，因而顺应具体的语境并寻找最佳关联的过程便是一个动态化的过程。

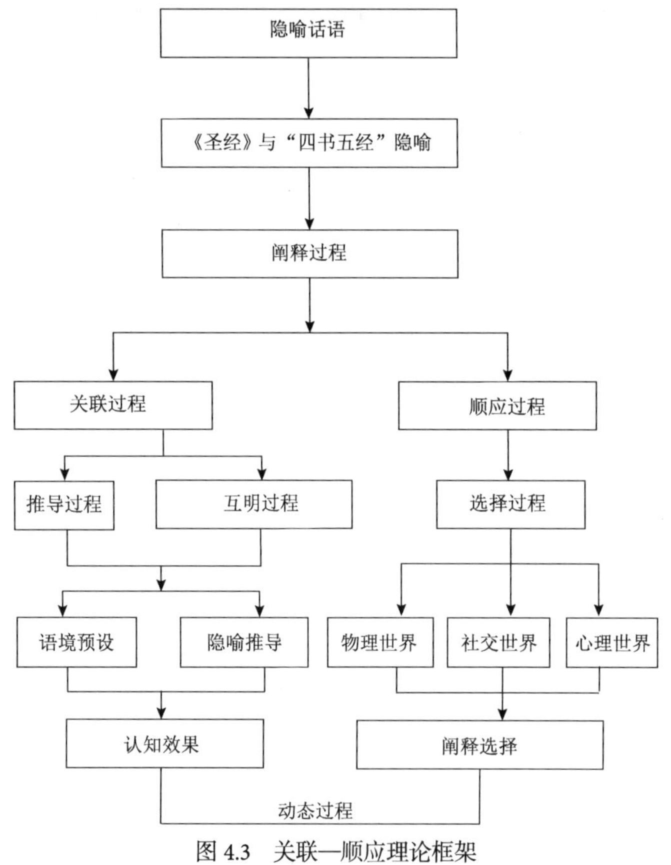

图 4.3　关联—顺应理论框架

如图 4.3 所示，阐释过程是通过语境假设而实现的，语境假设结合了顺应后的表层含义，并且产生了相应的语境暗示或认知效果。而且，对于听话者来说，他可以通过利用语境假设以及自己的推断能力推导出《圣经》和“四书五经”的隐喻含义。如果无法达到合适的隐喻效果，那么听话者或者信息接收方可能会在心理、社交及物理环境方面做出一些调整和适应，从而尝试通过在更高层次上做出推断以达到最佳认知效果。

我们可以假定，适用于一般性话语阐释的规则也适用于《圣经》和“四书五经”隐喻表达的话语。然而，在特殊的交际环境下，当《圣经》和“四书五经”隐喻能够为听话者提供足够的语境暗示，使其能够建构相应的意义推理及顺应阐释机制时，便可以合理地阐释该隐喻。如图 4.3 所示，这个过程是动态的，而非静态的。

二、中西文化典籍隐喻阐释的概念隐喻理论—概念整合理论框架

蒋勇和马玉蕾（2003：33）两位学者认为，关联理论只能为语用推理提供一般性准则，无法表明概念展开及整合的过程，只能停留在阐述语用推理和规则的层面，无法为概念分析提供方法论。根据认知语言学理论，隐喻关乎思考，而非只关乎语言。大多情况下，人类使用隐喻将某一种思想按照另一种进行概念化。隐喻将概念结构强加于思维，使得我们能够推理，而非仅仅按照一种事物的角度谈论另一种事物。另外，人类也需要借助隐喻来进行推理及谈论抽象概念（Lakoff，1994：208-209）。根据概念隐喻理论，隐喻的源域属于感知体验，而目标域属于主观反映，这是十分常见的。对于隐喻来说，目标域的感知内容少于源域。即便如此，目标域并非一定是抽象难懂的概念。相反，目标域是人类日常体验的必要部分。正如格莱迪（Grady，2012：135-36）所认为的，一些隐喻不会简单地从概念的低层次投射至高层次，而是会在不同类型的基本概念之间进行投射。这些隐喻将认知的初步运作和此类感官意象联结起来。有了这类感官意象，我们便可以有意识地维持并控制这种隐喻。从这个意义上看，我们可以说《圣经》或“四书五经”隐喻正是可以用来表达我们的主观心智体验中的绝大多数事物，包括“神圣”的说教和道德规范。

莱可夫和特纳（Lakoff & Turner，1993）认为，映射只是人类概念的一部分，概念映射会帮助我们在想要使用隐喻的同时对其进一步理解。在概念隐喻理论的框架之下，我们可以将隐喻看作源域和目标域之间存在一种稳定且系统的关

系，从而对其进行分析。概念隐喻理论的分析过程涉及两个概念结构和心理表征之间的精确映射。映射过程是指源域和目标域之间的实质性相符，它可以将常规情景、关系框架以及特定情景联结成一个整体。概念隐喻理论中的一个非常重要的观点是，隐喻意义的映射是单向的，这意味着隐喻映射是从源域到目标域的单向不可逆过程。由于这些特点的存在，概念隐喻理论无法为新奇隐喻和非传统隐喻的生成机制提供一个更加理论化的说明。

不同于概念隐喻理论，由福康涅和特纳提出的概念整合理论试图吸收并结合在线及实时的思考过程，因而，它走得更远并且能够在隐喻阐释方面为概念隐喻理论提供补充。福康涅进一步解释了概念整合理论的核心，即在输入心理空间之间建立部分匹配，然后有选择地从输入心理空间向整合空间进行投射。从根本上来讲，概念整合理论的建构是以类推、推理、心理模式、概念包以及知识框架为基础的。概念整合理论强调，整合是一种在线过程，其中隐喻要么被作为传统概念进行处理，要么被作为实时概念或者新奇概念进行处理。概念整合理论重点关注新奇概念化，模仿参与者话语实时呈现的动态演变，并集中观察和启发非传统、跨域关系案例。概念隐喻理论和概念整合理论都涉及语言系统投射，以及两个领域的意象和推断结构。两者在投射过程方面都设定了一些限制。从某种程度来说，两者都出自认知语言学的领域，并能够为体验式认知提供证据。

然而，学者们普遍认为，概念隐喻理论和概念整合理论在解释一般隐喻表达和《圣经》和“四书五经”隐喻方面有着强大的能力。概念整合理论被看作认知语言学领域一个全新的理论，并且被当作自然语言的意义建构的普遍认知过程（Fauconnier，1994）。概念整合理论在解释变化多端、随机且模糊的认知思考活动时具有强大的能力。不过，我们之前也谈到过，每个理论都有其弱点。概念整合理论的弱点在于：一方面，它只关注后台的微小变化和运行，以及动态意义建构；另一方面，它无法支持静态环境和认知模式下的认知框架。最重要的是，概念隐喻理论和概念整合理论都有任意性，并且缺乏语言数据的实质性证据支撑。这些不足在《圣经》与“四书五经”隐喻阐释方面尤为明显。

在以上论证内容的基础上，笔者认为可以从纯粹的认知角度为《圣经》与“四书五经”隐喻的阐释提出一个结合了概念隐喻理论和概念整合理论的全新框架。经过对概念隐喻理论和概念整合理论的修正和改善，本书从宏观角度建立了一个暂时性的模型，如图 4.4 所示。

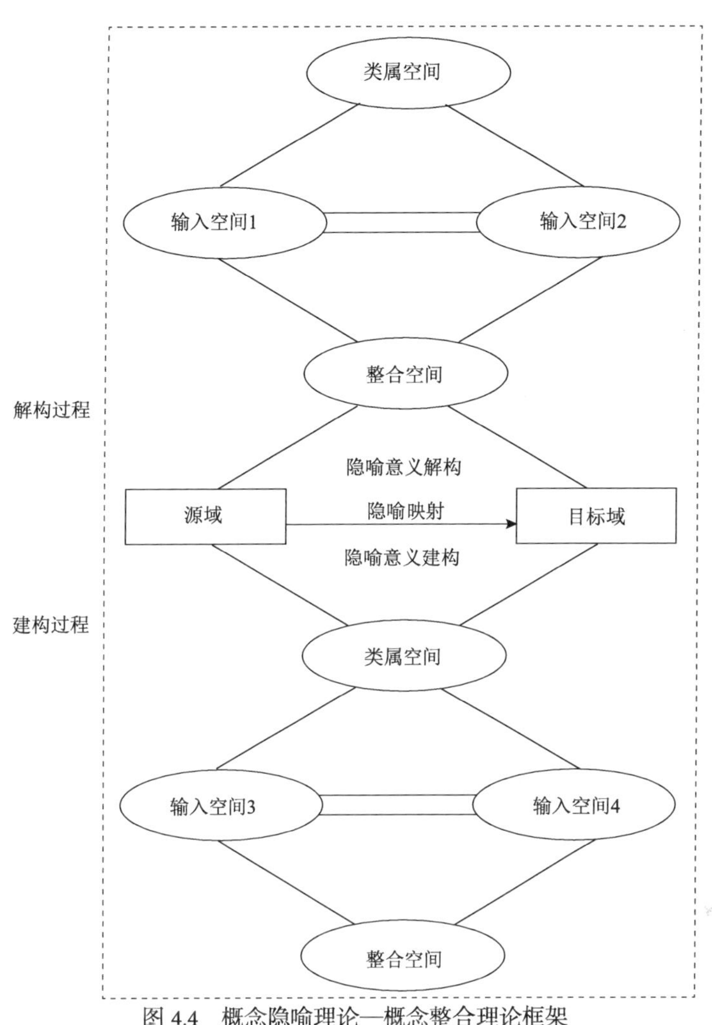

图 4.4　概念隐喻理论—概念整合理论框架

图 4.4 所示的框架为我们提供了整个认知阐释过程的全景。整个过程分为两部分，即隐喻意义的解构过程和建构过程。福康涅和特纳（Fauconnier & Turner，2002）认为，隐喻可以归类为两种整合类型，即单域整合和双域整合。概念隐喻和传统隐喻都属于单域整合。单域整合涉及首次输入（或源域）和二次输入（或目标域）之间的映射系统模式。首次输入提供了语言和图像（结构或框架），而二次输入被看作是概念形成的过程。源域中的关系转换到了目标域和整合域。同时，源域的语言和结构也会变成目标域和整合域的语言

和结构。双域整合涉及不同组织框架内两种输入的投射，而这两种输入的某些部分会投射成为整合空间。两种框架则会出现不同程度的冲突。与单域整合不同的是，双域整合意义的建构来自两个或两个以上的域。整合所导致的认知结构不是简单地由源域或目标域主导，而是由来自整合空间的互相作用力主导。

从图 4.4 中我们可以看出，单域网络与双域网络相结合，从而建构了一个整体的合成概念隐喻理论—概念整合理论框架。我们认为，概念隐喻和传统隐喻属于单域网络范围，而诗歌隐喻和其他一些需要付出更多努力来阐释的隐喻则属于双域网络范围。按照我们所提出的框架，单域网络和双域网络的工作机制在解构原始隐喻的意义和意图以及建构新的阐释意义和意图的过程中同时发挥作用。换言之，阐释的过程是双渠道的：一方面，就隐喻投射而言，投射的过程发生在概念隐喻层面；另一方面，就整合过程而言，整合的过程则发生在概念整合层面。投射过程和整合过程形成了演绎和推断步骤，最终导致了隐喻话语的整体阐释。我们来分析一下“上帝是陶工”（God is potter.）（耶利米书：1232）这个隐喻。

下面罗列了其中的源域输入元素：

（1）陶工是一种非常活跃的职业；

（2）陶工对自己的作品有着实质性的控制权；

（3）其作品材料具有延展性；

（4）其作品的特点可以被改变；

（5）作为创造者，陶工可以创造也可以毁掉作品。

与之类似，目标域的对应元素为：

（1）上帝是一个活跃、有意识且慷慨的施事者；

（2）上帝对其子民有着绝对的控制权；

（3）上帝有权在其子民中进行选择；

（4）人类的特征可以被改变；

（5）上帝有权创造或毁灭其子民。

因而，我们可以得出整合空间的对应部分：

（1）上帝对人类有着绝对的控制权；

（2）人类的本质是可变的；

（3）上帝将泥土变成了人类；

（4）以色列人的未来由上帝塑造和重塑；

（5）上帝能够改变心意，从而改变以色列人的未来和命运，这取决于以色列人自己的表现。

我们再看一下《论语》中的几个隐喻例证。在《论语》中，关于“人”的概念隐喻很多，将其归纳可分为三类：人是植物、动物和无生命物体。例如：

> 子曰：“岁寒，然后知松柏之后凋也。”
>
> 【译文】孔子说：“天冷了，才晓得松柏树是最后落叶的。”（杨伯峻，2017：136）

源域中的输入元素如下：

（1）松柏是一种植物；

（2）松柏很耐寒；

（3）松柏比起其他植物不易凋零；

（4）松柏的特性值得人们赞美。

目标域中的对应元素为：

（1）君子是人类；

（2）君子具有高尚的品格；

（3）君子不同于一般人；

（4）君子的崇高尊严和气节值得推崇。

因而，我们可以得出整合空间的对应部分：

（1）君子具有松柏一样的特征；

（2）君子具有在逆境中不屈不挠的品格；

（3）一般人就像普通的花朵；

（4）只有在艰难困苦中才能看到一个人的人格。

孔子认为，人是要有骨气的。有远大志向的君子就像松柏那样，不会随波逐流，而且能够经受各种各样的严峻考验。孔子的话语言简洁，寓意深刻，值得我们深入思考。

再看另一个例子。《论语》中有句话：

> ……虎兕出于柙，龟玉毁于椟中，是谁之过与？
>
> 【译文】老虎和犀牛从笼子里跑出，（占卜用的）龟甲和（祭祀用的）玉器在匣子里被毁坏，这是谁的过错呢？（杨伯峻，2017：245）

这句话发生在这样的场景中：鲁国的公爵季孙将攻打颛臾，而颛臾的国境早在鲁国被封时的疆土之中，是和鲁国共安危存亡的藩属。孔子反对战争并认为这是不公平的，因此他把发动战争的人比喻为凶猛的“虎”，将希望和平的人比作“龟玉”。当时的情况是：冉有受到孔子责备，企图推卸责任，于是采取了步步设防的方式，但孔子却步步紧逼，对他予以严厉批评。孔子对冉有“夫子欲之，吾二臣者皆不欲也”的自我辩解当即给予反驳。孔子首先引用周任的话称，如果臣子不能尽职，宁可辞去职务，也不应尸居其位，徒得俸禄。季氏即将攻打颛臾的僭越行为是孔子所不能容忍的。作为季氏的家臣，冉有和季路应拼死进谏，若季氏不采纳他们的意见，他们就应辞去职务，以“独善其身”。接着，孔子运用隐喻论证法，形象地举出一个例子：“虎兕出于柙，龟玉毁于椟中，是谁之过与？”老虎和犀牛从笼子里出来伤人，龟玉在匣子里被毁坏，是谁的过错呢？难道是老虎、犀牛以及龟玉的过错吗？显然不是，应是看守人员的过错，是看守人员的失职。

上文例句中，源域中的输入元素如下：

（1）老虎是动物，犀牛也是动物；

（2）龟玉是玉器；

（3）老虎和犀牛本性是残暴的；

（4）龟玉的特性是稀有且珍贵的；

（5）老虎、犀牛和龟玉都可以受制于人。

目标域的对应元素为：

（1）人是动物；

（2）人是具有本性和品性的；

（3）喜欢发动战争的人有老虎、犀牛般的个性；

（4）希望和平的人拥有玉器般的品性；

（5）人是有理性的。

最终，我们可以得出整合空间的对应部分：

（1）人有征服世界的雄心和能力；

（2）人的本性有善也有恶；

（3）自我控制能力是人和动物的主要区别；

（4）人可以行善，也可以行恶；

（5）判断人品行的主要标准是其行为。

我们可以看到，这个隐喻阐释过程分为解构过程和建构过程两部分。解构过程涉及话语意义的解读和说话者的意图。这一过程的目的在于推断说话者的意图，同时推理出原始话语的抽象意义表达，这一表达可以与其他元素整合，从而形成隐喻意义。

原始话语的意义和意图可以通过解包过程（unpacking process）进行推导，这是由福康涅和特纳（Fauconnier & Turner，2002）提出的一个最优性原则。根据解包过程，我们可以解包整合过程，从而重建输入空间、跨空间投射（在本书中主要是语用投射和图式投射）、类属空间，以及所有这些空间之间的联系网络（Fauconnier& Turner，1998：177）。通过解包过程，我们基本可以完成解构说话者意图的首要任务。

接下来，我们将推导出源语言中的抽象意义表现。若要获得抽象意义表现，我们需要通过整合过程来推论出意义。原始话语的语言符号单位和原文化中的背景知识形成了两个输入空间。然后两个输入空间会混合成为一个整合空间。原话语的意义可以通过认知过程推论得出。到这里，我们才可以说展现抽象意义的推导过程结束了。

在推导出了话语生成者的原始话语意图以及抽象意义之后，最后一步便是如何建构新阐释的隐喻意义和意图。不过，与解构过程不同的是，这一建构过程是以受众为基础的，其中大部分涉及阐释者的社会与文化思维模式和他的认知框架。此处的认知框架是指听话者在特定认知语境下的认知推断能力。

通过以上例证可以得出，建构过程的目标在于将抽象意义的具体表现和意图与阐释者的认知语境整合在一起。因此，抽象意义表达是输入空间 1，而阐释者的认知语境则代表了输入空间 2（图 4.4）。二者的相互作用被部分地投射到了整合空间，其中二者合并并和阐释者的社会与文化思维模式相匹配。通过这一过程便可以生成新阐释的隐喻意义。

“上帝是陶工”这个例子的阐释，同样涉及两个过程，即解构过程和建构过程。解构过程的焦点在于对抽象意义表达和说话者的意图进行解码。通过这一解包过程，我们可以在整合过程中重构心理空间，并寻求原始隐喻意义和意图的解构与分割。确切来说，在“上帝是陶工”这个例子中，源域是“陶工”，而目标域是“上帝”。在解包的过程中，源域的特点投射到了目标域，同时，在整合过程中，部分的跨空间投射连接了各自相关的心理空间。事实上，通过这一过程，我们可以得出上帝和陶工的一般特点：二者都对其作品有实质控制权；二者都拥有创造或摧毁的终极权力；二者都很活跃且是有生命的；等等。

简而言之，二者之间紧密联系，并且对其所属物都有着最终控制权。

要想推论出原始话语的意义和说话者的意图，需要将阐释者的认知操作放到更大的范围内进行分析。在整合的过程中，两种输入在整合空间内互相作用，从而形成了“上帝有能力对其造物施加实际控制，并为其提供保护和培养”的隐喻含义。

在建构的过程中，阐释者的认知框架和文化思维模式发挥着重要的作用。阐释者可以在整合空间内利用其自身的认知环境，从而推理得出新建构的隐喻意义。最终，我们便可以得出此案例中这段话语的新的隐喻意义：“上帝能够保护以色列人，也有能力按照自己的意愿摧毁以色列人的未来。”

同样，在《论语》的例子中，隐喻意义的阐释同样涉及解构过程和建构过程。第一个例子实际上是“人是植物”的概念隐喻。源域是“松柏”，而目标域是“人”。在解构过程中，我们首先要对“岁寒”和“松柏”之间的关系以及它们所隐含的意义进行解码；随后在概念整合阶段，需要重新建构心理空间，同时寻求说话者最初的意图，并对其进行分解。具体来说，“松柏”的特征可以投射到“人”身上。通过进一步的跨空间整合，相关心理空间的特征被连接起来，从而形成了“孔子认为，在艰苦的环境中和污浊的社会中才知道谁是真正的君子”的隐喻意义。

在第二个例子中，根据我们所建构的概念隐喻理论—概念整合理论阐释框架，在解构过程阶段，我们首先要分解“虎兕”和“龟玉”的暗含意义以及说话者的目的和意图。在这里，“老虎从笼子出来伤人”和“龟玉在匣子中被毁坏”都属于源域，而目标域则是“季氏”和“颛臾”。我们可以在整合空间内，通过认知推导，得出“虎兕出于柙，龟玉毁于椟中”的双重喻义。首先，孔子是把季氏比作虎兕，把颛臾比作龟玉。季氏攻伐颛臾，就好比虎兕从笼子里跑出来伤人；如果颛臾在鲁国境内被季氏攻灭，就好比龟玉在匣子里被毁坏。这层比喻义，有力地揭示了季氏的贪暴及其伐颛臾的非道义性。其次，孔子是把作为季氏家臣的冉有和季路比作虎兕的看管人和龟玉的保管人。出现“虎兕出于柙，龟玉毁于椟中”的情况，其过错既不在于虎兕和龟玉，也不在于柙和椟，而在于它们的看管人和保管人。同样，季氏将伐颛臾，也是辅佐季氏的冉有和季路的责任。这层比喻义表现出孔子对自己学生的严肃批评。

总而言之，从认知角度来讲，这一模型在《圣经》和“四书五经”隐喻阐释方面弥补了概念隐喻理论和概念整合理论各自的不足，是一个相对全面的阐释框架。

三、中西文化典籍隐喻阐释的语用—认知框架

目前为止，我们已经分别从语用角度和认知角度对《圣经》与“四书五经”隐喻阐释框架进行了讨论。我们知道关联理论、顺应理论、概念隐喻理论和概念整合理论在《圣经》与“四书五经”隐喻的整体分析方面能够互为补充。琳妮·卡梅隆（Lynne Cameron）认为，不同的隐喻类型或许需要不同的理论框架（Cameron & Low，2001）。因而，笔者认为四种基本理论的结合能够为我们的综合研究提供先决条件。以这四种理论为基础，我们可以建构一个更加全面综合的 R-A-C-C 框架，足以承担《圣经》与“四书五经”隐喻阐释的任务，且更加高效和完备。

（一）建构 R-A-C-C 框架的可能性

如前几章所述，如果将上述四种基本理论加以结合，使其成为一个整体，便能够得到一个更加合理的理论框架。我们知道，这四种理论在多个方面都能互相补充，而非彼此矛盾。有了以上这些假设，所谓的四维 R-A-C-C 框架的建构便顺理成章，完全有可能。四种理论的互相补充性存在于许多方面。

从宏观角度来看，关联理论和顺应理论试图从语用角度整体解决交际问题；概念隐喻理论和概念整合理论则试图从纯认知的角度解释隐喻现象。以此为基础，语用视角和认知视角共同为隐喻生成和阐释形成了一个互为支持的纵向视角，因而更加完整且更具说服力。

从微观角度来看，关联理论和顺应理论也能够互相补充。关联理论试图在明示—推理方法框架内解释交际的过程。根据斯伯波和威尔逊（Sperber & Wilson，2001）以及克里斯托弗·昂格尔（Christoph Unger）的观点（Unger，2008），明示—推理交际模式的目的在于利用一般认知原则去引导理解的过程，也就是说，听话者的思维倾向于更加关注严格意义上更具相关性的信息。然而，顺应理论则坚持语言的功能涉及社会、文化以及认知因素，语用学则被当作语言的一个视角。从这个意义上，我们可以说关联理论倾向于关注交际者的心理过程，而顺应理论则站在顺应和社会的视角。另外，在解释能力方面，关联理论比顺应理论在逻辑推理和认知推论方面更加强大且更加理性。根据关联理论的解释，交际涉及明示刺激的产生，明示刺激是指一些引起受众注意力的刻意行为，受众需要做出适宜的假设去解释上述行为，从而明白交际者意欲传达的信息。就这一点而言，如果交际者想要被理解，其所生成的明示刺激中意欲表

达的信息就必须与其受众有所联系。相比较而言，顺应理论在这方面的能力稍弱，而是集中解释了在不同的情况下，语言选择是如何做出的。在顺应理论的启发下，人们认为语言的使用与语言使用者、心理世界、社会环境和物理世界都有所关联。因此，顺应理论对社会和文化层面的关注与关联理论刚好形成互补；与顺应理论相反，关联理论更强调认知方面，而非交际过程中的社会文化层面。

根据赵艳芳（2001：186）的观点，关联理论的阐释能力依赖于其能够在同一理论框架内解释字面意思和非字面意思。对非字面意思或者说隐喻话语意义的阐释意味着在信息的处理方面要付出更多的努力。斯伯波和威尔逊（Sperber & Wilson，2001）认为，隐喻话语只是一种随意的话语，被认为是使用心理或语言表现来指代另一种心理或语言表现；本质上，隐喻实际是一种非字面的意义表述。根据这两位学者的观点，随意性话语不需要特殊的技巧或是阐释能力及过程，而是需要投入额外的努力去处理，因其与语言的间接性有关。而且，相对于顺应理论，关联理论过多地强调了语境效果。关联理论认为，隐喻是保存多个语境效果的集合，能够作为一种暗示被说话者理解。在大多数情况下，受众能够超越仅仅探索即时语境的层面。受众能够根据自身能力得出尽可能多的阐释，为之后的进一步目标获得越来越多的弱暗示。总而言之，通过关联理论框架内的一系列暗示，借助认知推断，隐喻能够被受众所阐释并得到理解。最后一点，关联理论的核心在于关联，因此关联理论认为，隐喻及其他语言形式的阐释毋庸置疑是寻求最优关联性以达到经济原则的结果。

相比较而言，被当作语言纵观论工具的顺应理论则倾向于描述语言在动态环境中的使用。即使维索尔伦为隐喻的使用提供的解释很少，也并不意味着顺应理论的隐喻阐释能力小于关联理论。相反的是，顺应理论为隐喻阐释带来了不同于关联理论的新启示。根据维索尔伦的观点，语言使用实际上是做出语言选择的过程，隐喻作为一种特殊形式的语言，也是选择的结果。顺应理论的四个视角，即语境、结构、动态和凸显则为语言使用提供了新的描述，其中包括隐喻的使用。诚然，顺应理论的核心在于顺应，其中往往伴随着做出选择。一般来说，隐喻作为一种特殊的交际手段和策略，也被认为是对语境的顺应。具体来说，对语境的顺应是指对交际语境和语言语境的顺应，前者由心理世界、社会环境和物理世界组成，后者则涵盖了衔接、互文性和语序。在顺应理论框架内，语境是在语言使用中产生的，被看作说话者和听话者之间的一种协商过程。而且，根据顺应理论，语境会随着交际过程而发展，因此顺应在语境和话语之间是双向运动，而非单向运动。根据卡梅隆（Cameron & Low，1999：8）的观点，隐喻语言的使用是和语境结合起来进行的，因此，认知因素与社会文化因素就必然与之联系起来。简而言之，隐喻作为一种特殊的交际形式，一方面存在对语境顺应和语言结构顺应的不断选择；另一方面，从阐释的角度来讲，也是一种存在动态的选择。

总之，从上述讨论中，可以确切地得出结论：关联理论具有很强的阐释能力，并且主要从最佳关联性的角度关注交际活动；而顺应理论具有很强的描述能力，主要关注交际中做出的语言选择和对具体语境和结构的顺应。或者可以说，关联理论和顺应理论能够分别扬长避短，构成一个新的综合模型，从而解释语言中的隐喻使用。

接下来再进一步讨论概念隐喻理论和概念整合理论之间的互补性。众所周知，概念隐喻理论和概念整合理论都是以认知理论为基础，试图阐释语言中的隐喻使用。概念整合理论刚出现时，被认为是有着坚实基础的概念隐喻理论的替代物。我们认为，概念隐喻理论和概念整合理论之间应该是互补关系，而非竞争关系。概念隐喻理论中的单向投射和概念整合理论中的多向投射构成了上述观点的事实基础，其中从输入向整合空间的投射或者从整合空间向输入的投射是可以互相转化的。笔者认为，概念整合理论的“动态”“实时”特点应该与概念隐喻理论的“静态”“传统”特点相结合。

莱可夫和约翰逊（Lakoff & Johnson，1980）在其著作《我们赖以生存的隐喻》中提出了一个观点，对概念隐喻的生成过程进行了细致的观察和分析。概念隐喻是指对一个想法或概念域的理解要借助于其他概念或想法。例如，对量的理解要借助于上下方向，比如“日常开销在上涨”。概念域可以是人类体验中的任何一个连贯的组织结构。对于许多隐喻来说，概念域之间的投射多多少少与大脑的神经映射有所联系。这一事实说明了人类的概念结构与其感知系统紧密地联系在一起。莱可夫和约翰逊（Lakoff & Johnson，1999）认为，隐喻是指两个概念域之间稳定且系统的联系。我们来看一下下面这个《圣经》隐喻表达。

> 住在至高者隐秘处的，
> 必住在全能者的荫下。
> 我要论到耶和华说：
> “他是我的避难所，是我的山寨，
> 是我的神，是我所倚靠的。”（诗篇：935）

You who live in the shelter of the Most High,
who abide in the shadow of the Almighty,
will say to the LORD,
"My refuge and my fortress;
my God, in whom I trust."

从这个例子中，我们可以看出源域的语言和概念结构被用来描述目标域的情况，也就是耶和华和其子民之间的关系。源域和目标域分别如下。

源域：全能者的荫下、避难所、山寨（是一个人可以指望获得保护的有力之处）。

目标域：耶和华（作为创造者能够提供实质性的培养、保护、食物和指导）。

而且，源域中的关系、特点以及推断模式也投射到了目标域。就这一隐喻而言，以“安全”为主要关注点的结构与以“保护和力量”为关注点的结构之间具有相似性。而且，这一投射遵守不变性原则（Invariance Principle）。不变性原则认为，在隐喻投射过程中，源域所投射的意象图式结构须与目标域的内在结构保持统一（Lakoff，1994：245）。意象图式有点像出自人类身体体验的前概念图式结构，在人类与外部客观世界、身体的空间运动和对事物不断的实际操作等这些前概念相互作用中运行（Yu，1996：24）。不变性原则所带来的结果是保持目标域意象图式的内在状态不受其他因素的侵扰，而且源域的知识和概念结构也投射到了目标域，因而使得我们能够从中做出推断。同时，源域的推论模式也投射到了目标域。事实上，由于源域和目标域之间的普遍投射，概念隐喻才能发挥作用，使我们借助概念机制能够阐释此类隐喻所指。

与之相对比的是，概念整合理论中的基本认知操作单元是心理空间，而非域（Fauconnier，1994）。心理空间是一种部分的、暂时的且具体化的结构，使得说话者能够在过去、现在和未来对感知到的情况进行思考。从某种意义上来说，心理空间的级别低于域，因为心理空间依赖于域，而且由空间所表现出的特定场景也是由特定的域所建构的。

例如，上述有关概念整合理论的描述中涉及这样一个空间，其中全能者造物主站在一个地方，而他的追随者和信徒环绕周围，跟随造物主走出苦难。尽管这一表现需要我们有视觉体验方面的知识，但这一确切的场景还是需要在更普遍且更广阔的知识面下进行建构。简而言之，心理空间实际上是一种短期的建构，需要更加普遍的域和更加稳定的知识结构进行支撑。我们知道，概念隐喻理论分析涉及两个明确的域，或者概念结构之间的投射；而概念整合理论一般运用的是四个空间网络，其中包括两个输入空间。从隐喻角度来讲，这两个输入空间分别与概念隐喻理论的源域和目标域相关联。

概念整合理论对上述例子的解释是这样的：此处存在一个输入空间，能够利用视觉域，其中一个人——“他”（A）生活在全能者的环绕中。另外还存在一个输入空间，能够利用智力活动域，其中耶和华为“我”（A′）提供庇护，保护“我”远离危险。同时，这两个空间之间的投射表明了A和A′是同一个人，而此人眼前的生活符合他的荣誉感和自豪感。类属空间则包括了两个输入空间所包含的共有信息（即一个享受着被上帝保护的权利的人）。最后，整合空间说明了上帝力量强大，能够救“我”于水火之中。

需要注意的是，在概念隐喻理论模式下，投射是简单且单向的，内容的投射是简单地从源域向目标域进行的。相比之下，在概念整合理论过程中，内容是从源空间和目标空间向整合空间进行投射的。概念整合理论的支持者们认为，其优势之一就在于四维空间框架可以解释概念隐喻理论模式忽略或隐藏了的语言现象。我们分别用概念隐喻理论和概念整合理论对以下这段诗进行分析。

我妹子，我新妇，
乃是关锁的园，
紧闭的井，封闭的泉源。
你园内所种的结了石榴，
有佳美的果子，
并凤仙花与哪哒树。
有哪哒和番红花，
菖蒲和桂树，
并各样乳香木、没药、沉香，
与一切上等的果品。
你是园中的泉，活水的井，
从黎巴嫩流下来的溪水。（雅歌：1067）
A garden locked is my sister, my bride,
a spring locked, a fountain sealed.
Your channel is an orchard of pomegranates,
with all choicest fruits,

henna with nard,
nard and saffron, calamus and cinnamon,
with all trees of frankincense,
myrrh and aloes,
with all chief spices—
a garden fountain, a well of living water,
and flowing streams from Lebanon.

在这个例子中，源域包括关锁的园（a garden locked）、紧闭的井（a spring locked）、封闭的泉源（a fountain sealed）以及园中所有佳美的果子（all choicest fruits）。目标域则包括“我”妹子（my sister）和“我”新妇（my bride）。初看之下，我们能发现一系列的对应映射：源域里关锁的园、紧闭的井和封闭的泉源可以投射到目标域中的“我”的妹子和“我”的新妇的身体。但是实际上，鉴于上帝和其子民之间的联系似乎缺失了，因此两个域之间的投射并非完美契合。诚然，一位相貌俊美的年轻女性会吸引爱人的注意力，但俊美的相貌并不一定会导致和耶稣基督的爱联系在一起。也就是说，这一投射分析无法独自解释这段诗行意义中的关键元素：基督对其教徒的爱，以及上帝及其子民之间无瑕的关系。“我”妹子和“我”新妇的外貌和源域中其与上帝的纯洁关系并没有紧密地联系在一起。很明显，耶稣基督和他的信徒这两个概念并没有从源域投射到目标域。

相比之下，概念整合理论则能够很好地解决这一问题。整合空间沿袭了源域输入空间的具体结构，如关锁的园、紧闭的井、封闭的泉源等；同时，它还沿袭了目标域输入空间中的因果效应结构、意向结构和内在事件结构，从而生成了自身的新创结构：上帝及其子民、耶稣基督及其教徒之间不朽的、纯洁的、双向而充满爱的关系。由此便可以推出整合空间中妻子对丈夫和丈夫对妻子的纯洁、爱与忠诚，这些都是保持和谐关系的重要因素。上述推断投射到目标域，便可以得出相应的推论：基督徒要保持对耶稣基督强烈的爱，这一点至关重要。新创结构在这段隐喻话语的建构和阐释中起到了非常重要的作用，而概念隐喻理论的分析是做不到的。因为概念整合的特点之一是适用于对新奇隐喻意义的分析，那么可以说，概念整合理论生成新意义的过程是在线且实时的，而概念隐喻理论主要考虑隐喻概念化的一般传统模式。尽管如此，我们仍然可以说，两种模型在很大程度上是互为补充的。概念隐喻理论的传统特性和单向投射仍是以输入为主，同时也是概念整合理论动态网络中的限制因素。

从上述内容的讨论中，我们可以得出结论：关联理论、顺应理论、概念隐喻理论和概念整合理论在隐喻话语的阐释方面都是必要的手段，只不过各自强调的重点不同。关联理论强调如何推出暗含之意的推理机制，但是无法解释为何受众做出这样的解释，而非其他解释；或者为什么受众最快做出的解释也是最相关的。所以从这个角度来说，关联理论过于主观。在这种情况下，顺应理论研究语言交际的方法则是纯粹从说话者的角度出发的。换句话说，顺应理论忽略了听话者对特定表达的阐释机制。这大概是顺应理论最明显的限制。而且，顺应理论强调顺应于特定的语境是语言使用的特点，但是无法为做出顺应提供相应的理论基础和认知方向。幸运的是，鉴于关联理论更加关注听话者的阐释，因此顺应理论的观点可以为关联理论的方法提供补充。而对于概念隐喻理论和概念整合理论来说，尽管两者处理的是隐喻概念化的两个不同方面，但二者也是互为补充的。概念隐喻理论和概念整合理论都考虑到了两个概念域的系统投射和意象及推理结构。二者都对投射过程设定了一些限制，也都带有一定的随意性。概念隐喻理论所研究的传统概念和单向投射只是概念整合理论的输入内容和动态网络限制因素。概念整合理论的新创结构通过概念隐喻理论中的一致性操作和源域-目标域投射得到了详尽阐述。

与此同时，我们注意到，在中西文化典籍隐喻语义阐释层面上，概念隐喻理论和概念整合理论在顺应—关联的过程中，发挥着很大的作用。在这个理论框架的基础上，该类隐喻被定义为新奇隐喻，通过建构者的想象和抽象思维创造出相似性的隐喻。操作定义上，新奇隐喻是依照两个维度进行界定的：一是新奇隐喻的喻体是第一次作为其所在范畴中的典型成员被使用的；二是第一次在中西文化典籍中出现的隐喻就被判定为新奇隐喻。通过对中西文化典籍中的隐喻的建构和理解的研究，我们发现其中的隐喻建构包括隐喻策略的选择、源域的选择、概念映射和整合，以及语言实现形式。比如以下例证：

> 宋人有闵其苗之不长而揠之者，芒芒然归，谓其人曰："今日病矣！予助苗长矣！"其子趋而往视之，苗则槁矣。(《孟子·公孙丑章句上》第二章)（思履，2015：120）
>
> 【译文】宋国有个担心他的禾苗长不快而把苗拔高的人，拖着疲惫不堪的身子回到家中，对家里的人说："今天可是累坏了！我帮助禾苗长高了呢！"他的儿子赶快跑去一看，禾苗都干枯了。（思履，2015：120-121）

具体来说，在以上话语中，隐喻策略主要是孟子与学生公孙丑的对话和“辩论”，以此来阐述儒家的思想。隐喻理解包括隐喻识别、源域理解和语境假设建构、概念映射和整合，以及结论推理。每一个部分的运行都是以关联为导向对语境因素进行顺应的结果，而且并不是所有的步骤都是以前后顺序的方式进行的，它们更多时候是同时发生的。具体来说，①孟子选择隐喻作为一种辩论或说服的策略，是其顺应心理世界和社交世界寻求最佳关联的结果；②该话语中源域的选择是在关联假设的引导下，创造相似性和遵循邻近性原则的结果；③该话语中的隐喻既可通过隐喻标志识别，也可通过语义或语用冲突来识别；④理解图式型源域需要顺应听话者的百科知识和逻辑知识，而单个个体的源域理解则需要在关联假设的引导下，遵循邻近性原则寻求相似性；⑤隐喻意义的产生和获取最终依赖于概念映射或概念整合这一连接机制。

为了宣扬自己的思想，孟子选择用揠苗助长的寓言故事来教育公孙丑要养浩然正气，不要企图不劳而获，要心胸坦荡，这才是君子的所为。这是寻求沟通中的最佳关联，顺应听话者的心理世界和社交世界的结果。在关联理论的指导下，对源域“禾苗”的选择也遵循了相似性原则。通过概念映射和概念整合，“揠苗”与“助长”构成语义和语用冲突，最终产生隐喻含义“欲速则不达”。

基于以上讨论，我们将这四个研究理论融合成一个更加全面、普遍且强有力的隐喻语言研究观，重点则放在《圣经》和“四书五经”的隐喻表达和阐释上面。新建立的理论框架，将是一个融合语用、认知及概念观的全新的理论框架。

（二）R-A-C-C 框架的基本结构

隐喻话语，包括《圣经》和“四书五经”隐喻表达，是交际中不可分割的一部分。尤其要说明的是，《圣经》和“四书五经”隐喻表达是一种特殊的交际方式。交际原则和语用认知理论对于理解隐喻话语来说至关重要，对于《圣经》和“四书五经”隐喻话语来说也是如此，因此可以得出 R-A-C-C 框架的初步形式。这一框架包括两部分：语用推理和认知阐释。从中我们可以得出，《圣经》和“四书五经”隐喻话语是一种交际过程，因此其阐释过程需要结合语用过程和认知过程。语用方法和认知方法的相互作用导致了最终的阐释结果。在这种情况下，《圣经》和“四书五经”隐喻的阐释可以同时分为三个方向：语用视角下的语用推理过程、认知概念视角下的映射/整合过程，以及阐释者认知主体性视角下的社会和文化的凸显过程。

基于以上研究，笔者最终建立了《圣经》和“四书五经”隐喻阐释的理论框架，如图 4.5 所示，它将语用要素、认知要素和接收者认知主体要素整合为一个统一的实体。

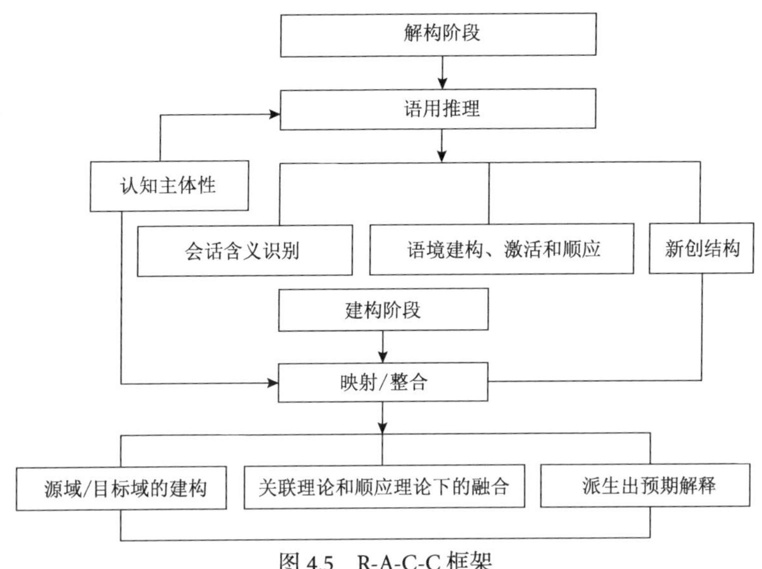

图 4.5　R-A-C-C 框架

在 R-A-C-C 框架下《圣经》和“四书五经”隐喻解读的过程分为两个阶段，即解构阶段和建构阶段。一般来说，这两个阶段是按顺序进行的，但在推理调整和受众不确定性的情况下，不排除例外现象。

就解构阶段而言，主要是对隐喻推理中的《圣经》和“四书五经”隐喻中的明示意义与暗含意义加以确定；语境建构和语境顺应将会被激活，而最重要的是，说话者的意图将被解构。

就建构阶段而言，主要涉及映射和整合过程。在这个过程中，源域和目标域的建构和相互作用将开始运作，促使新创结构的生成。最终所能接受的隐喻阐释源于解构阶段和建构阶段的结合所产生的隐喻意义。更重要的是，隐喻阐释者的认知主体积极参与了 R-A-C-C 框架的全过程。

第五节　中西文化典籍隐喻阐释的 R-A-C-C 框架

图 4.5 所示的 R-A-C-C 框架被认为是一个示意性的流程，它吸收了语言内

和语言外的许多元素，合成为一个整体。事实上，它是一个图解指南，整合了当代四个基本的语用和认知理论，旨在阐释《圣经》和“四书五经”隐喻话语。R-A-C-C 框架包含三个维度：语用视角下的隐喻推理维度、认知视角下的映射/整合维度，以及阐释者的认知主体性维度。这三个维度构成 R-A-C-C 框架的整体结构，并直接影响和决定《圣经》和“四书五经”隐喻的解读。

一、从语用视角下诠释 R-A-C-C 框架

必须指出的是，新建的 R-A-C-C 框架是一个统一整体，其中语用导向和认知取向同时运作，但在功能上又有所不同。考虑到大多数语言表达，特别是《圣经》和“四书五经”隐喻性话语是含蓄的而非明确的陈述，所以认知和语用推理大多需要在 R-A-C-C 框架下进行。或者说，对《圣经》和“四书五经”隐喻话语的阐释必须建立在隐喻推理过程的基础之上。不同于一般的隐喻推理过程，诸如在关联理论、顺应理论、概念隐喻理论和概念整合理论的框架中，只涉及单一的语用成分或认知因素，《圣经》和“四书五经”隐喻推理过程同时涉及关联、顺应、认知、文化和心理图式因素。我们将以图 4.6 来说明其隐喻推理在 R-A-C-C 框架下是如何发生和运作的。

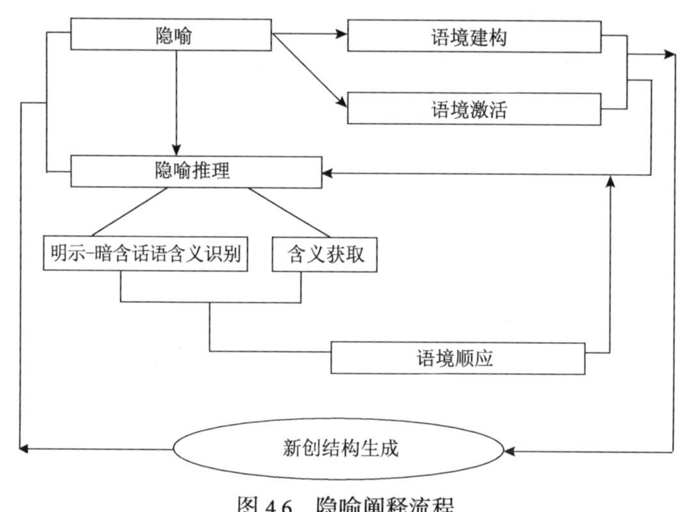

图 4.6　隐喻阐释流程

从图 4.6 可以看出，隐喻推理过程确实对《圣经》和“四书五经”隐喻话

语的最终解释起着至关重要的作用。隐喻式的表达，尤其是《圣经》和“四书五经”隐喻的表达，限制了听话者或读者如何理解话语中隐藏的交际意图，因此，隐喻表达倾向于激发语用成分与人的认知思维模式之间的联系。考虑到隐喻的阐释可以从各种明示的假设中获得，所以隐喻的内在关系可能存在于广义的语境中。在这种情况下，隐喻的解读涉及对周围邻近的因素和语境更广泛的探索。换言之，更广泛的语境因素和关系有助于对隐喻表达的理解。为了隐喻推导的目的，我们应该要在很大的程度上依赖语境因素。

鉴于《圣经》和“四书五经”隐喻是一种弱化和模棱两可的语言交际形式，旨在创造出启示性的效果、理想的诗性效果和道德伦理效果，因此，该模型的隐喻推理过程有四个部分，即“明示-暗含话语含义识别”“语境建构和语境激活”“语境顺应”“新创结构生成”。整个过程可以概括为以下四个阶段：

（1）识别明示和暗含话语含义；

（2）建立认知语境，激活认知语境，从而获得最大的认知效果；

（3）在认知语境、文化和道德伦理感悟方面做出相应的调整，从而获得最佳关联；

（4）建构隐喻推理的新创结构。

这四个部分整合在一起，形成了对《圣经》和“四书五经”隐喻的最终阐释路径。

“明示-暗含话语含义识别”的过程有点类似于斯伯波和威尔逊（Sperber & Wilson，2001：49）的“明示—推理模式”，对此我们做了一些改进和修改。斯伯波和威尔逊（Sperber & Wilson，2001）认为，听话者必须推断出说话者的意图，包括以下三种情况：说话者所说的、话语所隐含的、话语所传达的说话者态度。在这三种情况下，关键因素是推理。正如我们所知，任何隐喻命题形式都在交际推理过程中起着重要作用。斯伯波和威尔逊（Sperber & Wilson，2001）认为，隐喻性话语的命题包含着一个专门的概念。也就是说，说话者在通常情况下将命题内容作为真实的话语讲出来，因此也被视为一个明确的话语。在明示—推理的过程中，听话者要注意命题信息获取的三个子过程：内容所指、歧义消除和意义扩展。听话者的任务是对语义不全面的内容做出正确的解释，作为获取话语命题内容的必要部分，这一切都与关联原则是一致的。

人们普遍认为，说话者通常比他们所说的内容要表达更多的意图。换句话说，就《圣经》和“四书五经”隐喻而言，它们比显性含义更含蓄。《圣经》

和“四书五经”隐喻通常被认为是一种隐含的交际，它们既然产生了广泛的语境效果，就更加要求接收者的认知推理。笔者认为，《圣经》和“四书五经”隐喻含义的产生源于斯伯波和威尔逊的非指示推理（non-demonstrative inference）概念。非指示推理概念认为受众能做的最好的事情就是基于交际者的明示行为建立一个假设（Sperber & Wilson，2001：65）。所谓推理，指的是从明示的信息提示中推断出说话者交际意图的过程。

事实上《圣经》和“四书五经”的作者并不使用隐喻来装饰浅显易懂的思想。他们经常有意地用隐喻手法把深刻的思想用几句话甚至是一篇文章来概括，因为上帝或耶稣以及孔子、孟子的思想通常隐藏在寓言中。隐喻含义本身就是为了以最小的努力获取最大的语境效果。罗杰·卡斯顿（Roger Carston）认为，隐含性指的是那些由语用推理、语境假设或说话者有意的暗示而推导出的交际假设（Carston，2002：377）。在重新获取特定含义的过程中，听话者必须记住，这种隐喻表达是以最佳关联为目的而产生的。因此，为了从隐喻中获得更多的语境效果，必须进行额外的处理工作。

在隐喻推理过程中，语境建构和语境激活也起着非常重要的作用。大多数语用学理论把语境看作一组假设或命题，用于解释某一特定的话语。在我们的框架中，我们使上下文的语境处于阐释者的旧假设与新假设的冲突当中，从而产生各种各样的语境或认知效果。

隐喻的意义是由交际双方在交际过程中共同建构的，《圣经》和“四书五经”隐喻也是如此。隐喻意义的生成本身是动态的，而不是静态的；语境作为交际中最重要的因素之一，必然会随着隐喻意义的变化而变化。梅耶（Mey，2001）认为，语境应被视为不断变化的环境，它使参与者互动，使语言表达清晰明了。然而，在隐喻表达中，语境主要指的是认知语境，即“考虑到各种外部因素，而把重点放在它们提供的信息和解释过程的心理有效性上”（Gutt，2004：27）。由于认知语境的不断变化，隐喻的选择和建构也随着隐喻表达方式的变化而不断变化。另外，由于隐喻的解释主要是依赖上下文，所以上下文假设的建构被认为是整个理解过程中不可或缺的一部分（Wilson & Sperber，2001）。

在隐喻推理过程中，语境建构是前提，这涉及听话者处理各种各样的输入信息，从而产生更合适的语境假设。另一方面，语境建构对于隐喻理解而言是必不可少的，因此听话者必须为预设语境假设建立正确的概念或想象；然后基于恰当的语境假设，对隐喻含义进行适当的推断。有时，如果说话者所设想的语境与接收者的语境假设不一致，则可能发生误解。在下面的表达中，我们可以观察到不同语境假设的结果：

> 耶和华的手加在你田间的牲畜上，就是在马、驴、骆驼、牛群、羊群上，必有重重的瘟疫。（出埃及记：96）。
>
> …the hand of the LORD will strike with a deadly pestilence your livestock in the field: the horses, the donkeys, the camels, the herds, and the flocks.

由于语境假设不同，人们对上述表达方式的解释也不同。一方面，如果接收者认为“手”指的是“控制”，那么上面的陈述表明耶和华将控制所有牲畜的命运。另一方面，如果接收者持有另一种假设，即“手”指的是神圣的力量，那么这个陈述意味着，如果法老拒绝让以色列人离开，耶和华将用他神圣的力量来消灭所有埃及人的牲畜。从这个例子中，我们可以看到不同的假设会产生不同的语境效果。因此，持有不同的语境假设方式会对预期解释或认知效果产生强烈的影响。

在《孟子》一书中，有一段话是这样的：

> 孟子曰：“仁之胜不仁也，犹水胜火。今之为仁者，犹以一杯水救一车薪之火也；不熄，则谓之水不胜火，此又与于不仁之甚者也，亦终必亡而已矣。”（《孟子·告子章句上》第18节）（杨伯峻，2008：301）
>
> 【译文】孟子说：“仁的胜过不仁正像水可以扑灭火一样。如今行仁的人，好像用一杯水来救一车柴木的火焰，火焰不熄灭，便说水不能扑灭火，这些人又和很不仁的人相同了，结果连他们已行的这点点仁都会消失的。”（杨伯峻，2008：301-302）

孟子的比喻善于循序渐进，引人入彀，最后使对方不自知地坠入“陷阱”，瞠目结舌。使用自然界中的事物或者自然现象作比，就能很好地达到这样的效果，因为它们是大自然本身所固有的，是永恒不变的，许多也是我们无法理解和解释的真理。在辩论中使用它们，能很好地体现孟子论辩的真实性和有力性，使对方无从反驳，欣然接受。

这里，孟子以“水能灭火”为喻，来说明仁必定能够战胜不仁，仁政一定能够赢得民心，我们绝不能因为一杯水灭不了“一车薪之火”，就说水不能灭火，也不能因为力量对比的悬殊，就怀疑仁的力量。当不能取胜时，我们应反省自己是否尽到了最大努力，而不是灭自己士气长他人威风。孟子用自然界中水能灭火的道理来宣扬施仁政是当时社会的大势所趋。

同样，如果听话者以不同的语境假设来理解这段文字，那么就会得出不同的隐喻阐释。一方面，如果听话者抱有这种语境假设，即“仁”就是单纯指的是人们相互之间的关心和亲爱，那么他就会这样阐释：人与人之间相亲相爱胜于人与人之间相互不亲爱，就好比是水能胜过火。如今能做到人与人相亲相爱的，就好比是用一杯水去救一车着火的木柴，火扑不灭，就说是水不能胜过火，这等于帮助那些不能与他人相亲相爱的人一样，最终也会失去与人相亲相爱的爱心的。另一方面，如果听话者从另一个角度进行语境假设，即“仁”是指广义上的“施仁政、讲仁义”，那么就会产生截然不同的隐喻认知效果。

那么下一个问题出现了：在语境建构的过程中，我们如何确保建立一个恰当的语境建构呢？或者换句话说，对《圣经》和“四书五经”隐喻解读的语境建构有何限制呢？答案与语境激活有关，或者具体地说是与语境假设的激活有关。

我们知道，语境建构涉及激活互明的假设。互明关系对语境假设至关重要，因为它有助于接收者在隐喻语境中获得交际的含义。更重要的是，语境假设的激活与说话者预设和预期的旧语境信息和从隐喻话语命题推断出的新语境信息的相互作用有关。通常，语境含义是通过旧信息和新信息的相互作用产生的。也就是说，最后的结论是基于一系列由旧的语境假设和新的语境假设组合而成的前提，这些假设来源于隐喻话语的当前命题。让我们来看看下面的例子：

> 我的佳偶，你甚美丽！你甚美丽！
> 你的眼在帕子内好像鸽子眼。
> 你的头发如同山羊群卧在基列山旁。（雅歌：1066）
> How beautiful you are, my love,
> how very beautiful!
> Your eyes are doves
> behind your veil.
> Your hair is like a flock of goats,

moving down the slopes of Gilead.

如果听话者没有对“鸽子眼”做出语境假设，就几乎无法理解这些句子的语境含义，而说话者事先假定听话者持有这种假定，或者说这样的假定对于听话者而言是显而易见的。毫无疑问，听话者也许能推断出这些话语表达了什么意思：多么美丽的女人，温柔、纯洁，有着可爱的眼睛，她是多么美丽！这段话看起来像是说话者爱上了这个女人而唱的情歌。但如果听话者没有对“鸽子眼”做出这样的假设，他可能会发现自己处于一种混乱的境地。在这种情况下，旧的语境假设（即关于“鸽子眼”的假设）和新的语境假设（即关于上帝和教会之间的密切关系的假设，妇女在《圣经》中代表教会）相互作用，从而产生对这首诗的预期解释：贞洁的女子是指上帝所爱的教会，是上帝与人类之间存在的爱。

在《诗经·卫风·淇奥》中，有以下诗句：

瞻彼淇奥，绿竹猗猗。有匪君子，如切如磋，如琢如磨。瑟兮僩兮，赫兮咺兮。有匪君子，终不可谖兮。

瞻彼淇奥，绿竹青青。有匪君子，充耳琇莹，会弁如星。瑟兮僩兮，赫兮咺兮。有匪君子，终不可谖兮。

瞻彼淇奥，绿竹如箦。有匪君子，如金如锡，如圭如璧。宽兮绰兮，猗重较兮。善戏谑兮，不为虐兮。（思履，2015：173）

【译文】眺望那淇水弯曲处，翠绿的竹子修长。文质彬彬的君子，有如象牙经过切磋，有如美玉经过琢磨。他仪表庄重，威风凛凛。他光明磊落，威仪显著，叫人永远难忘怀。

眺望那淇水弯曲处，翠绿的竹子葱葱。文质彬彬的君子，充耳垂美玉晶莹，帽上玉亮如明星。他仪表庄重，威风凛凛。他光明磊落，威仪显著，叫人永远难忘怀。

眺望那淇水弯曲处，翠绿的竹子密如席。文质彬彬的君子，有如赤金白锡，有如方圭圆璧。他胸怀宽广，性情温和。你看他登车凭依。他幽默风趣，善于说笑，但待人平易不苛刻。（思履，2015：173）

从“有匪君子，如切如磋，如琢如磨”到“如金如锡，如圭如璧”表现了一种变化、一种过程，寓示君子之美在于后天的积学修养、磨砺道德。读者如果事先没有对“切磋琢磨”这四个字在大脑中形成一个语境假设，那要理解这句诗的暗含意义几乎是不可能的。一般情况下，读者根据自己的百科常识，会在自己大脑中形成一个语境假设，即“切磋琢磨”指的是在工艺上对玉石、骨头的进一步加工，使美的东西更美。通过此假设进而推断出这句话的隐喻含义：高雅君子的外貌的确让人赞美啊！听话者大脑中先有这个旧的语境假设，新的语境假设（强调能力的提升而非外貌的优秀，因为卿大夫从政后，公文的起草制定是其主要工作内容）和旧的语境假设才能相互碰撞，然后产生出新的隐喻含义：这位君子的行政处事的能力真是应该得到赞美啊！

到目前为止，我们已经从语境建构和语境激活角度讨论了隐喻推理过程和语境含义。我们知道，由于《圣经》和“四书五经”隐喻的特点，听话者必须付出更多的处理努力以获得最大的认知效果。这可能需要听话者更多的关注、建构语境假设的认知推理能力和更多的努力来激活语境期待。此外，听话者必须更加小心地持有某些语境假设，尤其是从文化性、启示性和圣人思想的角度，使隐喻的阐释更容易接近说话者预期的意图。鉴于此类隐喻话语的复杂性，我们认为在此类隐喻推理过程中必须充分考虑语境假设的可及性。

有人认为，并非所有的语境假设在任何给定的时间、空间或位置都是同样可理解的。谈到《圣经》和“四书五经”隐喻时，对隐喻的理解涉及各种各样的因素，从道德观念、社会文化观到认知心理学。在这种情况下，语境假设的可及性（accessibility）要求听话者付出比理解常规隐喻更多的处理努力。也就是说，由于语境假设不同程度的可及性，听话者需要在具体的隐喻性言语行为中付出不同的努力，就《圣经》和“四书五经”隐喻的解释而言，往往需要花费更多努力。更重要的是，为了达到对《圣经》和“四书五经”隐喻的充分和适当的认知效果，我们需要一组更相关的语境假设。语境假设能更直接地获得语境效果且更容易被选择。因此，我们认为处理语境假设的效率是影响语境可及性的另一个因素。基于以上的要求，我们可以总结一下，语境假设越容易获得，所需的努力就越少，由此产生的语境效果也就越大。鉴于这一点，我们可以初步得出以下结论：可及性概念在语境假设中是至关重要的，在《圣经》和“四书五经”隐喻解释过程中起着决定性的作用。

值得注意的是，在隐喻推理的过程中，顺应过程从一开始到结束都在进行。在这里，顺应主要是在听话者对《圣经》和“四书五经”隐喻的理解过程中做出的。隐喻推理中的顺应主要发生在语境层面。维索尔伦（Verschueren，2000）认为，语境的内涵存在这样一个事实：语境是一个生成过程的产物，它一方面涉及话语的实际情况，另一方面又由语言使用者和阐释者操纵着语境。在《圣经》和“四书五经”隐喻的范围内，听话者主要是指那些信徒、孔子及孟子的弟子和其他子民。通过对语境的顺应，听话者必须清楚地认识到语境在这个意义上主要指的是认知语境，而不是传统意义上的语境。它不仅包括情景语境，还包括接收者的语言知识、文化知识、心理感知、认知能力等。这些语境相关联的因素需要在下面的框架中详细阐述。

就情景语境而言，它指的是语言使用的实际情况。如果不考虑具体的情境因素，就很难找到隐喻的正确解读。由于语境的动态性，语境顺应在意义生成和意义阐释中起着至关重要的作用。众所周知，《圣经》和“四书五经”隐喻中聚集了语言表达的各种意义。有些隐喻可以在词汇层面上加以解释，而有些则可以在句子层面上加以解释，有些则只能在文本和语篇层面上加以解释。因此，阐释者必须掌握丰富的语言知识，以便在阐释过程中做出相应的调整。在文化、社会和心理感知方面，每一位阐释者都有其独特的社会文化背景和道德观念。在这种情况下，他的解释很可能受到阐释者个人经历、文化和道德观点、伦理和价值取向等因素的影响。正如语境的要素不断变化一样，从真正意义上说，在隐喻阐释的过程中，接收者必须使自己对字面意义的理解不断地适应隐喻的实际语境。此外，阐释者的认知能力是认知语境的重要组成部分，也是隐喻理解的关键。在隐喻的解读过程中，语境的选择是持续的。语境的不断变化反过来又刺激了阐释者的认知能力，使其能根据自己的关联预期做出新的隐喻阐释。简言之，这种语境顺应使人们能够更好地理解隐喻话语，从而达到最佳关联。换言之，阐释者必须不断地适应各种语境因素，以获得最有效的隐喻阐释。

众所周知，隐喻表达的产生被认为是一个概念整合的过程，可能导致新创结构。在隐喻推理过程中，新创结构与语境的建构和激活一起，也起着最重要的作用。换句话说，新创结构被认为是寻求隐喻含义的过程中最重要的推断。

在隐喻的解读过程中，随着话语的明示和暗含含义识别、语境的建构和激活与语境顺应，必须产生出新的、有创意的东西。这个过程或多或少地与新创结构的建构有关。正如前面所指出的，根据概念整合理论，概念整合在两个输入空间、类属空间和整合空间中形成了新创结构。在隐喻推理过程中，来自输入空间的表达和短语相互作用，从而在整合中产生出新的和创造性的含义。这种新产生的含义被称为新创信息，在阐释过程中具有重要意义。在下面的例子中会证实这一点：

你们是世上的盐。盐若失了味，怎能叫它再咸呢？以后无用，不过丢在外面，被人践踏了。（马太福音：7）

You are the salt of the earth; but if salt has lost its taste, how can its saltiness be restored? It is no longer good for anything, but is thrown out and trampled under foot.

根据新创结构原理，可以得出隐喻推理的工作流程：首先，整合空间从两个输入空间中开始吸收一些元素、模式和图像。从某种意义上说，整合空间是从目标域中吸收了一些因素。目标域是通过基督徒对周围人的影响而确立的。在这种背景下建立起来的整合空间，接受了一种人的形象：具有高尚的行为，为穷人提供慈善帮助，为上帝做礼拜，忍受痛苦，毫无怨言，依然用心灵去赞美耶稣。所有这些图像来自目标输入空间。此外，源于“盐作用于人类生命”领域的源输入，整合空间吸收了盐的功能和作用的一些元素。事实上，这两个输入空间可以在类属空间中共享一些共同的特征和结构：其中一个人或一个事物对某一个人或事物产生了积极的影响。

其次，除了从两个输入空间中吸取一些特性外，整合空间本身也形成了自己的新创结构。这种新创结构源于两个输入空间中的对应元素。具体地说，在“盐”域中，它呈现出一种或多或少与“基督徒”域相一致的关系。在“盐”域中，我们可以假设盐的基本功能是在食物中添加味道，其最终目的是使食物美味，并帮助人类做一些其他的食物，如咸肉或咸菜。然而，在“基督徒”域中，上帝的信徒所承担的责任是做一些有益于他人的事。在这个意义上，我们可以说“基督徒”和“盐”在整合空间中的功能在某些方面是重叠的。这些重叠的方面产生了新创的内容：基督徒要为非上帝信徒做好事；否则，自称为基督徒的人将被上帝抛弃作为惩罚。

让我们再看一下“四书五经”中的另一部经典《中庸》中的例子：

子路问强。子曰：“南方之强与？北方之强与？抑而强与？宽柔以教，不报无道，南方之强也，君子居之。衽金革，死而不厌，北方之强也，而强者居之。故君子和而不流，强哉矫！中立而不倚，强哉矫！国有道，不变塞焉，强哉矫！国无道，至死不变，强哉矫！”（思履，2015：22）

【译文】子路问孔子要怎样才算得刚强。孔子回答说：“你问的是南方人的刚强呢，还是北方人的刚强呢，还是像你这样的刚强呢？用宽容温和的态度去教化别人，即便别人对我蛮横无理也不加以报复，这是南方人的刚强，君子就属于这一类。经常枕着刀枪、穿着盔甲睡觉，在战场上拼杀，战死而不悔，这是北方人的刚强，性格强悍的人属于这一类。所以，君子善于与人协调，又决不无原则地迁就别人，这才是真正的刚强啊！君子真正独立，不偏不倚，这才是真正的刚强啊！国家太平、政治清明时，君子不改变穷困时的操守，这才是真正的刚强啊！国家混乱，政治黑暗时，君子到死坚持操守，这才是真正的刚强啊！”（思履，2015：22）

以上对白属于隐喻式表述，孔子强调踏上“大学之道”，并始终坚持下去，才是真正的强。子路性情鲁莽，勇武好斗，所以孔子教导他：既要有武力的强，也要有精神力量的强。真正的强不是武力的强，而是精神力量的强。精神力量的强体现为和而不流，柔中有刚；体现为中庸之道；体现为坚持自己的信念不动摇，宁死不改变志向和操守。根据我们所设计的隐喻推导操作流程，首先，整合空间吸取了一些来自目标域的背景因素，同时依赖目标域而建立起来。此时目标域是中庸之道。正是中庸之道要求人去做应该做的，去求应该求的，去当心应该当心的。基于此而建立起来的整合空间，形成了这样的画面：依照上天给予的本性去做事，遵从自然界中事物本来的运行规则，做事情有节制，处处谨慎小心、不骄不躁等。所有这些训令都来自目标输入空间，同时，另一个输入空间要求人们加强自觉性，真心诚意地顺着天赋的本性行事，按道的原则修养自身。解决了上述思想问题后，正面提出“中庸”这一范畴。

除了从两个输入空间中吸收各种不同的元素，整合空间中的新创结构的作用开始显露：具体说来，在“道”域中，体现出来一种与“中”域和“和”域相似的关系。这两个域相互作用，层层递进，最终在新创结构中，从情感的角度切入，对“道”“和”做正面的、基本的解释。最后引申出最终的寓意：不闻道的人所持的只能是丛林准则，以武力压服他人，结果是陷入互相报复的恶性循环，永无宁日。闻道者以和谐为贵。在此过程中，自然就要产生出一种新的行为法则，宽柔以教，不报无道，和而不流，中立而不倚，不管外部环境如何，始终坚持大道，以自身德行潜移默化地影响周围人群的和谐法则，这才是真正的强。

综上所述，在《圣经》和“四书五经”隐喻推理过程中，笔者归纳出四个子过程，即明示-暗含话语含义识别、语境建构和激活、语境顺应，以及新创结构的产生。这四个过程共同作用于《圣经》和“四书五经”隐喻的运行。基于对关联和语境顺应的期望，信息接收者要利用认知能力进行语境调整，找出最佳隐喻关联（所能接受的隐喻解释）。同时，新创内容的建构贯穿于这样一个演绎推理过程，最终凸显了隐喻表达在语用认知推理中的暗含意义。

二、从认知阐释视角诠释 R-A-C-C 框架

R-A-C-C 框架内《圣经》和“四书五经”隐喻的阐释主要在三个方面：隐喻推理过程、认知映射和整合过程，以及接收者的认知主体观。在 R-A-C-C 框架中，认知映射和整合过程与隐喻推理过程相互作用、相互依存，在阐释过程中吸收对方的优势，并随着阐释过程的进行不断调整。认知映射和整合过程及隐喻推理过程的关系见图 4.7。

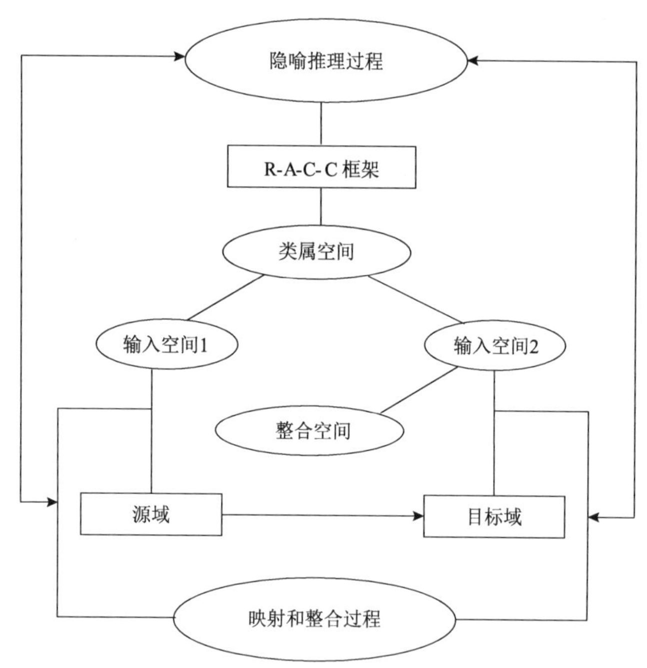

图 4.7　隐喻推理与映射和整合过程的关系

我们知道《圣经》和“四书五经”隐喻的阐释非常复杂，涉及多种因素，

包括语用因素和认知因素。就映射和整合过程而言，需要指出的是，这个过程涉及各种认知因素，包括接收者的认知经验、推理和认知思维模式等。一般说来，映射和整合是相互影响和相互补偿的两个子过程。福康涅（Fauconnier，1997：1）认为，两个域之间的隐喻映射是隐喻推理的核心，反映了人类独特的认知能力。也就是说，意义建构、意义转换和意义加工的能力在隐喻映射过程中起着决定性的作用。

另一方面，考虑到映射过程的单向性，福康涅因此建构了新的映射结构，并称之为补偿，这就是整合过程。福康涅（Fauconnier，1997：149）曾指出，“所有形式的思想都是创造性的，因为它们产生了新的联系、新的配置，以及相应的新的意义和新的概念化”。《圣经》和“四书五经”隐喻之所以如此，是因为这类隐喻是一个涉及概念化的《圣经》和儒家语言的突出而普遍的认知过程。因此，《圣经》和“四书五经”隐喻阐释的关键在于跨空间映射和整合过程的相互作用。图 4.8 说明了映射和整合过程是如何相互融合的。

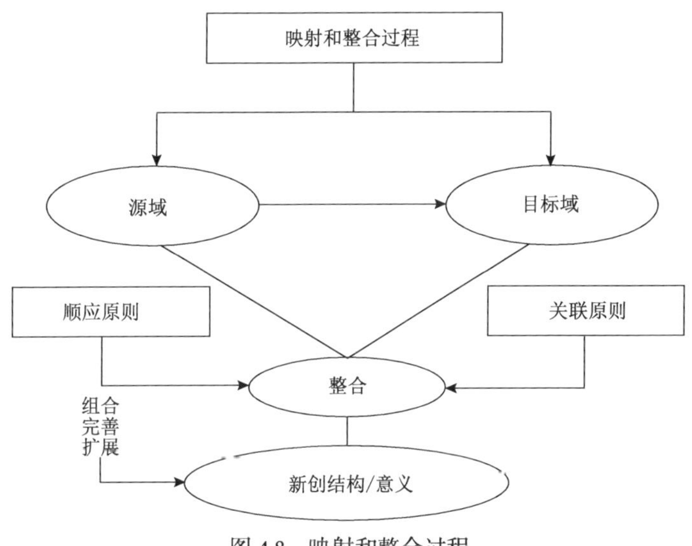

图 4.8　映射和整合过程

从图 4.8 可以看出，映射和整合过程是一个整体，在这个映射和整合过程中，关联原则和顺应原则融合形成一个关联—顺应的新的整合空间。根据这个模型，认知过程从类属空间映射到两个输入空间。当两个输入的对应映射直接、有选择地发生时，它再次映射到从两个输入空间派生出来的整合空间。这两个输入空间作为源域和目标域相互连接，这可能形成一种概念隐喻。

在整合空间中，关联原则和顺应原则涉及这一过程。交际者一般倾向于使交际本身在关联性压力下运行。同样，整合空间也容易受到关联性压力的影响。各种成分在整合空间中相互作用，寻找隐喻表达的最佳关联性，使之顺应适当的联系网络。关联原则在混合过程中的作用是建立与其他输入的联系以及在整合过程中所需的相关性。同样，顺应原则在整合过程中的作用是在不同的要素之间做出选择，消除一些不相关的因素，在不同层次上创造出心理选择的动态过程。我们所说的心理选择主要是指人们对大脑中储存的材料的心理选择。这些储存在人们的头脑中的原料是整合过程所必需的。库尔森和欧克利认为（Coulson & Oakley，2005），映射与整合过程是一种意义建构的在线过程，这需要人们头脑中存储的各种因素的参与。其中一些因素与隐喻意义的建构密切相关；一些因素不涉及隐喻的隐喻意义。在这种情况下，利用关联理论和顺应理论对这些材料进行筛选，从而激活整合空间，实现不同空间概念的互联。

在映射和整合的过程中，终极结构和意义，即新创结构与意义，是通过组合、完善和扩展的过程产生的。这种新创结构和意义源于该框架对输入信息的综合认知，不同于此过程中各部分的整合含义。此外，这个框架中的各个部分不能直接推断出新创结构和意义。在这种情况下，听话者自己会进行认知操作，或者是通过认知运行来始终保持与输入空间的联系。通过这个过程，可以获得《圣经》和"四书五经"隐喻表达的最可能接受的阐释。

三、从阐释者的认知主体性视角诠释 R-A-C-C 框架

在 R-A-C-C 框架内，对《圣经》和"四书五经"隐喻的解读，最终被接受的阐释并不是简单地通过隐喻推理和认知映射逻辑推理的过程和整合而实现的。除了这样的过程，我们不应该否认人的主观因素的介入，包括人的价值观、道德观、文化观，以及对当政君主的忠诚、对当时社会价值观的认可度、认知判断能力、认知经验、情感因素、对社会文化知识的掌握等。

毫无疑问，隐喻的阐释主要取决于发话人和接收者。因为《圣经》中所有的文字都代表上帝的神明、上帝的声音，也就是说《圣经》都是上帝所默示的，于教训、督责、使人归正、教导人学义，都是有益的（《提摩太后书》第 3 章第 16 节）。同样，"四书五经"中所宣扬的儒家学说 2000 多年来贯穿于并主

导着中国思想文化史。如果从社会影响看，儒家创立的宗旨就是修身、齐家、治国、平天下，所以最为成功和最具担当，被历代封建君王用作治国的思想工具，儒学就是做人、做官，以及治国、平天下之学。在这种情况下，接收者自己无疑要负责解释《圣经》和“四书五经”中的隐喻语言。并不是所有的隐喻推理以及映射和整合都与逻辑关系密切相关。作为这一认知活动的主体，接收者充当儒教和基督教信徒的角色，其认知主体性与其他两个阶段是相互配合的，因此必须慎重考虑。

接收者在隐喻解读过程中的认知主体性，指的是接收者能够理解说话者想要表达什么的认知特性（王文斌，2007：177）。汉斯-格奥尔格·伽达默尔（Hans-Georg Gadamer）认为，认知特性指的是这四个概念：“教化”（formation）、“共通感”（common sense）、“判断”（judgement）和“品味”（taste）（Gadamer，2004：10-24，转引自王文斌，2007：177）。这里需要强调的是，伽达默尔提出的以上四个特征似乎需要修订，尤其是当面临《圣经》和“四书五经”隐喻的阐释时，因为考虑到其读者大多是特定群体这一事实。因此具体地说，这些认知特征，正如上面所提到的，包括接收者的文化和文学素养、对君王和权威的信奉和忠诚、价值取向，以及他们的认知判断和推理能力等。

兰盖克认为，映射和整合过程在背景区的影响下运作（Langacker，1990）。通常认为言语活动本身、言语活动的参与者与言语活动的地点都位于背景区中，对输入空间1（呈现空间）、输入空间2（所指空间）和整合空间产生动态影响。背景区就是一系列语境假设影响意义建构过程的场所（王正元，2009：42）。我们认为接收者的主观特征应该位于背景区中。图4.9说明了背景区功能对映射和整合过程的影响。

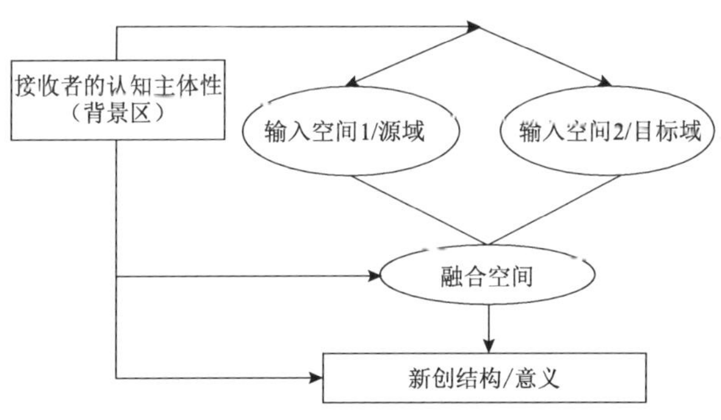

图4.9　背景区对映射和整合过程的影响

从图 4.9 中，我们可以清楚地看到接收者的认知主体性对映射和整合过程所产生的心理影响。一方面，在《圣经》和“四书五经”隐喻解读的映射和整合过程中，接收者的认知主体性引导和制约着这一认知过程。例如，接收者的认知主体性和接收者对关联的期待，帮助他们在网络中寻找不同空间的最佳关联，从而成功地找到了正确整合的基础。同时，接收者的属性，也就是说，接收者对文化、社会和语言的适应，也有助于接收者在映射和整合过程中的各种元素之间做出选择。另一方面，《圣经》和“四书五经”隐喻的最终解释也或多或少地依赖于接收者的主观因素。由于接收者各种认知、社会、文化取向以及不同程度的信仰度，《圣经》和“四书五经”隐喻的最终解释注定是多元化的。我们应该注意的一点是，即使对《圣经》和“四书五经”隐喻的解释被认为是错误的，源域与目标域之间的关系仍然是整合的，因为任何隐喻的解释都是接收者主观推理的结果和接收者自身感知的表现。我们以下面的实例为例，分析接收者主观认知特性对隐喻理解的影响。

他们的喉咙是敞开的坟墓，
他们用舌头弄诡诈，
嘴唇里有虺蛇的毒气，
……（罗马书：268）
Their throats are opened graves;
they use their tongues to deceive.
The venom of vipers is under their lips.

在上面的诗文中，“喉咙”被比作“敞开的坟墓”。也就是说，接收者以“喉咙”为目标域，以“敞开的坟墓”为源域。源域在概念上映射到目标域。这其实是一个概念隐喻，“喉咙”和“敞开的坟墓”都被认为是一种不时冒出难闻气味的通道。但实质上，除了“毒气”外，“喉咙”和“敞开的坟墓”却存在着巨大的差异。为了理解这个隐喻，接收者必须有一定的素质和知识，把“喉咙”与“敞开的坟墓”联系起来。同时，他需要具备一定的趣味和品位，能认识到语言是心灵的声音，喉咙发出的声音传送着污秽、邪恶、恶毒，就像在某些场合的一个敞开的坟墓一样。否则，接收者不可能将源域与目标域联系起来。此外，关于源域和目标域的对象，接收者与发话人应该有一些共同的感知。然而，在上述的情况中，如果接收者与发话人无法达成共识，或者换句话说，他们无法在“喉咙”和“敞开的坟墓”的对比特征和相似性上达到共同的认知，那么隐喻的效果和隐喻的意义就不可能被感知。

我们再以《易经》为例。

> “九三，咸其股，执其随，往吝。”（杨天才，2019：285）
>
> 【译文】九三，使大腿有所感应，牢牢地掌握住跟随自己的人，若急于前往会遇到困难。（杨天才，2019：286）

> 《象》曰：“咸其股”，亦不处也。志在随人，所执下也。（杨天才，2019：286）
>
> 【译文】《象传》说：“使大腿有所感应”，九三上不能应于六，也不愿安然不动地处在自己的位置，心里想着在于己下的六二，这说明他所愿抓住的是低下于自己的人。（杨天才，2019：286）

我们知道，《易经》与周文王有密切的关系。周文王，姓姬，名昌，约公元前1152年出生于岐周（今陕西岐山），文王是他的儿子武王给他的谥号，商纣时为西伯，亦称西伯昌，即商代末年西部诸侯（方国）之长。文王奉行德治，勤于政事，重视发展农业，礼贤下士，广罗人才，西周国力壮大，引起商王朝的不安。商纣王听信谗言，趁姬昌在都城之际将其拘拿，囚于羑里（今河南汤阴）。姬昌被囚时已82岁，尽管狱中异常艰苦，但他忍辱负重（假装糊涂吞食纣王杀其子做的人肉汤），立下大志，以超人的顽强毅力，倾心致力于推演《易经》。出狱后他拜姜尚为军师，问以军国大计，励精图治，使“天下三分，其二归周”，最终由其子姬发灭商。《易经》是中华文明史上一部内涵精深、影响广泛、流传久远的典籍，有“群经之首”和“大道之源”之称。《易经》涵盖万有，纲纪群伦，是中国传统文化的杰出代表；广大精微，包罗万象，亦是中华文明的源头活水（徐寒，2004）。

在以上的例子中，我们可以清楚地得出其中隐含的一个概念隐喻，即“大腿是运动”。根据我们的R-A-C-C框架，在隐喻的映射和整合过程中，同样涉及听话者认知主体的参与。听话者以“大腿”为目标域、以“运动”为源域进行映射。源域在概念上映射到目标域，具体来说，就是“运动”映射到“大腿”上面。众所周知，“大腿”和“运动”有着紧密的联系，即“大腿”离不开“运动”，“运动”更离不开“大腿”。听话者很容易把源域和目标域相互联系起来，因为听话者对“大腿”和“运动”的关系有共有的认知假设。但是，如果换一个角度，从另外一个场合来看，就会发现：大腿有个特点，就是它自己不能动，足动它动，足止它止，“咸其股”就是这个意思；不能自主，完全听凭别人的意思，这就是“执其随”，这样的结果当然是“吝”。此句的意思就是告诉你，这件事情你说了不算，是由别人决定的，对于你而言结果一定是不好的。一味地跟随着别人任意妄动和行事，必然导致灾祸。这说明你不能安居静处，自我克制，而是性情急躁，随心所欲地任意妄为，之所以这样就是因为你所执意追求的东西过于低下卑劣了。

《易经》中另一个例子如下：

> 九五，咸其脢，无悔。
>
> 【译文】九五，使脊背有所感应，就没有什么悔恨。（杨天才，2019：288）

> 《象》曰：“咸其脢”，志末也。
>
> 【译文】《象传》说：“使脊背有所感应”，对九五而言，其感应如“末梢”一样敏感。（杨天才，2019：289）

针对此例，一种情况是听话者与说话者在认知语境上持有共同的认知假设，即感应发生在皮肤外表，意味着只知其然，不知其所以然。说明其只知独善其身，这样他的志向难免过于浅薄了。那么此卦的隐喻含义只是“独善其身”，是一种无悔的人生观。但是，如果听话者与说话者在认知假设上无法达成共识，即无法在“脢”与“志”这两个源域与目标域上达成共有的关系认知，那么此卦的隐喻效果和暗含意义自然也就不一样了，比如，我们完全可以将其理解为隐含的“男女肌肤之爱”。

从我们所讨论的内容中可以初步得出结论：接收者的主体性是 R-A-C-C 框架中不可或缺的一部分。“主体性”指的是主体的认知意识和社会文化意识。总之，最终的隐喻效果和意义能否实现在很大程度上取决于接收者的恰当解释。换句话说，在实现正确阐释的认知推导中，听话者的个人因素不仅包括他的知识、经历、记忆、社会文化及其对社会规范的理解，还包括他对《圣经》和“四书五经”隐喻陈述的自我定位。

第六节　小　　结

本章主要探讨了在语用、认知和哲学的基础上建立的东西方文化经典隐喻阐释的 R-A-C-C 框架。现有的语用和认知理论——关联理论、顺应理论、概念隐喻理论和概念整合理论无法完全独立地解释《圣经》和“四书五经”隐喻，一个融合四种理论优点的 R-A-C-C 理论框架满足了这种需要。

从以上分析得出的主要结论是 R-A-C-C 框架主要以语用观和认知观相结合。根据这个框架，《圣经》和“四书五经”隐喻的阐述可以同时在两个维度上开展，即语用维度和认知维度。事实上，这两个维度并不是相互排斥的，而是可以弥补彼此之间的不足之处。笔者认为，一种语用方法或一种认知方法无法处理《圣经》和“四书五经”隐喻的解释性任务，因为单纯的语用的或认知的方法都缺乏对方所擅长的方面。因此，语用方法论和认知方法论的相互结合，即 R-A-C-C 框架，吸收了语用和认知方法各自的优点，且同时克服了它们各自的缺陷。

除了讨论 R-A-C-C 框架建立的理论前提，我们还讨论了该理论框架的哲学基础。在大多数情况下，R-A-C-C 框架的哲学基础中至关重要的一点是经验现实主义或体验哲学，主要代表是莱可夫和约翰逊（Lakoff & Johnson，1999）。他们认为，体验哲学的核心是人的心智、意义和思想都具有体验性。作为一个全新的哲学流派，体验哲学与自苏格拉底时代以来在西方文化和哲学领域一直处于领先地位的客观主义在本质上是不同的。根据客观主义的观点，诸如“意义”“推理”这样的问题，被解释为脱离认知主体与客观世界的相互作用而存在。另外，人的思维具有客观性和分离性，与人的经验和主观想象无关。然而，与客观主义观点相反的是，体验现实主义认为，意义和范畴来自我们的身体、大脑和客观世界之间的相互作用。最重要的是，从体验哲学的观点来看，人们的思维被认为是隐喻性的。抽象概念可以通过隐喻、转喻等手段产生，使思维活跃、富有创造性。

在探讨了 R-A-C-C 框架建立的理论前提和哲学基础之后，我们依照认知和语用视角初步建立了一个 R-A-C-C 框架。这个框架最终是基于关联理论—顺应理论组合和概念隐喻理论—概念整合理论组合的基础而形成的。具体说来，关联理论—顺应理论组合主要从语用学角度来解读《圣经》和“四书五经”隐喻，将其作为一种特殊的语用交际过程；而概念隐喻理论—概念整合理论组合主要从认知的角度将其作为概念映射和整合的过程。事实上，语用的方法和认知的方法可以被认为是一个整体的两个方面，因此，一个值得探索的综合性 R-A-C-C 框架得以成功建构。正如我们在 R-A-C-C 框架中讨论的，《圣经》和“四书五经”隐喻表达是整个隐喻表达的有机组成部分。《圣经》隐喻表达的是全能的上帝和他的门徒及信徒之间的一种特殊的交流方式；同样，“四书五经”隐喻的表达发生在孔子、孟子等儒家学派的代表人物和其门徒、学生以及君王之间的对话或说教中。在建构了 R-A-C-C 框架之后，我们从语用视角下隐喻推理的维度，认知视角下的映射和整合维度，以及社会、文化、价值观、伦理道德观视角下阐释者认知主体性维度进行了详细的描述。

首先，在 R-A-C-C 框架的语用隐喻推理维度上，隐喻推理在很大程度上得以完成。隐喻推理是《圣经》和“四书五经”隐喻解读中不可或缺的过程。严格地说，隐喻推理不只是在语用层面上进行，而似乎是在语用和认知控制的共同影响下运作的。隐喻推理集中在对话语明示和暗含的识别、语境建构和顺应，以及新创结构的生成上。具体说来，隐喻推理的特点是不仅有关联理论和顺应理论的参与，而且还有概念隐喻理论和概念整合理论的参与。

其次，R-A-C-C 框架下的映射和整合过程也是隐喻推理的延伸和发展。在这个过程中，关联性和顺应性的作用并不是孤立和相互排斥的；相反，关联理论和顺应理论被吸收进来与概念隐喻理论和概念整合理论一起参与隐喻阐释过程。在 R-A-C-C 框架的整个循环中，隐喻推理和映射及整合过程一起工作，互相补偿，产生出最合理和最恰当的《圣经》和“四书五经”隐喻阐释。

最后，《圣经》和“四书五经”隐喻的解释依赖于说话者和听话者的主体性。在 R-A-C-C 框架中，根据《圣经》和“四书五经”隐喻阐释的要求，接收者的认知主体性，包括认知、文化、伦理、道德和灵命等主体意识，在阐释过程中都应得到认真的考虑。以上的探索产生了一些启示，并借此解决和证明了以下问题。

（1）《圣经》和“四书五经”隐喻是一种复杂而独特的语言现象，它涉及许多不同的因素，因此需要一个综合的、全面的理论框架来解释这种语言现象。

（2）由于各自不同的特点和本身存在的弱点，关联理论、顺应理论、概念隐喻理论、概念整合理论在理论上不能独立或孤立地解释此类隐喻现象。

（3）目前初步建立的 R-A-C-C 框架弥补了关联理论、顺应理论、概念隐喻理论和概念整合理论各自对《圣经》和“四书五经”隐喻的阐释的不足，从而在理论层面上确保了隐喻阐释的准确性和高效性。

综上所述，R-A-C-C 框架吸收了语用学和认知语言学相关理论的优点，并摒弃了关联理论、顺应理论、概念隐喻理论和概念整合理论的弱点，成为一个多维度、立体化的语用—认知隐喻阐释框架，可用于《圣经》和“四书五经”隐喻的阐释和解读。

第五章

R-A-C-C 框架下西方文化经典《圣经》的隐喻阐释

第一节 引 言

我们建立的 R-A-C-C 隐喻阐释框架，涉及语用视角、认知视角和接收者的主体性视角。这个 R-A-C-C 框架是一个综合性框架，它吸收了关联理论、顺应理论、概念隐喻理论和概念整合理论的所有积极和有利的因素，适用于对中西文化典籍隐喻的阐释。本章将尝试运用 R-A-C-C 框架来解析《圣经》中一些具有代表性的隐喻，以证明其有效性和合理性。

第二节 《旧约全书》中隐喻的特点

《圣经》被视为西方精神文明和文化的支柱，圣经文化则是通向西方国家文化领域的登堂入室的“金钥匙”，西方社会中的政治体制、文学创作乃至风俗习惯无不受其深刻影响。《旧约全书》共 39 卷，是基督教从古犹太教那里继承而来的，主要有四部分：一是关于上帝造世和人类始祖的神话，如亚当与夏娃的故事、诺亚方舟的故事等；二是古犹太人的历史，讲述从希伯来人定居巴勒斯坦（公元前 1200 年）至公元 1 世纪犹太人的历史，如《约书亚书》讲述约书亚率领以色列人攻占巴勒斯坦并把它分给各部落的经过；三是诗歌及其他形式的宗教文学作品，如《约伯书》《诗篇》；四是关于先知的预言和宗教、政治评论，如《阿摩司书》《耶利米书》《但以理书》等。《旧约全书》大致在公元前 5 世纪至公元前 2 世纪陆续出现，并在公元 1 世纪末大致定型。正如我们所知道的，《旧约全书》中充满了隐喻，其中一些很容易被发现，但有一些是难以被发现的，特别是一些拐弯抹角的陈述。《旧约全书》中隐喻的主题主要是“原罪与律法，以及神的公义与仁慈”。据叶舒宪（2003）所述，《圣经》隐喻分为三类：第一类是具有隐喻和象征意义的意象，例如“虚空”（void）、“十字架”（cross）、“方舟”（ark）等。第二类是在叙述和对话中使用的修辞隐喻话语，如“恶人的亮光必要熄灭，他的火焰必不照耀”（约伯记：798）（Surely the light of the wicked is put out, and the flame of their fire does not shine）。第三类是用来反映一些深奥的教义和概念的比喻。《圣经》中的比喻大多被认为是扩展隐喻，隐喻的主题可以延伸到所有段落和整个文本中。本书关注的是后两种类型。

在《旧约全书》中，叙事语言、会话语言、抒情语言和描写性语言经常伴随着修辞性隐喻的表达,用来描述一个人行为的正确方式或他应该坚持的教义。例如，以色列国王大卫曾用以下这首诗来赞美耶和华的胜利：

> 耶和华是我的岩石，我的山寨，我的救主，
> 我的神，我的磐石，我所投靠的。
> 他是我的盾牌，是拯救我的角，是我的高台。（诗篇：849）
> The LORD is my rock, my fortress, and my deliverer,
> My God, my rock in whom I take refuge;
> my shield, and the horn of my salvation, my stronghold.

上面的诗中使用了一系列具有保护功能的喻体，如“岩石”“山寨”“救主”“盾牌”“角”“高台”，生动地表明了上帝代表正义的保护。按照犹太教的说法，耶和华是唯一的上帝，他是万能的、无所不知的、仁慈的、公正的、纯洁的、神圣的和永恒的创造者。犹太教的作者如何使普通人理解如此深奥而微妙的宗教原则？唯一的方法就是使用隐喻。请看下面的诗：

> 耶和华的声音发在水上，
> 荣耀的神打雷，
> 耶和华打雷在大水之上。
> 耶和华的声音大有能力，
> 耶和华的声音满有威严。

耶和华的声音震破香柏树，
耶和华震碎黎巴嫩的香柏树。
他也使之跳跃如牛犊，
使黎巴嫩和西连跳跃如野牛犊。

耶和华的声音使火焰分岔。
耶和华的声音震动旷野，
耶和华震动加低斯的旷野。

耶和华的声音惊动母鹿落胎，
树木也脱落净光；
凡在他殿中的，都称说他的荣耀。（诗篇：862）

The voice of the LORD is over the waters;
the God of glory thunders,
the LORD, over mighty waters.
The voice of the LORD is powerful;
the voice of the LORD is full of majesty.

The voice of the LORD breaks the cedars;
the LORD breaks the cedars of Lebanon.
He maks Lebanon skip like a calf,
and Sirion like a young wild ox.

The voice of the LORD flashes forth flames of fire.
The voice of the LORD shakes the wilderness;
The LORD shakes the wilderness of Kadesh.

The voice of the LORD causes the oaks to whirl,
and strips the forest bare:
and in his temple all say, “Glory!”

普通人不能与耶和华说话，不能听到他的声音，但是耶和华能看到他所创造的奇迹，使人们感受到他的无所不能。在这首诗中，荣耀的声音被用来比喻全能的上帝的力量和威严。

犹太教的作家也用修辞性隐喻的话语来谈论人类的经历。例如，在《出埃及记》（21：23-24），有“若有别害，就要以命偿命，以眼还眼，以牙还牙，以手还手，以脚还脚，以烙还烙，以伤还伤，以打还打”（If any harm follows, then you shall give life for life, eye for eye, tooth for tooth, hand for hand, foot for foot, burn for burn, wound for wound, stripe for stripe）。这意味着别人怎么对付你，你就要怎么对付他，或者像其他人那样报复对方。另外，在《列王纪上》中，所罗门的儿子罗波安王用这些话回答百姓：

> 我的小拇指头比我父亲的腰还粗。
>
> 我父亲使你们负重轭，我必使你们负更重的轭。
>
> 我父亲用鞭子责打你们，我要用蝎子鞭责打你们。（列王纪上：543）
>
> My little finger is thicker than my father's loins.
>
> Now, whereas my father laid on you a heavy yoke, I will add to your yoke.
>
> My father disciplined you with whips, but I will discipline you with scorpions.

最初，“轭”一词指的是在土地上耕种时拴在牲畜脖子上的木制器具。这里指的是国王强加给平民百姓的劳役和重税。“我的小拇指头比我父亲的腰还粗”，表示“我比我父亲更强大”。此外，蝎子鞭原本指铁刺鞭，这里暗指“施加双倍惩罚”。

除了上面所提到的，还有一些旨在推理、劝告或讽刺的比喻。一般认为，《旧约全书》中有 9 个典型的寓言：①拿单讲述小羊羔的故事，谴责大卫的寓言（《撒母耳记下》12：1-7）；②提歌亚妇人的寓言（《撒母耳记下》14：5-12）；③葡萄园的寓言（《以赛亚书》5：1-7）；④两只老鹰的寓言（《以西结书》17：2-10）；⑤狮子幼崽的寓言（《以西结书》19：2-9）；⑥葡萄树的寓言（《以西结书》19：10-14）；⑦森林之火的寓言（《以西结书》20：45-49）；⑧沸腾的锅的寓言（《以西结书》24：3-5）；⑨战俘的寓言（《列王纪上》20：35-40）。事实上，《旧约全书》中不只有 9 个寓言，还有其他的寓言。例如，先知何西阿叙述了一个家庭悲剧：何西阿娶了一个淫荡的女人哥篾做妻子。哥篾淫乱，生了几个孩子后，便跟随情夫离开了。最后，丈夫以宽容和仁慈来救赎她，劝她放弃邪恶，学会过上体面的生活。这个寓言暗指的是耶和华与其选民犹太民族的关系。尽管其选民没有遵守耶和华的约定，正如哥篾不忠于自己的丈夫，但耶和华仍以公平、正义和仁慈对待他们，并盼望其悔改。总而言之，《旧约全书》中的隐喻表达非常丰富且形式多样，值得人们从认知语言学层面和语用学层面去研究。

第三节 《旧约全书》隐喻阐释的 R-A-C-C 解析

众所周知，《旧约全书》主要由四部分组成：律法书、历史书、诗歌智慧书和先知书。我们将选择其中四个样本进行分析，即《创世纪》《出埃及记》《以赛亚书》《诗篇》。这些书中经常出现隐喻性表达，其中绝大多数都是具有复杂含义的新颖隐喻，其阐释需要较高的处理力度。我们将运用 R-A-C-C 框架来阐释其中的一些隐喻例证，以检验该理论框架的有效性和全面性。

一、《创世纪》隐喻案例研究

（一）主要内容

《创世纪》被视为上帝创造天地的记录。在读《创世纪》时，我们知道了上帝是如何创造有序的天和空虚混沌的地的。上帝创造众行星、太阳、月亮，以及植物、动物。最后，上帝按照他的形象和样式创造了人类，让人类掌管地球上所有的动物。之后，上帝制定了婚姻制度，在伊甸园建立了第一个人类家庭。通过许多指示和教导，上帝设法使人明白人与上帝、人与人、人与自然之间的正确关系，应该像上帝创造的万物一样，保持秩序和和平。

《创世纪》还记录了魔鬼的扰乱和破坏、人类的背叛、罪恶是如何进入曾经绚烂的世界的，以及上帝说服人类回转的声音。《创世纪》的第二部分从第 12 章开始。上帝选择并召唤亚伯兰（后来叫亚伯拉罕）离开他的国家到上帝所指示的地方去。上帝也给了亚伯兰众多的后代。上帝使人类认识了他，并了解到亚伯兰家族历史中充满了酸甜苦辣、悲欢离合、爱恨情仇。

（二）R-A-C-C 分析

在《创世纪》一书中，隐喻主要以寓言的形式出现。在下面的分析中，我们将用 R-A-C-C 框架来阐释其中一个寓言。该寓言的主要思想如下：耶和华创造了亚当和夏娃之后，把他们放在伊甸园里，那里有生命之树和善恶之树。有一天，蛇问夏娃她能不能吃花园里树上的果子。夏娃回答说，她可以吃园子里所有树上的果子，除了善恶之树上的果子，因为她若这样做，就必死无疑。但是蛇说她吃后眼睛会变得明亮，知道善恶。夏娃忍不住诱惑，摘了水果，吃了起来。她也把水果分给了亚当。他们两人吃完果子之后都知道自己是裸体的，并且性别不同，需要一些东西来遮掩自己的身体。

根据我们的 R-A-C-C 框架，解释《圣经》隐喻的步骤按照以下方式进行（图 5.1）。

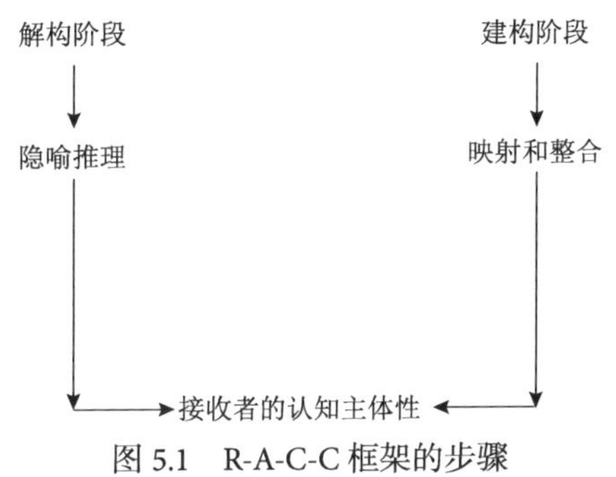

图 5.1　R-A-C-C 框架的步骤

根据这个流程图，最终的解释将由两个层次组成——隐喻推理层面及映射和整合层面，同时接收者的认知主体性在两个层面上发挥作用。隐喻推理层面在解构阶段，而映射和整合层面在建构阶段。根据 R-A-C-C 框架，隐喻推理过程由四个子过程组成，即明示-暗含话语含义识别、语境建构和激活、语境顺应、新创结构生成。映射和整合过程由三个子过程组成，即源域和目标域的建构和交互作用、关联和顺应下的整合、衍生出预期的阐释。就这个寓言而言，隐喻推理始于明示含义识别。由于大多数《圣经》隐喻是隐性表达而非显性表达，也就是说，说话者的意图通常比他实际所说的要多，这是听话者进行推理的首要任务。此例虽然是一个寓言，而不是一个对话，但它仍然要遵循这个原则。

解构阶段：隐喻推理

（1）明示-暗含话语含义识别：这个寓言是用这种方式明确讲述的，从蛇第一次尝试引诱夏娃藐视上帝的权威开始。对于夏娃来说，她无法抗拒蛇的诱惑，做了蛇所指示的事。她甚至让亚当也做了同样的事。他们的行为最终招致了上帝的惩罚。这个寓言虽然说得很清楚，但确实隐含了一些含义。通过对文本的解码，我们发现了里面的一些隐喻意义。

一般说来，隐喻含义是在寓言中产生的，其表达方式与主题最为相关。在这个意义上，通过解读文本的主要思想的隐喻表达，产出了对这个寓言的关联性的期望。

（2）语境假设的建构、激活和顺应：接收者此时所要做的就是创造一个恰当的语境建构，以符合语境假设。在这个比喻里，我们知道蛇尽一切可能引诱夏娃吃善恶之树上的果子。最后，夏娃屈服于这个诱惑，按照蛇告诉她的那样去做。

从这样的信息中，接收者可以利用他的百科知识和认知推理来进行语境建构，从而做出一些语境假设，即亚当和夏娃在天父耶和华的照顾和保护下是无辜、无知和天真无邪的，不知道什么是对与错。他们自由地、赤裸裸地在伊甸园里嬉戏。从某种意义上说，他们是还没有长大的孩子。在这一点上，我们可以看到语境假设被接收者的旧假设（即关于蛇的本性、亚当、夏娃和上帝的假设）和新假设（即关于儿童、父母和撒旦的假设）之间的相互作用所激活。这也是语境激活过程所起的主要作用。

此外，在语境建构和激活过程中，语境顺应也不断发生。为了寻求最佳的隐喻关联性和暗含意义，接收者需要足够的语言知识做出这样的语境顺应。在这种情况下，接收者首先应该理解隐喻意义或暗含意义存在于文本或语篇层面，而不是词汇或句子层面。归根结底，就是接收者的语境假设和其他前提（蛇比其他的野生动物更狡猾；上帝反对吃善恶之树上的果实）能满足预期的目标，也就是说，蛇和夏娃的言行可能实现这个寓言的关联性。

建构阶段：映射和整合

（1）源域和目标域的建构和交互作用：在隐喻推理的过程中，有可能创造出一些新颖的含义，或多或少地与源域和目标域的映射和整合相关联。

就这个寓言而言，我们可以看到人类的成长过程与一段旅行相似，也就是说，这个概念隐喻是指“人类的成长是一段旅行”。因此，我们应该优先考虑源域和目标域的建构。具体地说，在源域中，存在着“旅行”过程，在目标域中存在着“人类的成长”过程。这个概念隐喻的映射如图 5.2 所示。

"人类的成长是一段旅行"中的源域和目标域的映射

源域：旅行	目标域：人类的成长
旅行者	人类和上帝
车辆	人类与上帝的关系
距离	过程
旅行	人神关系中的事件
障碍物	人类经历的苦难
关于道路的决定	选择跟随谁
目的地	天堂

图 5.2　"人类的成长是一段旅行"中源域和目标域的映射

基于上述映射，将源域和目标域的建构和交互作用作为图 5.3 中映射和整合过程的一个重要部分来展示。

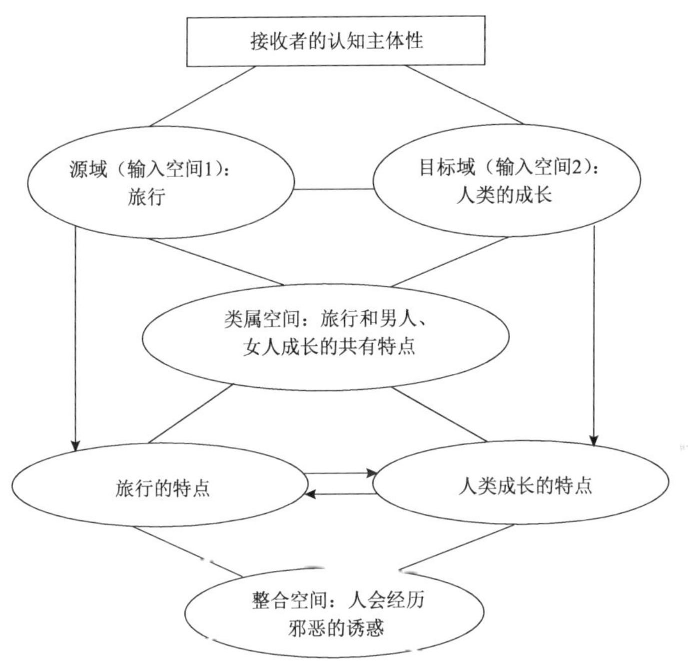

图 5.3　源域和目标域的建构和交互作用

如图 5.3 所示，源域（输入空间 1）和目标域（输入空间 2）相互作用，从而生成类属空间：一个男人或女人从某个地方开始自己的生活道路，经过一段漫长的路程，可能遇到许多困难、障碍、诱惑等，直到他或她到达最终目的地。在这个比喻中，男人和女人是指住在伊甸园里的亚当和夏娃，他们因为太天真而受到了蛇（撒旦）的诱惑。这使他们成为罪人，受到了上帝的惩罚。

（2）关联和顺应下的整合：在这一过程中，两个输入空间被投射到整合空间中，最终形成了新创结构。具体地说，关联原则与顺应原则积极参与整合空间。关联原则与顺应原则共同作用，消除不相关因素，顺应不断变化的语境，最终形成新创结构。在这个寓言中，整合空间从源域中提取一些抽象结构，如“旅行”“障碍物”等。同时，从目标域中引出因果关系、意图和语言内在意义等结构，从而通过“组合”“完善”“扩展”三个子过程生成新创结构。详细地说，在“组合”的子过程中，两个输入空间中的元素在融合中建立了新的人神关系。在“完善”的子过程中，新建立的人神关系是一个更大的独立结构。输入空间 1 和输入空间 2 中的元素图像在整合中共享相同的背景框架。在“扩展”的子过程中，涉及整合的运行和新创结构的生成：随着一个人的成长，他可能会意识到是与非，他必须走出去求生，努力克服因他的罪过而加给他的种种艰难困苦（图 5.4）。

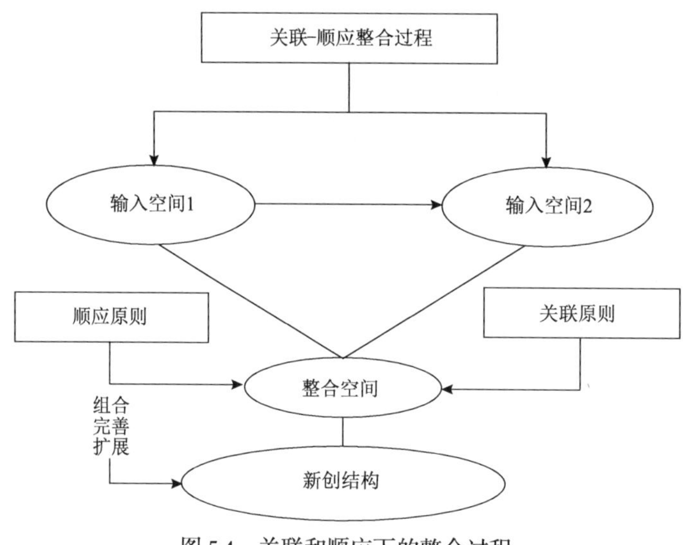

图 5.4　关联和顺应下的整合过程

（3）衍生出预期的阐释：如图 5.5 所示，为了获得预期解释，必须考虑接收者的认知主体性。在这里，认知主体性不仅包括了接收者的社会文化背景、认知推理能力，还包括他与上帝的关系和对圣灵的感悟。在这个比喻中，当新创结构将推论投射到目标域时，我们最终在整合中得出最终结论：随着一个人的成长，他可能会经历撒旦的种种诱惑。如果他不能抗拒诱惑，就可能会脱离上帝，罪恶和死亡开始进入他的世界，在那里，和平消失，疾病和痛苦相继降临。最后，人类开始在死亡和压迫的阴影下生活。

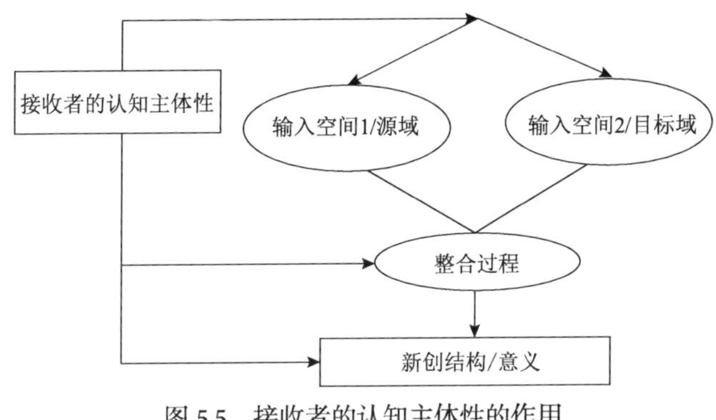

图 5.5 接收者的认知主体性的作用

二、《出埃及记》隐喻案例研究

（一）主要内容

随着《创世纪》时代的结束，在公元前 1300 年左右，尽管希伯来人家族成员众多，但许多人在氏族领袖约瑟死后逐渐被迫成为法老的奴隶。《出埃及记》这本书由三部分组成。第一部分记录了以色列人如何远离埃及人的统治并走向西奈山的历史。上帝拣选了一个名叫摩西的人，他是个宽容且有信仰的人，一个情愿为子民的罪过而牺牲自己的领袖。在摩西的领导下，以色列人逃出埃及，越过红海，最后到达西奈山。第二部分记录了上帝与以色列人订立的盟约，以及以色列人在到达迦南之前建立的一些规范，主要包括十条戒律，以及一些关于伦理、社会和宗教的法律。第三部分记载上帝教导以色列人要设立会幕，作为敬拜上帝的好地方。

在《出埃及记》中，神的大爱和出于信仰而结的果子都体现在以色列人逃离埃及的过程中。上帝的爱、关怀、正义和宽容，与其子民的叛逆、抱怨，两者之间形成了鲜明的对比。

（二）R-A-C-C 分析

接下来的部分，我们将在《出埃及记》一书中随机选择一个寓言作为我们的 R-A-C-C 分析样本。此寓言的主要内容如下。

从埃及逃出来的时候，摩西带领着以色列人日夜兼程出走。当他们靠近红海的时候，人们出于害怕开始向摩西抱怨。面对前面的红海和法老的追赶部队，以色列人开始后悔离开了。耶和华吩咐摩西向海伸出了手杖，海被分开。以色列人进了海，在旱地上行走。埃及人跟随并追赶而来，海水又合并回来了。顷刻之间，所有的追赶车辆、马匹和士兵都被淹死了。耶和华终于救了以色列人，真的让其脱离了法老的控制。所有以色列人都见证了耶和华反抗法老的伟大神迹，对他又敬畏又信任。

根据 R-A-C-C 框架，这个寓言可以通过以下方式来分析。

解构阶段：隐喻推理

（1）明示–暗含话语含义识别：这则寓言明确讲述了以色列人逃离埃及的历史时期。通过叙述逃跑经历，必定有一些隐含的意图和意义暗含其中。根据关联理论的说法，在交际中听话者的回答必须与说话者的话语有最佳关联性。即使在语篇层面上，这个寓言也是如此。在这个寓言中，关键的信息和线索是上帝的力量和保护、摩西的领导和坚持、埃及人的追击等。考虑到所有这些因素，我们假定在听话者的身上会有一些关联期待被唤起。听话者对隐喻暗含的推导和语境假设的建构将证实这一关联期待。

（2）语境假设的建构、激活和顺应：要理解这则寓言，说话者就必须建构一系列相关的上下文语境，通过我们的常识和认知推理来满足其关联期望：以色列人逃离埃及的情况、他们要面对的红海、追击的埃及战车和士兵、摩西的鼓励等。通过激活这些上下文，我们将进一步做出一些语境假设。具体而言，说话者原来旧的语境假设（假设以色列人逃离埃及，穿过红海）和新的语境假设（假设精神的重生、洗礼的本质）相互作用，从而产生语境效果：拥有精神重生意味着逃避邪恶的世界。此外，上下文顺应也在这个过程中起着至关重要的作用。因此，听话者必须使语境顺应于语言表达发生的实际语境。这个比喻是在这样的背景下写成的：所有的以色列人都受到埃及人的压迫，然后在约瑟死后被埃及人奴役。神授权摩西带领以色列人离开埃及。这是这个比喻的情景语境，听话者必须利用他的背景知识、他的认知能力来顺应。更重要的是，由于这个比喻的隐喻性暗示或意图意义在于文本本身，而不是在单个句子中，听话者也必须利用他的语言知识进行语境适应。总之，听话者的语境假设，以及其他的语境前提（法老的压迫、摩西的领导能力和精神），有助于为进一步理解这个寓言的主题铺平道路。

建构阶段：映射和整合

（1）源域和目标域的建构和交互作用：这个阶段涉及源域（输入空间 1）和目标域（输入空间 2）的交互作用，以解释新奇的隐喻性暗示。

在这则寓言中，我们可以看到“逃跑”贯穿始终。在这种情况下，“逃跑”可能会带来一些暗含意义，并可能被概念隐喻化为“重生是逃跑”。这个隐喻的映射如图 5.6 所示。

“重生是逃跑”中源域和目标域的映射

源域：逃跑	**目标域：重生**
出逃者	以色列人
上帝的保护	生存条件
走过的路程	再生过程
逃跑中的各种事件	经历
浸水	严峻的考验
或走或留的选择	重生的抉择
邪恶的世界	天堂

图 5.6 “重生是逃跑”中源域和目标域的映射

在概念隐喻“重生是逃跑”中，源域中的元素对应于目标域中的元素（图 5.6）。在这些共同特征的基础上，我们建立了一个组合映射和整合模式。从中我们可以看到映射过程的特征是源域和目标域之间的相互作用。由于这种相互作用，类属结构形成了，即从罪恶的地方逃出来的经验和条件与新地方的重生几乎是一样的。这些元素和概念是两个域共有的。此外，受众的认知主体约束力也参与了这个过程。

（2）关联和顺应下的整合（图 5.4）：在这一过程中，在关联原则和顺应原则的作用下，整合意义得以建构。确切地说，在这两个输入空间中，有许多关于“重生”和“逃跑”的元素。这些元素并不总是相互对应的。通过寻找最相关的因素，并根据所期望的目标进行调整，我们的心智空间就会有“生存条件”“再生过程”“浸水”“邪恶的世界”等因素。同时，“组合”“完善”“扩展”的运行过程将产生出概念新创结构。在“组合”的过程中，“重生”的元素和“逃离邪恶世界”的元素被融合到整合空间中。然后在“完善”的过程中，新的关系开始存在于整合过程中。确切地说，上帝和以色列人和其他民族的关系是在经历洗礼后建立起来的。最后，在“扩展”的过程中，随着整合不断进行，根据新的心智空间的逻辑秩序，新创结构得以完成，即“逃离邪恶世界”就是一个人精神上的重生。

（3）衍生出预期的阐释（图 5.5）：新创结构的意义被推断出来后，它将被投射到目标域，并得出相应的结论：“逃离邪恶世界”意味着灵魂的重生。以色列人要在主耶和华的引导和保护下，经过水的洗礼。在这里，听话者的认知主体性，尤其是他们关于以色列历史的相关知识将影响他们对整个隐喻含义生成的理解。

三、《以赛亚书》隐喻案例研究

《旧约全书》的另一部分《先知书》是由 17 卷书组成的，讲述了先知如何劝诫选民归向耶和华及思念耶和华与他们所立的盟约，不要再敬拜其他偶像；同时警告那些不思悔改的人将会受到惩罚。本书选取《以赛亚书》中的案例进行分析研究。

（一）主要内容

以赛亚是《先知书》的作者中最杰出、最具有划时代意义的一位。这本书由三个部分组成。第一部分是从第 1 章到第 39 章，这是关于犹大被强大的亚述所威胁的事实。以赛亚指出，犹大的问题是其人民不虔诚，他们必然会受到惩罚，会被俘虏。第二部分是从第 40 章到第 55 章。在此期间，许多犹大人被掳到巴比伦。先知预言上帝定会拯救他们。第三部分从第 56 章到第 60 章。在这一部分，耶路撒冷的其他居民得到了安慰，并被警告要过虔诚的生活，因为以色列的复兴已注定，而耶和华是唯一的主宰者和救星。

（二）R-A-C-C 分析

接下来我们将从《以赛亚书》中节选一些内容，用 R-A-C-C 框架来做分析。

现在我告诉你们，
我要向我葡萄园怎样行：
我必撤去篱笆，使它被吞灭；
拆毁墙垣，使它被践踏。
我必使它荒废，不再修理、

不再锄刨，荆棘蒺藜倒要生长；
我也必命云不降雨在其上。

万军之耶和华的葡萄园，就是以色列家；
他所喜爱的树，就是犹大人。
他指望的是公平，
谁知倒有暴虐（或作“倒流人血”）；
指望的是公义，
谁知倒有冤声。（以赛亚书：1080）

And now, I will tell you
what I will do to my vineyard.
I will remove its hedge,
and it shall be devoured;
I will break down its wall,
and it shall be trampled down.
I will make it a waste;
It shall not be pruned or hoed,
and it shall be overgrown with briers and thorns;
I will also command the clouds
that rain no rain upon it.

For the vineyard of the LORD of hosts
is the house of Israel,
and the peoplc of Judah
are his pleasant planting;
he expected justice, but saw bloodshed;
righteousness, but heard a cry!

上面的章节主要是关于这样一个主题：以色列被比作上帝的葡萄园。虽然葡萄园是由上帝自己栽种的，但以色列人总是违背上帝的意愿，犯了罪，得罪了上帝。结果，他们只吃到了野生的葡萄，而不是很好的葡萄，它们要么是小的，要么是酸的，要么味道更苦涩一些。

根据 R-A-C-C 框架，这些章节可以通过以下步骤进行分析。

解构阶段：隐喻推理

（1）明示–暗含话语含义识别：解构层面涉及明示和暗含信息的识别。从明示的观点来看，我们认为葡萄园的主人（即上帝）不愿意修剪葡萄的枝干，也不愿意给植物浇水。他的不情愿和不高兴都是出于某种原因。然而，从内隐的观点来看，必然有言外之意隐藏在这两行诗之间。在这一节的每一行中，都有一些重要的词带有一些暗含意义，如“修理”“锄刨”“荆棘”“蒺藜”“降雨”“树”等。所有这些词都让听话者产生了某种关联期待，也带来了一些隐喻意义。

（2）语境假设的建构、激活和顺应：我们应该考虑一些上下文信息，其中一些可能成为我们的认知背景。为了满足我们大脑产生的相关性期望，我们需要建构一系列的上下文语境：葡萄园的主人不再像之前一样照料他的葡萄和园地，因此植物缺水；他眼中所喜爱的植物成为荆棘和蒺藜，因为他不再照顾、支持、帮助它们，不再给予它们指导和指示。这些上下文结构被受众的认知推理激活，然后将产生一系列的上下文语境假设。事实上，受众从开始到结束都在进行上下文语境顺应，从而避免了上下文语境的偏差。

建构阶段：映射和整合

（1）源域和目标域的建构和交互作用：在适当的上下文假设被确定之后，接下来的步骤将生成整个隐喻过程的概念隐喻结构或意义。

读完这段诗文，我们可能会有这样一种感觉：当葡萄园的主人发现最终的结果未如他所愿时，他一定很伤心。他终于收回了他所投资的东西，更糟糕的结果还在等着到来。在此基础上，我们建构了一个源域和目标域映射（图 5.7）。

“植物种植是一种冒险”中源域和目标域的映射

源域：冒险	**目标域：植物种植**
野生果子	没有适当指导
令人愉悦的果子	水的浇灌
荆棘和刺	期盼和希望
荒地	收回投入
颗粒无收	徒劳无功
植物和土地	上帝的帮助
充满了风险	劳作的过程

图 5.7 “植物种植是一种冒险”中源域和目标域的映射

从图 5.7 中可以看出，源域中的各种元素和目标域中的元素相互对应、相互作用。因此，一个新概念将会出现在整合空间中。源域中的各种元素被映射到目标域，形成了类属结构：上帝——葡萄园的主人对自己在植物上所做的事感到惋惜。

（2）关联和顺应下的整合（图 5.4）：在整合空间中，两个域或输入空间的组成要素相互作用，在结构和意义上创造出新的内容。一般来说，两个输入空间中的元素并不总是对应的。有时，这些元素在映射和整合过程中存在一些偏差和分歧。在关联性和顺应性的作用下，一些不相关的因素被过滤掉，另一些因素顺应了变化的框架和背景，通过“组合”“完善”“扩展”三个子过程，生成了新创结构。具体地说，在“组合”的子过程中，来自两个输入空间的投射，即“冒险”和“植物种植”要素相互结合。在“完善”的子过程中，两种独立的实践，即“冒险”和“植物种植”形成了新的关系或结构。这种新的关系或结构在同样的背景下产生了隐喻性暗示。然后，在“扩展”的子过程中，形成了新创结构：上帝对葡萄园非常照顾，但不幸的是，它只生产野生的和坏的果实。上帝会破坏葡萄园，代表以色列和犹大会失去上帝的保护。

（3）衍生出预期的阐释（图 5.5）：最终的阐释是在说话者的认知主体性的作用下达成的，即使上帝对他的臣民以色列人表现出极大的关心和关爱，但他并没有得到任何的感激。因此，上帝对其臣民的悖逆和不义备感悲哀和愤怒。

四、《诗篇》隐喻案例研究

《旧约全书》的第三部分即“诗歌智慧书”，主要由五本书组成，包括《约伯记》《诗篇》《箴言》《传道书》《雅歌》。其中大部分都是以“诗文”的形式写成的。这些诗强调个人的感受和生活经历，但不忽视救赎和被拯救的恩典。本书选取《诗篇》中的案例进行分析研究。

（一）主要内容

《诗篇》这本诗集汇集了 150 首诗。这些诗主要是描绘诗人内心深处的挣扎、他们灵魂的折磨，以及他们对真理的渴望。这些诗的作者最终找到了正确的答案，通过他们的信仰重新获得了光明和希望。他们的感激、细心的聆听、恳求和对唯一的神的赞美，使人类进入对神的赞美的新时期。

（二）R-A-C-C 分析

接下来的部分，我们将分析《诗篇》第 23 章中的隐喻，这一章被认为是《旧约全书》中最典型的具有文学和道德价值的部分。这些诗句如下：

耶和华是我的牧者，
我必不至缺乏。
他使我躺卧在青草地上，
领我在可安歇的水边；
他使我的灵魂苏醒，
为自己的名引导我走义路。

我虽然行过死荫的幽谷，
也不怕遭害，
因为你与我同在；
你的杖，你的竿，都安慰我。

在我敌人面前，你为我摆设筵席；
你用油膏了我的头，使我的福杯满溢。
我一生一世必有恩惠慈爱随着我；
我且要住在耶和华的殿中，直到永远。(诗篇：856)

The LORD is my shepherd; I shall not want.
He makes me lie down in green pastures;
he leads me beside the still waters;
he restores my soul.
He leads me in right paths for his name's sake.

Even though I walk through the darkest valley,
I fear no evil;
for you are with me;
your rod and your staff—
they comfort me.

You prepare a table before me
in the presence of my enemies;
you anoint my head with oil;
my cup overflows.
Surely goodness and mercy shall follow me
all the days of my life,
and I shall dwell in the house of the LORD
my whole life long.

这是赞美诗中最受欢迎的一首，被认为是《诗篇》中的“珍珠”。这首诗的作者大卫表达了他对主神的喜爱和忠诚。通过这首诗，我们发现在概念上有两个层次的隐喻意义建构：一个是“上帝是牧者”，另一个是“上帝是国王”。大卫把主耶和华比作牧者和王，把自己比作绵羊和下属。隐喻阐释的过程如下。

解构阶段：隐喻推理

（1）明示-暗含话语含义识别：在这首诗的第一部分，作者把主神比作牧者，而把自己比作羊。在解码这些诗句的过程中，显式表达和隐式表达的信息对于我们来说都是显而易见的。大卫明确地描述了一个舒心和谐的场景，上帝的保护、养育和照顾都伴随着羊群。牧者负责羊群的饲养、饮水、方向和安全。这首诗的作者大卫一定在传递一种隐含的话语意义，这必须从字里行间推导出来。由于这些诗句中存在隐喻性暗示，关联性期待由此而出现。与此同时，一系列相关的预设被我们所接受：上帝已经准备好照顾他的羊群，上帝的羊不担心周围的任何事情，他的羊正在经历平静的生活等等。

在这首诗的第二部分，大卫把上帝比作一个国家的国王，他把自己比作国王的下属。同样，信息也以显式和隐式的方式表达。大卫明确地描述了一种情形，即国王在宴会上对他的下属进行了款待，并通过在授予圣职仪式上给下属头抹膏油使下属神圣化。主人为客人供给充足的食物，因此，主人与客人的关系进一步增强。作者含蓄地描述了这个国家的国王和其下属之间的关系，作者打算向人们传达一个新的信息。此信息或说话者表达的信息必须与显性的明示信息相关。这种预期的信息会产生一些相关的假设：主神是主，提供保护来抵御敌人，上帝有足够的力量来保护他的臣民，诸如此类。

（2）语境假设的建构、激活和顺应：在做出一些相关的假设之后，受众可以通过他们的百科知识和认知背景的帮助来建立语境。有两组语境需要建构。第一组主要是关于“牧者”和“羊群”的内涵意义。从地理上讲，古希伯来人被埃及、亚述、叙利亚、巴比伦等强大的国家包围。所有这些国家都比古希伯来人强大得多。出于这个原因，古希伯来人非常依赖上帝的保护和指引，以防来自邻国的威胁。从另一个角度来看，古希伯来人的处境或多或少与一群游荡在荒野中的羊群相似。没有牧者的指引和供给，这群羊就会迷失方向、饿死。在牧者的指导和保护下，这群羊被引导着穿过危险，安全地在草地和水域附近定居下来。第二组主要是关于“国王”和“下属”，其上下文语境可以这样建构：主耶和华是我们的王，我们是他的子民，即使国王和他的子民处在不同的地位，不管我们的处境怎样，他仍愿意为我们提供我们需要的帮助。

然而，在语境激活和顺应的过程中，一些语境假设受到激发。这些语境假设很可能满足人们一般的关联性期待，这种关联期待是基于把这首诗作为隐喻性陈述的认识。实际上，这些语境假设包括：上帝将随时准备帮助他处于危险之中的子民，牧者和国王将最终帮助我们击败敌人，胜利地带领我们返回自己的家园等等。所有这些语境假设都必须经过语境顺应的过程，最终作为这首诗的主题前提而被接受。

建构阶段：映射和整合

（1）源域和目标域的建构和交互作用：此时，必须有一些新奇的和有创新性的意义出现，这是在概念整合的新创结构中被塑造出来的。

本诗中有两个概念隐喻贯穿整首诗：一个是“上帝是牧者”，另一个是“上帝是国王”。它们的映射过程如图 5.8 所示。

“上帝是牧者”中源域和目标域的映射

源域：牧者	**目标域：上帝**
草	食物
牧场	天堂
权杖下的指引	保护和拯救
水	真理和知识
放牧之路	教导过程

“上帝是国王”中源域和目标域的映射

源域：国王	**目标域：上帝**
力量和恩典	全能
控制	保护和拯救
皇冠	法律
统治者	十字架
供应者	主宰者

图 5.8 “上帝是牧者”和“上帝是国王”中源域和目标域的映射

从图 5.8 中我们可以看出两个概念隐喻在某些方面是相似的。换句话说，如果我们把这两个隐喻整合成一个整体,那么就会建构起一个完整的隐喻框架，即“上帝是主人”。

正如图 5.8 所示，“上帝是主人”是“上帝是牧者”和“上帝是国王”合二为一演变而来。因此，它可以作为这首诗的两个部分的隐喻表达。隐喻的含义最终来自“上帝是主人”这个建构，在此基础上，源域和目标域的相关元素将最终整合，形成新创结构和隐喻意义。

（2）关联和顺应下的整合（图 5.4）：在整合过程中，我们建构了新创结构，源域的元素——“牧场”“水”“皇冠”等，以及目标域的元素——“食物”“天堂”“全能”等，整合成一体相互作用。要强调的是，这两个域或输入空间中的元素之间并不是相互一致的，有时会出现一些不匹配的情况。为了解决这个问题，关联性原则和顺应性原则可能会参与整合过程。在心智空间中，期望受众突出最相关的元素；同时，他可能会顺应新形成的背景，并找到合适的元素来建构出新创结构。在“组合”的子过程中，“主人”输入空间和“上帝”输入空间融合在一起；与此同时，相应的元素也融合在一起。在“完善”的子过程中，我们将一些背景概念添加到整合空间中，并将存储在记忆中的信息与两个输入空间的结构和框架相匹配。在“扩展”的子过程中，一些新的结构和意义形成，形成了新创结构：上帝是其子民的食物的提供者、道路的领导者、生命的保护者。

（3）衍生出预期的阐释（图 5.5）：在受众的主体认知性的作用下，得出最终的阐释，即耶和华的全能和博爱可以在任何情况下帮助其子民，只要他们依靠、信任他。

到目前为止，我们初步探索了 R-A-C-C 框架下《旧约全书》典型的隐喻阐释。R-A-C-C 方法从解构阶段开始，到建构阶段结束。在解构阶段，隐喻推理负责明示和暗含意义的识别；在建构阶段，映射和整合过程形成最终的隐喻阐释。我们认为上述例子可以代表《圣经》中大部分的隐喻，它们都在很大程度上承载着隐喻意义的延伸。

诚然，《圣经》隐喻可分为三种类型。我们的注意力主要集中在寓言和《旧约全书》中隐喻性的话语。通过验证 R-A-C-C 框架对《圣经》隐喻阐释的应用，我们证明了它是有效的、成功的，同时吸收了语用和认知原则的长处，消除了各自的弱点。从某种意义上说，R-A-C-C 框架比传统的语用和认知方法，如顺应理论、关联理论、概念隐喻理论和概念整合理论方法，更可靠、更全面、更系统。

第四节 《新约全书》中隐喻的特点

《新约全书》属于基督教的经典著作。《新约全书》全书27卷，主要内容是关于耶稣基督的故事和说教、使徒们的故事，以及他们阐述的教义等。公元300年，随着基督教会组织日臻完善，信徒日益感觉到编纂其经典文献的重要性，耶稣本身虽没有留下文字，但信徒留有关于耶稣生平和故事的希腊文记载。后来，由马太、马可、路加和约翰四人编纂的四部《福音书》在4世纪时被定为《新约全书》的内容。这四部书分别讲述了耶稣的诞生、传教、受难和复活，书中后来又加入了使徒的活动和基督教早期的主要活动。各篇在公元1世纪下半叶至2世纪下半叶陆续出现，4世纪时定为27卷。《新约全书》中大概一半以上的隐喻表达来自《福音书》。《福音书》主要记录耶稣的生命和言语。人们认为，超过三分之一的耶稣讲道和传道是以隐喻和类比或者说比喻性的语言的形式写成的。原因可能是这个方法可以帮助人们深入了解作者的意图，理解“天国”的含义。寓言是耶稣用来表达思想的最重要、最常用的语言工具。寓言性隐喻通常使用借喻的手法表达富有教育意义的主题和深刻的道理。《福音书》寓言故事不仅仅指导人们该如何去做事、如何去规范自己，它更深层的含义是我们人类是如何产生的，现在应该如何按照上帝的旨意去生活，以及将来会如何在天国中得到应有的赏赐和惩罚。不同于普通的寓言故事，《福音书》中的所有寓言背后都有同一个隐喻含义：耶稣是上帝的儿子，为了救赎全人类的罪恶死在十字架上；我们将来的灵魂要接受审判。大多数寓言具有一些隐喻性和象征意义。我们在研究中所关注的是那些被称为扩展性隐喻的表述。

第五节 《新约全书》隐喻阐释的R-A-C-C解析

对《新约全书》中的隐喻的分析的主要目的是证明R-A-C-C框架的有效性和实用性。具体来说，证明这个R-A-C-C方法不仅适用于《旧约全书》中的隐喻，也适用于《新约全书》中的隐喻。在这方面，我们会做一些比较研究，把R-A-C-C方法和其他简单的语用和认知方法进行对比。本节的分析方法和程序与《旧约全书》部分大致相似。

一、《马太福音》隐喻案例研究

《福音书》中的四本，即《马太福音》《马可福音》《路加福音》《约翰福音》，包含了《新约全书》中大多数比喻和隐喻性表达，包括“天堂”“终极审判”“祈祷”等主题。我们将使用 R-A-C-C 框架来处理两个寓言，以证明其应用优势。

（一）主要内容

这则名为《麦田里的杂草》的寓言故事，选自《马太福音》第 13 章第 24—30 节。在这个寓言中，耶稣是这样描述天国的：一个人在他的田里播种了许多好的小麦种子。他离开后，敌人乘其不备，把杂草种子撒在小麦田中。随着小麦的生长，奴隶们呼吁主人除掉杂草，但此时主人决定不除掉杂草，等到收割后，再把杂草收集起来烧掉，把麦子收进他的谷仓。

在巴勒斯坦犹太人聚居地，主要粮食作物是小麦，用来做面包。稗子是一种杂草，外观很像小麦，但是却有毒，如果有人误食会危害人体健康。耶稣是撒好种的人。寓言中撒小麦种子的人很清楚地指向耶稣本人。他把永生的种子赐给一切信他的人。世界被神看作田地，表示耶稣福音要传遍世界，神在世界上为自己预备了好种子。小麦就是指天国之子，也就是所谓的好种子，指一切属于耶稣基督的人。稗子，喻指一切和耶稣作对的势力。这些势力是让人犯错和作恶的，一样可以分辨，因为所结的粮食不同。小麦和稗子一起生长，结局却是不一样的，这也是告诉我们一个真理：恶人茂盛如草，一切作孽之人发旺的时候，正是他们要灭亡的日子；恶人夸胜的时间是很短的，其最终必然覆灭。

（二）R-A-C-C 分析

根据 R-A-C-C 框架，这个比喻的解释可经过以下程序。

解构阶段：隐喻推理

（1）明示-暗含话语含义识别：这则寓言的暗含意义是显而易见的，因为这是一种隐喻性的表达，带有较弱的含义。根据 R-A-C-C 框架，我们下一步要做的是识别和区分这个比喻的明示和暗含含义。很明显，在受众看来，耶稣利用了农业中的一些要素，如“杂草”“小麦”“田地”“播种”“收获”“燃烧”等，来证明在故事的内容中隐藏着一个启发性的思想。通过理解这个寓言传达的明确的思想，我们知道这个故事的含义与它隐喻的暗含意义密切相关。

因此，我们可以根据隐喻的含义来提出关联的期望：耶稣的话语将通过对小麦和杂草的比较来达到最佳关联。因此，对这一隐喻含义的关联期望产生了相应的语境假设：在耶稣基督之前，杂草和小麦代表着两组不同的人。

（2）语境假设的建构、激活和顺应：通过这个比喻，我们发现故事情节涉及一些要创建的语境。首先，可以建构耕种农田的场景。其次，建立耶稣的意识形态世界场景。通过建构这两个场景，我们发现两个场景或多或少相互关联。在讲述农耕故事的过程中，耶稣一定把一些东西隐藏在里面。因此，通过激活语境结构，我们可以建构一些语境假设：播种小麦在本质上不同于播种杂草；小麦和杂草的用途和价值是不同的；小麦和杂草的命运往往是不同的；人类之子和邪恶之子的行为在上帝眼中会有不同。与此同时，从另一个角度来看，受众必须根据自己广博的知识和认知理据，不断做出一些语境顺应。实际上，语境顺应发生在不同时期和阶段。至于这则寓言，其中有“播种”“天国”“敌人”“好种子”“收获”等语境。因此，受话人的主要工作就是做出语境顺应，从而产生相应的语境假设。

建构阶段：映射和整合

（1）源域和目标域的建构和交互作用：在隐喻推理过程中，在受话人做出一些背景假设之后，一些新的想法将出现在由源域和目标域建构和交互作用所生成的新创结构中。

正如我们所看到的，这个比喻的源域和目标域分别是“播种”和“天堂王国”。映射和整合过程如图 5.9 所示。

“天堂王国是播种”中源域和目标域的映射

源域：播种	**目标域：天堂王国**
好的种子/坏的种子	人类之子/邪恶之子
丰收时间	世界末日
播种过程	进入天堂的过程
农夫	耶稣基督和上帝
困难	上帝的敌人

图 5.9　“天堂王国是播种”中源域和目标域的映射

如图 5.9 所示，源域“播种”中的元素和目标域“天堂王国”中的元素是相互一致的。此外，在映射和整合过程中，一些新创的思想也可能在新创结构中产生，源域映射到目标域，从而形成一个类属空间的结构，它包含两个域共享的一般结构：进入天国的过程和种子生长的过程或多或少有些相似。

（2）关联和顺应下的整合（图 5.4）：在整合空间中，关联性和顺应性的原则也与整合过程相协调。这两个输入空间中的元素在一个新创建的框架中被整合和连接在一起，在整合的心智空间中寻找最相关的图像。与此同时，两个输入空间中的元素对相反的输入进行顺应。在整合过程中，会发生几个子过程。在“组合”的子过程中，形成了一种新的关系，即人类之子与播种好种子的关系、田野与天国的关系、野草与撒旦的关系。在“完善”的子过程中，必须建立一个新的框架来投射这些新的关系。在“扩展”的子过程中，新创结构形成：人类与邪恶之子之间的斗争从未停止。真正的信徒和假信徒的命运在许多方面各不相同。

（3）衍生出预期的阐释（图 5.5）：充分发挥听话者的认知主体性，并得出最终解释：天国是一个只有上帝的真正信徒才有权利进入的地方。而对于虚假的信徒和作恶之徒，神必在世界末日丢弃他们。

二、《路加福音》隐喻案例研究

（一）主要内容

另一则名为《恶仆人》的寓言故事选自《路加福音》第 2 章第 9—18 节。在这个寓言故事里，耶稣讲了这样一个故事：一个地主有一个葡萄园，周围有栅栏。他把它租给了一些佃户。随着收获时间的临近，地主让他的仆人去收水果。佃户抓住这个仆人，把他杀了。后来，地主派别的仆人去那里，但结果是一样的。最后，地主决定把他的儿子送到那里，并认为这些佃户可能会尊重他的儿子。出乎意料的是，看到他的儿子，这些佃户们商量了一下，认为地主的儿子是继承财产的人，于是他们决定杀了他，夺了他的产业。

耶稣说这样一个比喻，就是要向犹太人发出一个信号，即犹太人将面临一个严重的后果。最后，耶稣把自己比作筑路者拒绝的石头，现在他自己成了基石，任何在其上面跌倒的人都会被摔成碎片。

（二）R-A-C-C 分析

为了理解这个比喻，我们需要按照我们的 R-A-C-C 框架，像往常一样分为两个阶段。第一个阶段是解构阶段，就是将耶稣讲述这样一个故事的意图通过隐喻推理的方式进行解构。第二阶段是建构阶段，听话者将建构自己对隐藏在寓言中的新奇思想的诠释。因此，阐释的过程将按照以下程序进行。

解构阶段：隐喻推理

（1）明示-暗含话语含义识别：根据耶稣的讲述内容，我们可以看到一连串的事件在观众面前呈现。第一个事件是地主建造他的葡萄园。第二个事件是收水果，它由三个子事件组成：选派第一个仆人去收水果，再选派第二个仆人去收水果，最后派他的儿子去收水果。第三个事件是耶稣对佃户的行为的评论和他们可能面对的结果。第四个事件是耶稣提到的基石。这四件事是合理地、紧密地联系在一起的，这样我们就可以解读故事的明确意义以及耶稣的明确意图。耶稣讲这个寓言的主要目的仅仅是为了说明犹太人还没有准备好接受耶稣为基督、弥赛亚和救世主。法利赛人仍处于上帝教会的支配地位，继续实践他们所宣称的内容，但事实上他们只是假装虔诚。因此，耶稣明确地要讲这样一个比喻，就是向法利赛人发出警告，并在他们面前摆上一面镜子，这样他们就可以看到真实的图像。含蓄地说就是，耶稣必须向犹太人传达一条信息。这条信息可能会带来某种关联的期望，它与耶稣所说的具有一定的联系。读者对相关性的期望产生了一些关于某些关系的假设：地主与佃户之间的关系、耶稣与真正信徒之间的关系、耶稣与法利赛人之间的关系。

（2）语境假设的建构、激活和顺应：事实上，语境建构、激活和顺应在这个过程中相互并行地进行运作。为了建构合适的语境，我们需要找到一些相关的线索来描述这个寓言的主题：地主建立了一个葡萄园。葡萄园被租给了一些佃户。仆人和地主的儿子去收水果，这些佃户便杀了仆人和地主的儿子。所有这些事件构成了一个巨大的背景，通过这个巨大的背景，耶稣将他的意图传达给所有信徒。与此同时，背景的激活也带来了语境的假设：地主把他所有的爱和关心都奉献给了他的葡萄园，但他没有收回他所期望的回报，因为他的佃户产生了邪恶的动机，犯下了恶行。他必须对他所选择的佃户施加惩罚。

此外，在故事的结尾，耶稣认为自己是基石。因此，我们可以根据这些线索建构背景信息。这可能会引发另一种情境假设：基石的功能可能与耶稣基督的使命有关。

与此同时，受众在从开始到结束的过程中都在进行语境建构。对于受众来说，语境顺应不仅仅是语言上的顺应，更是心理上的顺应。通过语言和心理的顺应，受众最终将形成他的语境假设，这可能被认为是整个寓言的语义隐含前提。

建构阶段：映射和整合

不同于第一阶段，即解构阶段，建构阶段将突出最终接受的解释。在这一阶段，认知方法将主要和语用方法一道来建构解释程序。

（1）源域和目标域的建构和交互作用：我们认为，新创结构应该直接产生这个比喻的隐喻含义。新创结构的生成取决于源域和目标域的映射和整合。

首先，这个比喻涉及“上帝的王国就是正在种植的葡萄园”以及“耶稣是基石”这两个概念隐喻。在这两个隐喻中，源域和目标域相应地映射在图 5.10 中。

“上帝的王国就是正在种植的葡萄园”中源域和目标域的映射

源域：正在种植的葡萄园	目标域：上帝的王国
地主	上帝
葡萄园	上帝的子民
佃户	祭司长和法利赛人
地主儿子	耶稣基督
果实	上帝让其子民做的事情
采摘果实	进入上帝的王国

“耶稣是基石”中源域和目标域的映射

源域：基石	目标域：耶稣
基础	安全
艰难	忠诚
沉重	祝福
稳定	可靠
很难移动	强大

图 5.10 “上帝的王国就是正在种植的葡萄园”以及“耶稣是基石”中源域和目标域的映射

从图 5.10 中可以看出，这两个隐喻表达了两层含义。从第一个隐喻中，我们可以看到，这些元素在源域中，如“地主”“葡萄园”“佃户”“地主儿子”“果实”“采摘果实”，从结构上被投射到目标域。同时，这些元素与目标域中的元素相整合，其中包括“上帝”“上帝的子民”“祭司长和法利赛人”“耶稣基督”“上帝让其子民做的事情”“进入上帝的王国”等。对于第二个隐喻，源域中的元素，如“基础”“艰难”“沉重”“稳定”“很难移动”等元素与目标域中的元素，如“安全”“忠诚”“祝福”“可靠”“强大”等相整合，因此，可以分别生成类属结构。

（2）关联和顺应下的整合（图 5.4）：这则寓言的整合过程涉及两个子过程，即“上帝的王国就是正在种植的葡萄园”以及“耶稣是基石”。整合的根本影响来自关联原则和顺应原则的运作。整合本身总是受到关联性和顺应性的压力，从而使输入空间之间的联系指向其他空间。同时，听话者在关联原则和顺应原则的指导下，对整合网络进行建构和解释。具体地说，当受众在输入的各个要素中提高了关联性的期望值时，受众就会被提示去寻求最大关联，并排除心智空间中无关的和多余的联系。此外，受众可能会在语用、认知和语义上进行持续的顺应，以建构最佳的关联网。此外，这三个子过程，即“组合”“完善”“扩展”，都是形成整合结构的因素。在“组合”的子过程中，一些关系被建立起来，如真正的弥赛亚——基石、葡萄园——法利赛人、上帝的审判——王国等。在“完善”的子过程中，背景框架、认知和文化模型都是由这些新关系整合而成的。最后，新创结构是通过“扩展”的子过程形成的：那些拒绝耶稣基督（即上帝派来的弥赛亚）的人，将面临严重的后果。

（3）衍生出预期的阐释（图 5.5）：在听话者的认知主体性的影响下，我们得到最终阐释：上帝将把他的王国留给那些真正相信他的人。他将剥夺选民的地位并将其传递给任何一个已经彻底悔过的人，耶稣基督要掌管一切倚靠他的人。

第六节　小　　结

正如我们在前几章所讨论的，R-A-C-C 方法对《圣经》隐喻的阐释的应用是可行和强大的。下面，我们将对关联理论、顺应理论、概念隐喻理论和概念整合理论在《圣经》隐喻阐释方面的作用进行一些比较和对比，以证明它们各自的长处和弱点。现在让我们来看看和分析下列句子：

> 人若喝我所赐的水，就永远不渴。我所赐的水要在他里头成为泉源，直涌到永生。（约翰福音：167）
>
> …but those who drink of the water that I will give them will never be thirsty. The water that I will give will become in them a spring of water gushing up to eternal life.

（一）关联理论和顺应理论方法

关联理论方法的关键因素是寻求最佳关联性，通过建构上下文语境假设来获取与之相关的含义。当涉及对《圣经》隐喻的理解时，事情变得比一般的话语复杂得多。对于这个实例，受众的第一步是推断隐喻表达的命题内容。受众应该清楚的是，这些话是耶稣基督在向撒玛利亚的妇人赐水喝的时候说的。以色列人视撒玛利亚人为外邦人，他们认为自己才是上帝选择的子民。通过这样的表述，耶稣的意思是强调赐给撒玛利亚人水的重要性。

第二步是确定表达的含义。通过这些表述，耶稣隐含地使用了“水”这个词语，它具有隐喻性，这将在语境背景中达到最佳关联性。通过对“水”的一些语境假设，受众可能会推断出隐喻的含义。在考虑到这一语境之后，我们可以得出这一解释：任何口渴的人都可以去耶稣那里，因为他会给他们新的生命，这是永远的、永不枯竭的。

从上面的分析中，我们可以看出关联理论的突出的弱点，特别是在文本层次上对《圣经》隐喻的解释。很明显，关联理论的推断有点武断，它不能解释最终隐喻含义的有效性。

关于顺应理论方法，它的应用对《圣经》的隐喻解释更加困难。听话者必须一直做出选择，以获得隐喻性的暗含意义。问题的关键在于做出顺应，包括认知顺应、语境适应、演绎顺应等，但核心在于顺应理论缺乏推理机制。在文本隐喻解释中，它很少单独使用。

（二）概念隐喻理论和概念整合理论方法

根据概念隐喻理论，应该有一个源域和一个目标域，其中映射了相应的元素。在这个例子中，我们可以暂时地在概念框架内基于各种成分的内在相互作用建立一个概念隐喻：“上帝是水。”源域和目标域映射首先发生。我们可以看到“上帝”在目标域中，而源域涉及“水”。所以“上帝”和“水”是概念上的映射。具体来说，“水”的含义被映射到“上帝”那里，从而产生一系列对应的映射。基于这些对应的映射，听话者可以推断出最终的解释。

就概念整合理论而言，解释过程是这样的：首先建立两个输入空间。然后，输入空间之间的联系也被建立起来。在两个输入空间中分别有与“上帝”和“水”相关的元素。在两个输入空间之间的联系的基础上，形成了共有特征和结构的类属空间，即“上帝”与“水”之间的关系。最后，将两个输入空间中的元素整合，最后在整合空间中产生了新创结构，并重新建立了“上帝”和“水”之间的关系。在这里，“水”的形象被重新塑造，并与耶稣基督相关联，这象征着灵性、知识、福音和通向永生的道路。

从以上分析中可以看出概念隐喻理论和概念整合理论的不足之处。第一，由于概念隐喻理论是单向映射，因此解释力被限制在一定范围内，只能用于一对一的映射。第二，因为心理表征只在两个心理空间中运作，而概念隐喻理论方法则局限于对具有根深蒂固的概念性关系的隐喻的解释。《圣经》隐喻的解释涉及多种复杂的因素。在大多数情况下，它涉及多方向和多领域的映射，而概念隐喻理论方法无法处理这些映射。第三，概念整合理论方法过分强调了程式化的过程，也就是说，所有的整合过程似乎都有两个输入空间，以及一个类属空间和一个不考虑研究对象的整合空间。《圣经》的隐喻与其他隐喻的不同之处在于它们被广泛而巧妙地使用，因此概念整合理论方法本身远不足以解释这样的隐喻。第四，由于对《圣经》隐喻的解释涉及许多复杂的因素，而仅仅依靠认知方法不能解决这样的问题。概念整合理论和概念隐喻理论都强调了心智的映射和投射，忽略了其他决定性的因素，如语用推理、社会、文化、语境等元素，因此，概念隐喻理论和概念整合理论都需要进一步修补。

综上所述，笔者认为 R-A-C-C 这种理论框架优于其他单独的语用和认知方法。事实证明，这些方法还有很大的改进空间，这反过来又需要 R-A-C-C 框架来弥补其缺陷。

第六章

R-A-C-C框架下中国文化典籍“四书五经”的隐喻阐释

第一节 引 言

同西方文明的源头《圣经》相似，中国国学经典博大精深，“四书五经”是其中最重要的代表。“四书”之名始于宋朝，“五经”之名始于汉武帝。“四书五经”不仅是儒家经典著作，还在很大程度上是中国传统文化的代表，是儒家思想的核心载体，更是中国历史文化中的宝典，在中国文明史乃至世界文明史上地位极高。其中提出的大多是中国传统文化的重要命题，提供的是中国人安身立命的基本规范，其思想是中华文明的主要组成部分。

儒家经典“四书五经”包含的内容极其广泛、深刻，在世界文化史、思想史上具有极高的地位。“四书五经”翔实地记载了中华民族思想文化发展史上最活跃时期的政治、军事、外交、文化等各方面的史实资料，以及影响中国文化两千余年的孔孟重要哲学思想。历代科举选士，“四书五经”的相关题目分量很重，足见其对为官从政之道、为人处世之道的重要程度。时至今日，“四书五经”所载内容及哲学思想仍对我们现代人具有积极的意义和很强的参考价值。“四书五经”在社会规范、人际交流、社会文化等方面产生了不可估量的影响，其影响传播于海内外，是延续中华文化的千古名篇，是人类文明的共同遗产。

第二节 “四书”中隐喻的特点

《大学》原本是《礼记》中的一篇，传为孔子弟子曾参作。自唐代韩愈、李翱维护道统而推崇《大学》与《中庸》，再到南宋朱熹把《大学》从《礼记》中抽出来，与《论语》《孟子》《中庸》并列，并撰《四书章句集注》，《大学》便成了“四书”之一。按朱熹和宋代另一位著名学者程颐的看法，《大学》是孔子及其门徒留下来的遗书，是儒家学派的入门读物。所以，朱熹把它列为“四书”之首，之后又重新将其编排，分为“经”和“传”两部分。“经”是孔子的原话，由曾子记录下来；而“传”是曾子对“经”的理解和阐述，是由曾子的学生记录而成（吕思勉，2012）。

《中庸》原来也是《礼记》中的一篇，孔子去世后，儒家分为八派，孔子的孙子子思是其中一派。从师承关系来看，子思学于曾子，孟子又学于子思。《中庸》与《孟子》的基本观点也大体是相同的。因此有“思孟学派”的说法。自唐代起开始推崇《中庸》与《大学》，至北宋百般褒奖宣扬，甚至认为《中庸》是“孔门传授心法”（吕思勉，2012）。

《论语》是记载孔子及其学生言行的一部书。孔子是儒家学派创始人，是中国古代最著名的思想家、政治家、教育家，对中国思想文化的发展有极其深远的影响。《论语》成书于春秋战国之际，由孔子的学生及其再传学生所记录整理。《论语》涉及哲学、政治、经济、教育、文艺诸多方面，内容非常丰富，是儒学最主要的经典之一。在表达上，《论语》语言精练而形象生动，是语录体散文的典范。宋代赵普有“半部《论语》治天下”之说，可见《论语》的贡献很大（吕思勉，2012）。

《孟子》是记载孟子及其学生言行的一部书。孟子是战国时期著名的思想家、政治家、教育家，以及孔子学说的继承者。和孔子一样，孟子也曾带领学生周游列国，并曾是齐宣王的客卿。他的政治主张也与孔子一样不被重用，他便回到家乡聚徒讲学，著书立说，到南宋时，朱熹编的“四书”中列入了《孟子》，正式把《孟子》提到了非常高的地位（吕思勉，2012）。

总体而言，《大学》《中庸》《论语》《孟子》这四部国学经典中，作者为了阐释自己的哲学观、道德观、仁义观和政治观，大量地采用了隐喻性的表达和寓言来表达自己的观点和主张。这些隐喻性语言主要分为三大类。第一类是具有隐喻意义和象征意义的表达，例如“干旱”“时雨”“瑚琏”“凤鸟”等。第二类是在陈述和对话中使用的修辞隐喻话语，如“暴虎冯河，死而无悔者，吾不与也；必也临事而惧，好谋而成者也”。第三类是用来反映一些深奥的道理和仁义道德的比喻，例如：“君子之德风，小人之德草。草上之风，必偃。”“苗而不秀者有矣夫！秀而不实者有矣夫！”“四书”中的比喻大多被认为是扩展性隐喻，隐喻的主题贯穿于整个话语，其主旨和隐喻含义甚至可以延伸到所有段落和整个文本中。

第三节 “四书”隐喻阐释的 R-A-C-C 解析

一、《论语》隐喻阐释的 R-A-C-C 解析

整部《论语》分为 20 篇，共 511 章。其中运用隐喻表达的有 40 多章，以政治、德行和学习等主题为主。为了更好地说明《论语》中隐喻阐释的语用认知机制，我们从中选取若干案例，用 R-A-C-C 方法进行分析。

> 叔孙武叔毁仲尼。子贡曰：“无以为也！仲尼不可毁也。他人之贤者，丘陵也，犹可逾也；仲尼，日月也，无得而逾焉。人虽欲自绝，其何伤于日月乎？多见其不知量也。”（《论语·子张篇》19·24）（杨伯峻，2017：290）
>
> 【译文】叔孙武叔毁谤仲尼。子贡道：“不要这样做！仲尼是毁谤不了的。别人的贤能，好比山丘，还可以超越过去；仲尼，简直是太阳和月亮，不可能超越他。人家纵是要自绝于太阳月亮，那对太阳月亮有什么损害呢？只是表示他不自量罢了。”（杨伯峻，2017：290）

孔子一生祖述尧舜，效法文武，追求圣道，他一生崇尚仁爱、仁政、和谐共生，追求顺应天时、地利、人和。这一章讲的是孔子遭受毁谤的故事。孔子一生在为官的各个阶段，不断遭到小人暗算；而后周游列国，宣讲儒道，推行仁政治国，又遭到不少诸侯国的围攻；晚年回到鲁国，又被鲁国大夫叔孙武叔（“武”是他的谥号）毁谤。这里子贡对孔子至高无上的评价，在历史上是经得住验证的。

根据 R-A-C-C 框架，这一段例证可以通过以下步骤进行分析。

解构阶段：隐喻推理

（1）明示-暗含话语含义识别：解构阶段涉及识别明示意义和暗含意义。从明示意义来看，鲁国大夫叔孙武叔对孔子的讲道不满，准备毁谤孔子。这时遭到孔子学生子贡的反击。子贡认为孔子的美德和仁德就如同日月，别人

和他相比只是山丘而已，这样比的话就是不自量力。然而，从隐喻的暗含意义来看，必然有言外之意隐藏在字里行间。比如在子贡的每一句陈述中，都有一些隐喻性含义的表述，来有意提升孔子的仁义和道德方面的素养；同时贬低那些看不起和毁谤孔子的贵族先贤们，例如："他人之贤者，丘陵也，犹可逾也；仲尼，日月也，无得而逾焉。""人虽欲自绝，其何伤于日月乎？"所有这些表述都让听话者产生了某种相关期望，也带来了一些隐喻意义。

（2）语境假设的建构、激活和顺应：要理解子贡的陈述，我们需要考虑一些语境信息，进而建构我们的语境假设和认知背景信息。为了满足心智空间产生的关联性期待，我们需要建构一系列的语境假设：孔子不再像以前那样传授仁义和道德方面的功课，人们无法听到孔子的传授，以及孔子不时地受到其对手的批评等等。这些上下文语境假设被受众的认知推理激活，然后产生了一系列的上下文语境效果。事实上，受众从谈话的开始到结束一直在进行上下文的语境顺应和选择，从而避免了语境效果产生偏离。

建构阶段：映射和整合

（1）源域和目标域的建构和交互作用：在适当的上下文语境假设被确定之后，接下来的步骤将生成整个隐喻过程的新创结构和隐喻意义。

我们读完这段陈述，由此而生出这样一种感觉：孔子的贤能在学生子贡的眼中是无人能及的，如果有谁毁谤孔子的贤能，将会自遭其患，得不偿失。在此基础上，我们建构了一个源域和目标域映射的空间隐喻（图 6.1）。

"贤能是上，败坏是下"中源域和目标域的映射

源域：上，下	目标域：贤能，败坏
日月星辰	德行
山脉	道德
丘陵	仁义
轻	毁谤
重	自觉
不自量力	逾越

图 6.1　"贤能是上，败坏是下"中源域和目标域的映射

从图 6.1 中可以看出，源域中的各种元素和目标域中的元素相互对应、相互作用。因此，这个新概念将会出现在整合空间中。源域中的各种元素被映射到目标域，形成了类属结构：孔子的贤能就像日月一样无人能及；谁要诋毁孔子，就像攻击太阳和月亮，受伤的是自己，而太阳和月亮则毫无损伤。

（2）关联和顺应下的整合（图 5.4）：在整合过程中，在关联—顺应机制的运作下，两个域或两个输入空间相互作用，最终产生新创结构，衍生出新的隐喻意义。这个阶段整合的特点是：两个输入空间中的元素在时间和空间上并不总是对应的。它们在映射和整合过程中存在一些偏差和分离。此时在关联性原则和顺应性原则的作用下，一些不相关的因素被过滤掉，而另一些因素则适应了变化的框架和背景，通过“组合”“完善”“扩展”三个子过程，生成了概念整合的新创结构。具体地说，在“组合”的子过程中，两个输入空间的投射，即关于“贤能”“败坏”“上”“下”的相关项和要素相互结合。在“完善”的子过程中，“贤能”“败坏”“上”“下”相互作用，形成了新的关系和结构。这种新的关系或结构在整合空间中形成框架，在同样的背景下，产生了隐喻性暗示。然后，在“扩展”的子过程中，形成了新创结构：孔子的德行和贤能是一般人无法比拟的，他的所言所行是世人效法的榜样。

（3）衍生出预期的阐释（图 5.5）：在受话人的认知主体性的参与下，结合以上步骤的作用结果，得出最终的阐述：不懂仁爱和道德的人，就是不知道天时、地利、人和。连天时、地利、人和都不懂的人，怎么能去批评有贤能的人呢？这无异于自取其辱。

> 叔孙武叔语大夫于朝曰：“子贡贤于仲尼。”子服景伯以告子贡。子贡曰：“譬之宫墙，赐之墙也及肩，窥见室家之好。夫子之墙数仞，不得其门而入，不见宗庙之美，百官之富。得其门者或寡矣。夫子之云，不亦宜乎！”（杨伯峻，2017：289）
>
> 【译文】叔孙武叔在朝廷上对官员们说：“子贡比他老师仲尼要强些。”子服景伯便把这话告诉了子贡。子贡道：“拿房屋的围墙来作比喻罢：我家的围墙只有肩膀那么高，谁都可以探望到房屋的美好。我老师的围墙却有几丈高，找不到大门走进去，就看不到他那宗庙的雄伟，房舍的多种多样。能够找着大门的人或许并不多罢，那么，武叔他老人家的这话，不也是自然的吗？”（杨伯峻，2017：289）

院子外面的墙很高，必须从门进入才行。如果不得其门，进不去，就看不到里面的宗庙，也看不到房舍的多种多样，而获得其门而入的人很少，是暗喻真正认识孔子的人很少，体会到其真正的境界的人更少。外面的人看不到，又不理解，就以为孔子的境界很平常。最后子贡说，叔孙武叔是未得其门而入的人，他根本不理解孔子，没有见过孔子之道。从这里我们看出子贡真正理解他的老师，虽然没有进入老师的境界，但是对老师的那种敬佩、诚敬之心溢于言表。孔子之道，就是中国圣贤道统。孔子之后，历朝历代真正能得其门而入的人也不多。

根据 R-A-C-C 框架，本例证可以通过以下步骤进行分析。

解构阶段：隐喻推理

（1）明示-暗含话语含义识别：解构阶段涉及明示和暗含信息的识别。从明示意义来看，鲁国大夫叔孙武叔对孔子的学识看不上，准备在朝廷上当着众人公开毁谤。他首先对众大夫说孔子不如子贡贤能。这话由子服景伯传到了子贡那里。子贡当场拿家里的“围墙”做了隐喻性的说明，认为自己远不如孔子贤德，别人之所以看不到孔子的学识德行，只能说明他们自己的眼界很低。从隐喻的暗含意义来看，这则故事的字里行间都隐含着子贡的哲学思想和修身立德的境界。在子贡对子服景伯说的话中，一些具有隐喻性含义的表述时常出现，一方面来提升孔子的贤能和学识，以及显示自己在贤能和学识方面的不足；另一方面来批评叔孙武叔之类的鲁国权贵们的短视行为，如“赐之墙也及肩，窥见室家之好。夫子之墙数仞，不得其门而入，不见宗庙之美，百官之富”等。这些隐喻性的表述，自然地产生了一些隐喻含义，同时使听话者产生了某些关联期待。

（2）语境假设的建构、激活和顺应：我们要充分理解子贡的这段隐喻性陈述的暗含意义，需要考虑一些上下文的语境信息，进而建构我们的语境假设和认知背景信息。首先需要建构一系列的语境假设，来满足心理空间所产生的关联性期待：不理解孔子思想的权贵们高傲自大，鲁国权贵们当众贬低孔子，孔子的学生子贡极力地为孔子辩护，等等。这些上下文的语境假设在受众的认知推理过程被激活之后，将产生一系列的上下文语境效果。在解构阶段和建构阶段，语境顺应和选择在不断进行，直到新的语境效果产生。

建构阶段：映射和整合

（1）源域和目标域的建构和交互作用：根据 R-A-C-C 框架，听话者确定了适当的上下文语境假设之后，在 R-A-C-C 框架内将生成整个隐喻过程的新创结构和隐喻意义。

通过子贡和子服景伯的这段对话，听话者得到了这种信息：子贡在各方面的才能和仁德是无法与孔子比拟的，那些认为孔子在贤能和学识上不行的人，实在是井底之蛙。在此基础上，我们可以建构一个源域和目标域的空间映射，即“眼界是围墙”，详细说明如图 6.2 所示。

“眼界是围墙”中源域和目标域的映射

源域：围墙	目标域：眼界
低墙	学识
高墙	贤德
进去	仁义
出来	境界
宗庙	高尚
堂屋	短浅

图 6.2　“眼界是围墙”中源域和目标域的映射

从图 6.2 中可以看出，源域与目标域中的各组成元素相互对应、相互作用。源域中的各种元素被映射到目标域，形成了一个类属结构，这个新的结构将会出现在整合空间中：子贡的贤能无法和孔子相提并论，谁要是看不到这一点，只能说明自己的眼界很低下。

（2）关联和顺应下的整合（图 5.4）：接下来的整合过程，将主要是在 R-A-C-C 框架下的关联—顺应机制的运作。基本运作程序是：两个域或两个输入空间相互作用，最终产生新创结构，衍生出新的隐喻意义。这个阶段整合的特点是：两个输入空间中的元素在时间和空间上并不总是对应的，它们在映射和整合过程中存在一些偏差和分离。此时在关联性原则和顺应性原则的作用下，一些不相关的因素被过滤掉，而另一些因素则适应了变化的框架和背景，通过“组合”“完善”“扩展”三个子过程，生成了概念整合的新创结构。具体地说，在“组合”的子过程中，两个输入空间的投射，即关于“围墙”“眼界”的相关项和要素相互结合。在“完善”的子过程中，“围墙”“眼界”相互作用，形成了新的关系和结构。这种新的关系或结构在整合空间形成框架，在同样的背景下，产生了隐喻性暗示。然后，在“扩展”的子过程中，形成了新创结构：子贡的贤能和学识是一般的鲁国权贵如叔孙武叔等可以比拟的，但是孔子的德行和贤能是一般人无法比拟的。

（3）衍生出预期的阐释（图 5.5）：结合受话人的认知主体性，同时考虑到以上几个步骤的作用结果，可以演绎出最终的阐释，即真正认识夫子学识贤能的人很少，看到夫子真正境界的人更少；外面的人看不到，就以为夫子的境界很平常，这只是他们眼界低下而已。

二、《大学》隐喻阐释的 R-A-C-C 解析

《大学》像《论语》一样，把“仁”作为要实现的本体目标，把“无讼”作为实现“仁”的社会理想所必须完成的社会管理方面的最高指标，把对全民的“德”的培养作为政治上的总方针，把“修身”作为其“道”的一贯精神。儒家思想以“止于至善”为目标，追求“修齐治平”的理想人格。因此孔子特别强调“仁”和“礼”，提出“克己复礼为仁”，将仁和礼联系起来。在孔子看来，仁爱之心的获得需要通过具体的修养，这就是后来《大学》所总结的“格物、致知、诚意、正心、修身、齐家、治国、平天下”的所谓“八目”。我们下面通过 R-A-C-C 框架对选取的例证进行隐喻分析。

> 所谓致知在格物者，言欲致吾之知，在即物而穷其理也。盖人心之灵，莫不有知；而天下之物，莫不有理。惟于理有未穷，故其知有不尽也。是以大学始教，必使学者即凡天下之物，莫不因其已知之理而益穷之，以求至乎其极。至于用力之久，而一旦豁然贯通焉，则众物之表、里、精、粗无不到，而吾心之全体大用无不明矣。此谓物格，此谓知之至也。（陈晓芬、徐儒宗，2019：262）
>
> 【译文】经文所说的“达到明确认识在于探究物理”，意思是说，要想让我们达到有明确的认识，就需要接触外界的事物并且极力探究其中的规律。一般地说，人的心都具有灵敏的特征，所以没有谁不具有认识事物的能力；而宇宙之间的一切事物，也无不包含着一定的规律。只是由于人们对事物所包含的规律没有彻底弄清楚，所以人的认识水平才有不完全之处。因此，在大学里开始教育时，就必须首先教导学习的人对凡是宇宙之间的一切事物，都要根据自己已经认识的道理，去进一步探究它，以期达到认识的极限。如此长久地苦下功夫，终有一天会豁然开朗，并且融会贯通。这样一来，众多事物的现象与本质、精微与粗浅等道理就无不认识到了；而自己对全面的本体和巨大的作用方面也就无不洞察明白、了然于心了。这就叫作事物的道理尽被探索，这就叫作认识事物的最高境界。（陈晓芬、徐儒宗，2019：263）

格物致知是一个表因果关系的词组，格物是因，致知是果。格物的意思就是探究事理，致知的意思就是通达明了宇宙万法的终极真相。格物致知的意思就是，对事物及其规律探究得越彻底，就越容易获得通达宇宙万法的真正智慧，

就越容易明了宇宙万法的终极真相。根据孔子的儒家学说，应该通过对万事万物的认识、研究而获得知识，而不是从书本到书本地获得知识，这便是“格物致知”的内在道理。

根据 R-A-C-C 框架，上文所涉及的隐喻阐释可以通过以下步骤进行分析。

解构阶段：隐喻推理

（1）明示-暗含话语含义识别：解构阶段涉及识别明示意义和暗含意义。从明示意义来看，“格物”“致知”强调的是通过对事物的考察、检验或穷究，来获取正确认识，这可以认为是其本来的含义。然而，从隐喻暗含的意义来看，必然有言外之意隐藏在字里行间，即考察事物，从而获得知识。也就是说，要运用自己的聪明智慧，来认识了解万事万物，探寻其中的道理，主客观合一；然后根据已知探求未知，知道得多了，互相关联，一旦豁然贯通，就好像是渐悟之后的顿悟，豁然开朗，脱胎换骨。这就是格物致知。

（2）语境假设的建构、激活和顺应：要理解这段陈述，我们需要考虑一些语境信息，进而建构我们的语境假设和认知背景信息。为了满足心智空间产生的关联性期待，我们需要建构一系列的语境假设：历史上人们在不断穷索事物之理；人们在通晓事物的道理之后，知识也就基本完备了；而接触事物和研究事物存在一定的辩证关系；等等。这些上下文语境假设被受众的认知推理激活，然后将产生一系列的上下文语境效果。事实上，受众从谈话开始到结束一直在进行上下文的语境顺应和选择，从而避免了语境效果产生偏离。

建构阶段：映射和整合

（1）源域和目标域的建构和交互作用：在适当的上下文语境假设被确定之后，接下来的步骤将生成整个隐喻过程的类属结构和隐喻意义。

我们读完这段陈述，由此悟出这样的意思：人若要推及自己本心之知，就要穷彻事物之理。万物之理无穷尽，所以人心的求知也无尽。在此基础上，我们建构了一个源域和目标域映射的空间隐喻：“格物致知是道路”（图 6.3）。

“格物致知是道路”中源域和目标域的映射

源域：道路	**目标域：格物；致知**
宇宙	道理
通达	知识
努力	研究
内心	法则
抵达	书籍
路线	认识

图 6.3 “格物致知是道路”中源域和目标域的映射

从图 6.3 中可以看出，源域中的各种元素和目标域中的元素相互对应、相互作用。因此，这个新概念将会出现在整合空间中。源域中的各种元素被映射到目标域，形成了类属结构：人的本心虚灵不昧，都有各自自然的知识；天下万事万物不齐，都有它当然的道理。人的本心虽在于内，其所知却可以通达于物；万物虽在外，其道理却居于人的内心，并为人所知。

（2）关联和顺应下的整合（图 5.4）：在整合过程中，在关联—顺应机制的运作下，两个域或两个输入空间相互作用，最终产生新创结构，衍生出新的隐喻意义。这个阶段整合的特点是：两个输入空间中的元素在时间和空间上并不总是对应的。它们在映射和整合过程中存在一些偏差和分离。此时在关联性原则和顺应性原则的作用下，一些不相关的因素被过滤掉，而另一些因素则适应了变化的框架和背景，通过“组合”“完善”“扩展”三个子过程，生成了概念整合的新创结构。具体地说，在“组合”的子过程中，两个输入空间的投射，即关于“格物”“致知”“道路”的相关项和要素相互结合。在“完善”的子过程中，“格物”“致知”“道路”相互作用，形成了新的关系和结构。这种新的关系或结构在整合空间中形成框架，在同样的背景下产生了隐喻性暗示。然后，在“扩展”的子过程中，形成了新创结构：要获得知识，必须考察事物，以求认识事物的内在本质和道理。

（3）衍生出预期的阐释（图 5.5）：在受话人的认知主体性的参与下，结合以上步骤的作用结果，得出最终的阐述：任何事物都有理，任何人都有一定的知识。求学者应该把心中已知的理作为基础，进一步努力，以求达到认识的顶点；经过长期努力，会达到这样一个境界，即好像突然之间明白了一切，这就是认识的顶点。

> 生财有大道：生之者众，食之者寡；为之者疾，用之者舒，则财恒足矣。
>
> 仁者以财发身，不仁者以身发财。未有上好仁，而下不好义者也；未有好义，其事不终者也；未有府库财，非其财者也。
>
> 孟献子曰：“畜马乘，不察于鸡豚；伐冰之家，不畜牛羊；百乘之家，不畜聚敛之臣，与其有聚敛之臣，宁有盗臣。”此谓国不以利为利，以义为利也。
>
> 长国家而务财用者，必自小人矣。彼为善之，小人之使为国家，灾害并至。虽有善者，亦无如之何矣！此谓国不以利为利，以义为利

也。（陈晓芬、徐儒宗，2019：281）

【译文】创造财富有一条重要的原则：生产财富的人要多，消耗财富的人要少；管理财富的人要勤快，使用财富的人要节俭适度。这样，财富便会长久地保持充裕了。

仁德的人利用财富来完善自身的修养，不仁的人不惜用生命去积聚财富。从来没有处于上位的人爱好仁德，而处于下位的人不喜欢道义的；从来没有喜欢道义的人，却不能把事业进行到底的；从来没有府库中用仁义得来的财物，最终不属于自己所有的。

孟献子说：“养得起四匹马拉车的大夫之家，就不应该考虑喂鸡养猪的利益；丧祭时具有用冰保鲜条件的公卿之家，就不应该从事饲养牛羊的利益；官做到拥有百辆车乘地位的家族，就不应该豢养聚敛财富的家臣，与其有聚敛财富的家臣，宁可有盗窃主人财物的家臣。”这就是说，治理国家的人，不应该以谋求私利为利益，而应该立足于道义，以谋求全民的公利为利益。

作为一国之长的君主，如果专门注重积聚货财，这一定是受小人的误导了。君主还以为这种小人是好人，其实，如果任用小人来治理国家，那么灾难祸害必将一齐到来。（等到民心离散之后）即使有善人贤者，也已无法挽救了！这就是说，治理国家的人，不应该以谋求私利为利益，而是应该立足于道义，以谋求全民的公利为利益啊！（陈晓芬、徐儒宗，2019：282）

以上道出了儒家一贯的观点，即治国、平天下的根本在于官员们的道德修养。如果官员们聚敛财富，民众就会离散；如果官员们施舍财富，民众就会凝聚。当利益和道义发生了冲突时，官员不能为了一些利而放弃义，放弃道德，这是不可以的。人与人之间如果把利益摆在第一位，弃道义于不顾，那么，家就不成家，国就不成国了。

根据 R-A-C-C 框架，上文所涉及的隐喻阐释可以通过以下步骤进行分析。

解构阶段：隐喻推理

（1）明示-暗含话语含义识别：解构阶段涉及识别明示意义和暗含意义。从明示意义来看，孔子从创造财富的原则入手，引申到“仁爱”“仁德”“仁义”对国富民强的重要性。然而，从隐喻暗含的意义来看，必然有言外之意隐藏在字里行间，即财货与道义的辩证关系。也就是说，统治者获得民众拥护就能赢得国家，失掉民心就会丧失国家。因此君子首先要慎修德行，拥有了美德就拥有了民众，拥有了民众就拥有了土地，拥有了土地就拥有了财富，拥有了财富就可以用于各种用途，美德是根本，财富是枝叶。

（2）语境假设的建构、激活和顺应：要理解这段陈述，我们需要考虑一些语境信息，进而建构我们的语境假设和认知背景信息。为了满足心智空间产生的关联性期待，我们需要建构一系列的语境假设：生产者在生产时的心态、使用者在消费时的心态、仁爱之人与不仁之人的对比、上位的人与下位的人的关系、国君与官员的道德修养对国家的影响等等。这些上下文语境假设被受众的认知推理激活，将产生一系列的上下文语境效果。事实上，受众从谈话的开始到结束一直在进行上下文的语境顺应和选择，从而避免了语境效果产生偏离。

建构阶段：映射和整合

（1）源域和目标域的建构和交互作用：在适当的上下文语境假设被确定之后，接下来的步骤将生成整个隐喻过程的类属结构和隐喻意义。

我们读完这段陈述，由此悟出这样的意思：利益和道义，是治国平天下要搞清的一对关键要素。人与人之间、国与国之间关系的好坏，无不与之相关。在此基础上，我们建构了一个源域和目标域映射的空间隐喻：“道义是上，利益是下”（图 6.4）。

“道义是上，利益是下”中源域和目标域的映射

源域：上；下	**目标域：道义；利益**
高尚；低下	仁义；争利
尊贵；卑下	道德；相争
进取；倒退	德行；豪夺
忍让；相争	权利；义务
公正；交易	正义；失道
贡献；敛财	胜利；失败

图 6.4　“道义是上，利益是下”中源域和目标域的映射

从图 6.4 中可以看出，源域中的各种元素和目标域中的元素相互对应、相互作用。因此，这个新概念将会出现在整合空间中。源域中的各种元素被映射到目标域，形成了类属结构：有德行的人才会有财富；如果本末倒置，就会失道失义，最终导致贪财，家就不成家，国就不成国了。

（2）关联和顺应下的整合（图 5.4）：在整合过程中，在关联—顺应机制

的运作下，两个域或两个输入空间相互作用，最终产生新创结构，衍生出新的隐喻意义。这个阶段整合的特点是：两个输入空间中的元素在时间和空间上并不总是对应的。它们在映射和整合过程中存在一些偏差和分离。此时在关联性原则和顺应性原则的作用下，一些不相关的因素被过滤掉，而另一些因素则适应了变化的框架和背景，通过"组合""完善""扩展"三个子过程，生成了概念整合的新创结构。具体地说，在"组合"的子过程中，两个输入空间的投射，即关于"道义""利益""上""下"的相关项和要素相互结合。在"完善"的子过程中，"道义""利益""上""下"相互作用，形成了新的关系和结构。这种新的关系或结构在整合空间中形成框架，在同样的背景下，产生了隐喻性暗示。然后，在"扩展"的子过程中，形成了新创结构：要治国平天下，就要在重要的节点上取道义而舍利益。

（3）衍生出预期的阐释（图 5.5）：在受话人的认知主体性的参与下，结合以上步骤的作用结果，得出最终的阐述：官员如果聚财敛货，民心就会失散；官员如果散财于民，民心就会聚拢在一处。官员不应该以财货为利益，而应该以仁义为先。

三、《中庸》隐喻阐释的 R-A-C-C 解析

《中庸》集中了儒学的最高智慧。2000 多年来不同的学者对此有过很多不同的理解，但是总体是趋于一致的，北宋理学家程颐这样评价道："不偏之谓中，不易之谓庸。中者，天下之正道，庸者，天下之定理。"中庸之道的理论基础是天人合一。中庸之道的主题思想是教育人们自觉地进行自我修养、自我监督、自我教育、自我完善，把自己培养成为具有理想人格，并达到至善、至仁、至诚、至道、至德、至圣、合外内之道的理想人物，共创"致中和，天地位焉，万物育焉"（陈晓芬、徐儒宗，2019：289）的"太平和合"境界。

子曰："道之不行也，我知之矣：知者过之，愚者不及也；道之不明也，我知之矣：贤者过之，不肖者不及也。人莫不饮食也，鲜能知味也。"（陈晓芬、徐儒宗，2019：293）

【译文】孔子说："中庸之道之所以不能够推行于世，我知道它的原因了：因为聪明的人做事往往超过了它的标准，而愚笨的人做事

却又达不到它的标准；中庸之道之所以不能彰明于世，我知道它的原因了：因为贤能的人的认识往往超过了它的标准，而不贤能的人的认识却又达不到它的标准。就像人没有不喝水、不吃饭的，但因为习以为常，所以很少有人能真正品尝出饮食的滋味了。”（陈晓芬、徐儒宗，2019：294）

以上这段话谈到了过与不及的问题。正因为要么太过，要么不及，所以，总是不能做得恰到好处，都是因为缺乏对“道”的自觉性，因此在大多数情况下不是做得过了头，就是做得不够，难以达到“中和”的恰到好处。

根据 R-A-C-C 框架，上文所涉及的隐喻阐释可以通过以下步骤进行分析。

解构阶段：隐喻推理

（1）明示-暗含话语含义识别：解构阶段涉及识别明示意义和暗含意义。从明示意义来看，孔子从“行道”和“明道”的角度，解释了“道”不能行之有效的原因。再以一个“饮食”比喻阐述“道”的内涵。然而，从隐喻暗含的意义来看，必然有言外之意隐藏在字里行间，既而无论是过还是不及，无论是智还是愚，或者说无论是贤还是奸，人们虽然也在按照一定的道德规范行事，但都难悟其“道”。所以，提高自觉性是推行中庸之道至关重要的一环。

（2）语境假设的建构、激活和顺应：要理解这段陈述，我们需要考虑一些语境信息，进而建构我们的语境假设和认知背景信息。为了满足心智空间产生的关联性期待，我们需要建构一系列的语境假设：“聪明人”如何弘扬“中庸之道”，“愚笨人”如何弘扬“中庸之道”，以及“吃喝”与“行道”的关系等。这些上下文语境假设被受众的认知推理激活，然后将产生一系列的上下文语境效果。事实上，受众从谈话开始到结束一直在进行上下文的语境顺应和选择，从而避免了语境效果产生偏离。

建构阶段：映射和整合

（1）源域和目标域的建构和交互作用：在适当的上下文语境假设被确定之后，接下来的步骤将生成整个隐喻过程的类属结构和隐喻意义。

我们读完这段陈述，由此悟出这样的意思：无论是“行道”，还是“明道”，关键还是要懂“道”。懂“道”之后，才能知“道”。在此基础上，我们建构了一个源域和目标域映射的空间隐喻：“行道和明道是道路”（图 6.5）。

“行道和明道是道路”中源域和目标域的映射	
源域：道路	**目标域：行道和明道**
通达	实行
前景	理解
后退	畏缩
前进	明顺
障碍	停滞
贡献	悟性

图 6.5　“行道和明道是道路”中源域和目标域的映射

从图 6.5 中可以看出，源域中的各种元素和目标域中的元素相互对应、相互作用。因此，这个新概念将会出现在整合空间中。源域中的各种元素被映射到目标域，形成了类属结构：如果人们对“道”的领悟达到了自觉性的程度，就像是品味美食一样能产生自然的反应，那么行“道”也就成了一件很自然的事情了。

（2）关联和顺应下的整合（图 5.4）：整合过程中，在关联—顺应机制的运作下，两个域或两个输入空间相互作用，最终产生新创结构，衍生出新的隐喻意义。这个阶段整合的特点是：两个输入空间中的元素在时间和空间上并不总是对应的。它们在映射和整合过程中存在一些偏差和分离。此时在关联性原则和顺应性原则的作用下，一些不相关的因素被过滤掉，而另一些因素则适应了变化的框架和背景，通过“组合”“完善”“扩展”三个子过程，生成了概念整合的新创结构。具体地说，在“组合”的子过程中，两个输入空间的投射，即关于“行道”“明道”“道路”的相关项和要素相互结合。在“完善”的子过程中，“行道”“明道”“道路”相互作用，形成了新的关系和结构。这种新的关系或结构在整合空间中形成框架，在同样的背景下，产生了隐喻性暗示。然后，在“扩展”的子过程中，三者形成了新创结构：要达到恰到好处的“中和”状态，提高对“道”的自觉性是至关重要的一环。

（3）衍生出预期的阐释（图 5.5）：在受话人的认知主体性的参与下，结合以上步骤的作用结果，得出最终的阐述：只有明白了道理，才能够主动地去做，有意识地去做，不能够只执其一端，而不及其余。

天地之道，可一言而尽也：其为物不贰，则其生物不测。天地之道：博也，厚也，高也，明也，悠也，久也。

今夫天，斯昭昭之多，及其无穷也，日月星辰系焉，万物覆焉；

今夫地，一撮土之多，及其广厚，载华岳而不重，振河海而不泄，万物载焉；今夫山，一卷石之多，及其广大，草木生之，禽兽居之，宝藏兴焉；今夫水，一勺之多，及其不测，鼋鼍、蛟龙、鱼鳖生焉，货财殖焉。（陈晓芬、徐儒宗，2019：340-341）

【译文】天地之间的道理，可以用一个字来概括尽，那就是一个“诚”字而已。意思是说，因为它本身就专一不二，所以它所化生出的万物多得不可揣测。因此天地之间的道理，就在于广博、深厚、高大、光明、悠远、长久。

比如这个天，从它的微小处看，不过是几颗星星的光亮所组成；但若从它无穷无尽的全体而言，那太阳、月亮、星辰都悬挂在它的上面，世上的万物都被它覆盖着。又比如这个地，从它的微小处看，不过是一小撮泥土那么多；但若从它无限广阔深厚的全体而言，它负载着西岳华山而不觉得沉重，汇聚着江河湖海而不见有水泄漏，世上的万物都被它承载着。再比如那个山，从它的微小处看，不过只是拳头大那么一小块石头；但若从它广阔高大的全体而言，草木花卉在那里生长，飞禽走兽在那里居住，金银宝藏从那里开发出来。还有那个水，从它的微小处看，不过只有一小勺那么多；但若从它深不可测的全体而言，鼋鼍、蛟龙、鱼鳖都在那里生存，各种物产财货也从那里增殖出来。（陈晓芬、徐儒宗，2019：342-343）

儒家所倡导的儒学，其修身的要求在于“生命不息，真诚不已”，不仅如此，还要求发扬光大，达到广博、深厚、高大、光明、悠远、长久，追求真诚可以达到天地之道。

根据 R-A-C-C 框架，上文所涉及的隐喻阐释可以通过以下步骤进行分析。

解构阶段：隐喻推理

（1）明示-暗含话语含义识别：解构阶段涉及识别明示意义和暗含意义。从明示意义来看，天地的法则就是一个“诚”，而“真诚”贯穿于一切事情的始终。然而，从隐喻暗含的意义来看，必然有言外之意隐藏在字里行间，即天地之所以能成就万物，就因为天地的“德行”所具有的特点：广博、深厚、高大、悠远。

（2）语境假设的建构、激活和顺应：要理解这段陈述，我们需要考虑一些语境信息，进而建构我们的语境假设和认知背景信息。为了满足心智空间产生的关联性期待，我们需要建构一系列的语境假设：天是日月星辰所维持的，大地广博深厚，山脉高大无比，水浩瀚无涯等等。这些上下文语境假设被受众的认知推理激活，然后将产生一系列的上下文语境效果。事实上，受众从谈话的开始到结束一直在进行上下文的语境顺应和选择，从而避免了语境效果产生偏离。

建构阶段：映射和整合

（1）源域和目标域的建构和交互作用：在适当的上下文语境假设被确定之后，接下来的步骤将生成整个隐喻过程的类属结构和隐喻意义。

我们读完这段陈述，由此悟出这样的意思：真诚贯穿于一切事物的始终，没有真诚就没有万物，因此君子以真诚为贵。真诚，并非只是自我完善而已，还要用来成就万物。在此基础上，我们建构了一个源域和目标域映射的空间隐喻，即“天地之道是真诚”（图 6.6）。

“天地之道是真诚”中源域和目标域的映射

源域：真诚	**目标域：天地之道**
无私	广博
无畏	深厚
完善	高大
专一	悠远
豁达	长久
坦荡	光明

图 6.6　“天地之道是真诚”中源域和目标域的映射

从图 6.6 中可以看出，源域中的各种元素和目标域中的元素相互对应、相互作用。因此，这个新概念将会出现在整合空间中。源域中的各种元素被映射到目标域，形成了类属结构：天赋的真诚品德，是结合了天地内外的道理，随时运用而无不适宜。最真诚的德行是永不停息的，这样就能长久，长久就会通达，通达就可悠远，悠远就会广博深厚，广博深厚就会高大光明。

（2）关联和顺应下的整合（图 5.4）：在整合过程中，在关联—顺应机制的运作下，两个域或两个输入空间相互作用，最终产生新创结构，衍生出新的隐喻意义。这个阶段整合的特点是：两个输入空间中的元素在时间和空间上并不总是对应的。它们在映射和整合过程中存在一些偏差和分离。此时在关联性原则和顺应性原则的作用下，一些不相关的因素被过滤掉，而另一些因素则适应了变化的框架和背景，通过“组合”“完善”“扩展”三个子过程，生成了概念整合的新创结构。具体地说，在“组合”的子过程中，两个输入空间的投射，即关于“天地之道”“真诚”的相关项和要素相互结合。在“完善”的子过程中，“天地之道”“真诚”相互作用，形成了新的关系和结构。这种新的关系或结构在整合空间形成框架，在同样的背景下，产生了隐喻性暗示。然后，在“扩展”的子过程中，形成了新创结构：真诚是人的自我完善，而道是人自己引导自己。自我完善，是仁义的表现；成就万物，是智慧的体现。

（3）衍生出预期的阐释（图 5.5）：在受话人的认知主体性的参与下，结合以上步骤的作用结果，得出最终的阐述：真诚就是广博深厚，高大光明，用以承载万物，与天地相匹配，悠远而无边无际。这样，不用表现，却自然彰明；不用行动，却能感化人物；无所作为，却能自然成就万物。

四、《孟子》隐喻阐释的 R-A-C-C 解析

《孟子》一书中的隐喻大致可以分为三类：仁政、民本、性善。这三类体现为孟子在政治主张、爱民思想和品德修养方面的倡导，体现了孟子的价值观。在第一类的“政治主张”中，孟子最重要的主张是施行仁政，崇尚和谐。孟子向各国君主们宣扬自己的政治主张时没有直接说空洞的大道理，而是借助于特殊的语言形式——隐喻来进行游说。在第二类“爱民思想”中，孟子提出了“民为贵，君为轻”的“民本”思想。在第三类“品德修养”中，孟子主张导性善，扬正气。

> 孟子见梁襄王。出，语人曰：“望之不似人君，就之而不见所畏焉。卒然问曰：‘天下恶乎定？’吾对曰：‘定于一。’‘孰能一之？’对曰：‘不嗜杀人者能一之。’‘孰能与之？’对曰：‘天下莫不与也。王知夫苗乎？七八月之间旱，则苗槁矣。天油然作云，沛然下雨，则苗浡然兴之矣。其如是，孰能御之？今夫天下之人牧，未有不嗜杀人者也。如有不嗜杀人者，则天下之民皆引领而望之矣。诚如是也，民归之，由水之就下，沛然谁能御之？’”（杨伯峻，2008：13-14）
>
> 【译文】孟子谒见了梁襄王，出来以后，告诉人说：“远远望去，不像个国君的样子；走近他，也看不到威严所在。他突然问我：‘天下要怎样才得安定？’我答道：‘天下归于一统，就会安定。’他又问：‘谁能统一天下呢？’我又答：‘不好杀人的国君，就能统一天

下。’他又问：‘那有谁来跟随他呢？’我又答：‘天下的人没有不跟随他的。您懂得禾苗的情况吗？当七八月间，若是长期不下雨，禾苗自然枯槁了。假若是一阵乌云出现，哗啦哗啦地落起大雨来，禾苗便又猛然茂盛地生长起来了。像这样，那有谁能够阻挡得住呢？如今各国的君王，没有一个不好杀人的。如果有一位不好杀人的君王，那么，天下的老百姓都会伸长着脖子期待他的解救了。真是这样，老百姓的归附于他，跟随着他，好像水的向下奔流一样，那又有谁能够阻挡得住呢？’”（杨伯峻，2008：14）

这一段孟子与梁襄王的君臣对话，通过严密的逻辑推断，环环相扣，引出了一个道理：做君王的只有赢得民心，才能使天下归顺；而要赢得民心，就要爱民如己，不嗜杀好战，保持社会安定。

根据 R-A-C-C 框架，上文所涉及的隐喻阐释可以通过以下步骤进行分析。

解构阶段：隐喻推理

（1）明示-暗含话语含义识别：解构阶段涉及识别明示意义和暗含意义。从明示意义来看，孟子见过梁襄王之后，向人转述他与梁襄王对答的情况，表现了孟子主张“仁政”“王道”的一贯思想。然而，从隐喻暗含的意义来看，必然有言外之意隐藏在字里行间，孟子到处宣扬“保民而王”“仁义为本”的思想，这里从雨与禾的生死荣枯的关系，显示出百姓对明君与暴君的态度。

（2）语境假设的建构、激活和顺应：要理解这段陈述，我们需要考虑一些语境信息，进而建构我们的语境假设和认知背景信息。为了满足心智空间产生的关联性期待，我们需要建构一系列的语境假设：百姓盼望不嗜杀的君王对应七八月间的旱苗盼雨，苗的“槁”与“兴”对比，天上的雨水与君王的恩泽，地上的流水与百姓的民心等等。这些上下文语境假设被受众的认知推理激活，然后将产生一系列的上下文语境效果。事实上，受众从谈话的开始到结束一直在进行上下文的语境顺应和选择，从而避免了语境效果产生偏离。

建构阶段：映射和整合

（1）源域和目标域的建构和交互作用：在适当的上下文语境假设被确定之后，接下来的步骤将生成整个隐喻过程的类属结构和隐喻意义。

我们读完这段陈述，由此悟出这样的意思：孟子向梁襄王表明了君恩之于百姓的重要性及施行“仁政”的好处。君王欲在自己的王国里实现君臣和谐、国富民强，首先要考虑的是百姓的利益，而不是站在百姓的对立面。在此基础上，我们建构了一个源域和目标域映射的空间隐喻：“仁政是甘霖”，“苛政是干旱”（图 6.7）。

“仁政是甘霖”中源域和目标域的映射

源域：甘霖	目标域：仁政
丰硕	道德
充裕	宽厚
及时	仁慈
解旱	大量
生长	宽宏
好运	繁荣

“苛政是干旱”中源域和目标域的映射

源域：干旱	目标域：苛政
贫瘠	杀戮
短缺	残忍
灾祸	震慑
凋零	独霸
倒退	死亡
倒霉	反抗

图 6.7　“仁政是甘霖”及“苛政是干旱”中源域和目标域的映射

从图 6.7 中可以看出，源域中的各种元素和目标域中的元素相互对应、相互作用。因此，这个新概念将会出现在整合空间中。源域中的各种元素被映射到目标域，形成了类属结构：干旱是天灾，而苛政是人祸，仁政对于百姓而言，就是甘霖，滋润着百姓和大地。

（2）关联和顺应下的整合（图 5.4）：在整合过程中，在关联—顺应机制的运作下，两个域或两个输入空间相互作用，最终产生新创结构，衍生出新的隐喻意义。这个阶段整合的特点是：两个输入空间中的元素在时间和空间上并不总是对应的。它们在映射和整合过程中存在一些偏差和分离。此时在关联性原则和顺应性原则的作用下，一些不相关的因素被过滤掉，而另一些因素则适应了变化的框架和背景，通过“组合”“完善”“扩展”三个子过程，生成了概念整合的新创结构。具体地说，在“组合”的子过程中，两个输入空间的投射，即关于“苛政与干旱”“仁政与甘霖”的相关项和要素相互结合。在“完善”的子过程中，“苛政与干旱”“仁政与甘霖”相互作用，形成了新的关系和结构。这种新的关系或结构在整合空间形成框架，在同样的背景下，产生了隐喻性暗示。然后，在“扩展”的子过程中，形成了新创结构：施行仁政的好处就像甘霖降在干涸的土地上，而暴政的严重后果就是民不聊生。

（3）衍生出预期的阐释（图 5.5）：在受话人的认知主体性的参与下，结合以上步骤的作用结果，得出最终的阐述：百姓渴望君王施行仁政，使臣民们得到庇佑，就像干旱的禾苗盼望一场及时雨一样迫切。反之，百姓的忍耐力到了极限，造成的后果比干旱要严重得多。

齐宣王问曰：“齐桓、晋文之事可得闻乎？”

孟子对曰：“仲尼之徒无道桓、文之事者，是以后世无传焉，臣未之闻也。无以，则王乎？”

曰：“德何如则可以王矣？”

曰：“保民而王，莫之能御也。”

曰：“若寡人者，可以保民乎哉？”

曰：“可。”

曰：“何由知吾可也？”

曰：“臣闻之胡龁曰，王坐于堂上，有牵牛而过堂下者，王见之，曰：‘牛何之？’对曰：‘将以衅钟。’王曰：‘舍之！吾不忍其觳觫，若无罪而就死地。’对曰：‘然则废衅钟与？’曰：‘何可废也？以羊易之！’——不识有诸？”

曰：“有之。”

曰：“是心足以王矣。百姓皆以王为爱也，臣固知王之不忍也。”

王曰：“然。诚有百姓者。齐国虽褊小，吾何爱一牛？即不忍其觳觫，若无罪而就死地，故以羊易之也。”

曰：“王无异于百姓之以王为爱也。以小易大，彼恶知之？王若隐其无罪而就死地，则牛羊何择焉？”

王笑曰：“是诚何心哉？我非爱其财而易之以羊也。宜乎百姓之谓我爱也。”

曰：“无伤也，是乃仁术也，见牛未见羊也。君子之于禽兽也，见其生，不忍见其死；闻其声，不忍食其肉。是以君子远庖厨也。”（杨伯峻，2008：15-16）

【译文】齐宣王问孟子道：“齐桓公、晋文公在春秋时代称霸的事迹，您可以讲给我听吗？”

孟子答道："孔子的学生们没有谈论齐桓公、晋文公的事迹的，所以也没有传到后代来，我也不曾听到过。王如果定要我说，便讲讲用道德的力量统一天下的'王'道吧！"

宣王问道："要有怎样的道德就能够统一天下了呢？"

孟子说："一切为着使百姓的生活安定而努力，这样去统一天下，没有人能够阻挡的。"

宣王说："像我这样的人，能够使百姓的生活安定吗？"

孟子说："能够。"

宣王说："凭甚么知道我能够呢？"

孟子说："我曾听到胡龁告诉过我一件事：王坐在大殿之上，有人牵着牛从殿下走过，王看到了，便问道：'牵着牛往哪儿去？'那人答道：'准备宰了祭钟'。王便道：'放了它吧！看它那哆嗦可怜的样子，毫无罪过，却被送进屠场，我实在不忍。'那人便道：'那么，便废除祭钟这一仪节吗？'王又道：'怎么可以废除呢？用只羊来代替吧！'——不晓得果真有这样一回事吗？"

宣王说："有的。"

孟子说："凭这种好心就可以统一天下了。老百姓都以为王是吝啬，我早就知道王是不忍。"

宣王说："对呀，确实有这样的百姓。齐国虽然不大，我也何至于连一头牛都舍不得？我就是不忍看它那种哆嗦可怜的样子，毫无罪过而被送进屠场，才用羊来代替它。"

孟子说："百姓说王吝啬，王也不必奇怪。（羊小牛大，）用小的代替大的，他们哪能体会到王的深意呢？如果说可怜它毫无罪过却被送进屠场，那么宰牛和宰羊又有什么不同呢？"

宣王笑着说："这个我真连自己也不懂是什么心理了。我的确不是吝啬钱财才去用羊来代替牛，（您这么一说，）百姓说我吝啬真是理所当然的了。"

孟子说："（百姓这样误解）没有什么关系。王这种不忍之心正是仁爱，道理就在于：王亲眼看见了那只牛，却没有看见那只羊。君子对于飞禽走兽，看见它们活着，便不忍心再看到它们死去；听到它们悲鸣哀号，便不忍心再吃它们的肉。君子把厨房摆在远离自己的场所，就是这个道理。"（杨伯峻，2008：19-20）

根据 R-A-C-C 框架，上文所涉及的隐喻阐释可以通过以下步骤进行分析。

解构阶段：隐喻推理

（1）明示-暗含话语含义识别：解构阶段涉及识别明示意义和暗含意义。从明示意义来看，齐宣王所关心的一个问题是如何称霸天下。殊不知孟子所奉行的是儒学，不讲“霸道”而讲“王道”，也就是不讲武力，不靠军事力量和战争称霸天下，而讲用道德，靠教化的力量，靠仁政统一天下，使天下人心归服。然而，从隐喻暗含的意义来看，必然有言外之意隐藏在字里行间，即“君子远庖厨”就是唤醒齐宣王内心“不忍”的仁慈之心。只要这种仁心被唤醒，“王道”“仁政”不过是顺理成章的事情罢了。

（2）语境假设的建构、激活和顺应：要理解这段陈述，我们需要考虑一些语境信息，进而建构我们的语境假设和认知背景信息。为了满足心智空间产生的关联性期待，我们需要建构一系列的语境假设：“霸道”与“王道”所追求的目标、仁德的表现方式等。这些上下文语境假设被受众的认知推理激活，然后将产生一系列的上下文语境效果。事实上，受众从谈话的开始到结束一直在进行上下文的语境顺应和选择，从而避免了语境效果产生偏离。

建构阶段：映射和整合

（1）源域和目标域的建构和交互作用：在适当的上下文语境假设被确定之后，接下来的步骤将生成整个隐喻过程的类属结构和隐喻意义。

我们读完这段陈述，由此悟出这样的意思：不要“霸道”，而要“王道”，也就是不讲武力，不靠军事力量和战争称霸天下，而要用道德，靠教化的力量，靠仁政统一天下，使天下人心归服。在此基础上，我们建构了一个源域和目标域映射的空间隐喻：“王道是仁政”（图 6.8）。

“王道是仁政”中源域和目标域的映射

源域：仁政	目标域：王道
仁慈	君王
仁德	律例
无私	王权
仁爱	统治
仁义	和平
仁心	法统

图 6.8　“王道是仁政”中源域和目标域的映射

从图 6.8 中可以看出，源域中的各种元素和目标域中的元素相互对应、相互作用。因此，这个新概念将会出现在整合空间中。源域中的各种元素被映射到目标域，形成了类属结构：君王为政必须依仁而行，不仁只能自取灭亡。尤其是只有统治者本身善良，仁政才有实现的可能。

（2）关联和顺应下的整合（图 5.4）：在整合过程中，在关联—顺应机制的运作下，两个域或两个输入空间相互作用，最终产生新创结构，衍生出新的隐喻意义。这个阶段整合的特点是：两个输入空间中的元素在时间和空间上并不总是对应的。它们在映射和整合过程中存在一些偏差和分离。此时在关联性原则和顺应性原则的作用下，一些不相关的因素被过滤掉，而另一些因素则适应了变化的框架和背景，通过“组合”“完善”“扩展”三个子过程，生成了概念整合的新创结构。具体地说，在“组合”的子过程中，两个输入空间的投射，即关于“王道”“仁政”的相关项和要素相互结合。在“完善”的子过程中，“王道”“仁政”相互作用，形成了新的关系和结构。这种新的关系或结构在整合空间形成框架，在同样的背景下，产生了隐喻性暗示。然后，在“扩展”的子过程中，形成了新创结构：仁政就是王道的体现，也是王道的标志。

（3）衍生出预期的阐释（图 5.5）：在受话人的认知主体性的参与下，结合以上步骤的作用结果，得出最终的阐述：仁爱之心是人性本善的基础，君王作为统治者，把仁爱之心运用在治国理政上，就形成了仁政。如果仁政得以实现，王道便顺理成章了。

第四节　“五经”中隐喻的特点

“五经”是儒家五本经典书籍的合称，相传它们都经过儒学创始人孔子的编辑审订。

《诗经》是我国最早的一部诗歌总集，共收录从西周到春秋 305 篇诗歌，汉代儒生始称《诗经》。现存的《诗经》是汉朝毛亨所传下来的。《诗经》就整体而言，是对周王朝由盛而衰的 500 年间中国社会生活面貌的形象反映。按所配乐曲的性质，《诗经》可分成“风”“雅”“颂”三类。“风”出自各地的民歌，是《诗经》中的精华部分。“雅”包括小雅和大雅，共 105 篇。“雅”基本上是贵族的作品，只有小雅的一部分来自民间。“颂”包括周颂、鲁颂和商颂，共 40 篇。“颂”是宫廷用于祭祀的歌词。《诗经》是从西周到春秋社会的一面镜子，而《诗经》的语言是研究公元前 11 世纪到公元前 6 世纪汉语概貌的最重要的资料。

《尚书》是古代最早的一部历史文献汇编，记载时间上起传说中的尧舜时代，下至东周（春秋中期），约 1500 多年。基本内容是古代帝王的文告及君臣谈话内容的记录。《尚书》意为“上古之书”，是中国上古历史文件和部分追溯古代事迹作品的汇编。《尚书》包括《虞书》《夏书》《商书》《周书》。

《礼记》是战国到秦汉年间儒家学者解释说明经书《仪礼》的文章选集，是中国古代一部重要的典章制度选集，主要记载了先秦的礼制，体现了先秦儒家的哲学思想、教育思想、政治思想、美学思想，是研究先秦社会的重要资料，是一部儒家思想的资料汇编。《礼记》中记载的古代文化史知识及思想学说，对儒家文化传承有重要影响。

《易经》也叫作《周易》，是我国一部最古老而深邃的经典，是先哲智慧与文化的结晶，被誉为“群经之首，大道之源”。《易经》分为三部，炎帝部落所编为《连山易》，黄帝部落所编为《归藏易》，而另一部则由周文王所写为《周易》。《周易》是周文王以伏羲八卦为基，卦卦相合，形成了阐述宇宙一切事物运转规律的六十四卦；后又由周文王改写，是周文王在被囚的时候，研究《易经》之后所做的结论。儒家的文化、道家的文化，甚至一切中国的文化，都和《易经》有着千丝万缕的联系。《周易》是我国 3000 年前的一部古典哲学实用著作，集中代表了我国古代的哲学思想，是我国辩证唯物主义和历史唯物主义哲学传统的最早的根源。它从哲学的高度阐明了事物运动变化的规律，充满着朴素的唯物论辩证法。

《春秋》原是先秦时代各国史书的通称，后来仅有鲁国的《春秋》传世，便成为专称。这部原来由鲁国史官所编的《春秋》，相传经过孔子整理、修订，赋予其特殊的意义，因而也成为儒家重要的经典。《春秋》是我国编年体史书之祖，其最突出的特点就是寓褒贬于叙事的“春秋笔法”。相传孔子按照自己的观点对一些历史事件和人物做了评判，并选择了他认为恰当的字眼来暗寓褒贬之意，因此《春秋》被后人看作一部具有“微言大义”的经典，是定名分、制法度的范本（中华文化大讲堂，2010）。

“四书五经”是中国文化的基石，甚至可以说是“儒教”的源头，中国古代传统文化是建立在“天意”“圣意”“经书”之基础上的。隐喻性表述在“五经”中俯拾皆是。作为一种言说的方式，隐喻类表述“言此而谓彼”，不但在传统形式中运用，而且在传授“仁”“义”“礼”“德”等思想时大量使用，这也是“五经”行文的主要特点。

第五节 “五经”隐喻阐释的 R-A-C-C 解析

一、《诗经》隐喻阐释的 R-A-C-C 解析

《诗经》是一部古老的诗集，它是中国古典文学的泉源。长久以来，在谈到隐喻的起源时，我们平常会侧重提到《诗经》中“比”“兴”的写法，《诗经》中的隐喻表达极其丰富，其中大量的“比”“兴”手段多以平常生活中的隐喻概念为基本。在《诗经》大量的隐喻表达中，存在五个占主导位置的始源域，它们是：自然界、植物、动物、气候和日常器具。其隐喻表达的概念隐喻体系，即“人文世界是天然世界”，在这个概念隐喻体系中，存在四个映照关系：社会是天然界，人类是植物和动物，情绪是气候，性情是日常器具。

《诗经》产生的时期，中国正值农耕文化时期，属于典型的农业文明，人们从事的主要是与农业生产活动相关的社会劳动。因此，《诗经》爱情诗中的概念隐喻表达多以农业产品或农业生产活动作为始源域或喻体来概念化爱情，这与当时人们的农业生产经验是紧密相关的。也就是说，人们的相关社会劳动经验为《诗经》爱情诗的概念隐喻提供了素材和基础。

卫风·氓

氓之蚩蚩，
抱布贸丝。
匪来贸丝，
来即我谋。
送子涉淇，
至于顿丘。
匪我愆期，
子无良媒。
将子无怒，
秋以为期。（王秀梅，2019：118-119）

【译文】

小伙走来笑嘻嘻，
抱着布币来买丝。

可他不是真买丝，
借此商量婚姻事。
那天送你渡淇水，
送到顿丘才告辞。
非我有意误婚期，
你没托媒来联系。
请你不要生我气，
订下秋天为婚期。（王秀梅，2019：118-119）

下面我们结合 R-A-C-C 框架对上述例子进行隐喻阐释的分析和解读。

解构阶段：隐喻推理

（1）明示-暗含话语含义识别：这是《诗经》中著名的叙事诗的第一部分，讲述了一位女子和其丈夫从青梅竹马到求婚恋爱的经历。首先，解构阶段涉及明示信息和暗含信息的识别。从明示意义来看，一个叫氓的年轻小伙子，老实诚恳，善良忠厚，从很远的地方来看望他中意的女子。他随身携带布匹，准备来和这位女子交换丝物。但是女子从心眼里知道，他这次来表面上是交换丝物，实则是来向自己求婚的。从隐喻的暗含意义来看，这则故事的字里行间都隐含着女子对男子的思恋之情和男子迫切的求偶心态。在女子自述性的话语中，一些具有隐喻性含义的表述时常出现，一方面来说明年轻小伙子对女子的中意之情，以及女子在内心里对他的到来的喜悦之情；另一方面又表达了女子暗自埋怨小伙子的木讷、迂腐、不解风情，如“蚩蚩”“抱布”“贸丝”“匪我愆期”等。这些隐喻性的表述，很自然地产生了一些隐喻含义，需要听话者或读者进行进一步的推理。同时，这些隐喻性含义在听话者的心里产生了某些关联期待。

（2）语境假设的建构、激活和顺应：我们要充分理解这段隐喻性陈述的暗含意义，必须对一些上下文的语境信息进行推敲，进而建构我们的语境假设和认知背景信息。首先我们需要建构一系列的语境假设，来满足心理空间所产生的关联性期待，这些语境假设包括：思念情人心切的“我”心里忐忑不安，不知求婚能否成功的“氓”，双方的家人能否同意他们的婚事，两人私订终身是否合适等等。这些上下文的语境假设在受众的认知推理过程被激活之后，将产生一系列的上下文语境效果。在解构阶段和建构阶段，语境顺应和选择在不断进行，直到新的语境效果产生。

建构阶段：映射和整合

（1）源域和目标域的建构和交互作用：根据 R-A-C-C 框架，听话者确定了适当的上下文语境假设之后，在 R-A-C-C 框架内将生成整个隐喻整合过程的类属结构和隐喻意义。

通过女子“我”的这段陈述，听话者经过认知处理后，即可得到这个推论：爱情掌握在我们自己的手中，因此要想真正得到彼此的爱，就不能拘泥于繁文缛节。在此基础上，我们可以建构一个源域和目标域空间映射的概念隐喻：“爱情是丝物交易”（图 6.9）。

“爱情是丝物交易”中源域和目标域的映射

源域：丝物交易	目标域：爱情
珍贵	爱情
交换	婚姻
买入	订婚
卖出	媒人
养殖	嫁妆
编织	彩礼

图 6.9 “爱情是丝物交易”中源域和目标域的映射

从图 6.9 中可以看出，源域与目标域中的各组成元素相互对应、相互作用。源域中的各种元素被映射到目标域，形成了一个新创结构，这个新创结构将会出现在整合空间中：不是女子不想跟男子走，而是男子没有做到更恰当的程度。

（2）关联和顺应下的整合（图 5.4）：整合过程将主要是 R-A-C-C 框架下的关联—顺应机制的运作。基本运作程序是：两个域或两个输入空间相互作用，最终产生新创结构，衍生出新的隐喻意义。这个阶段整合的特点是：两个输入空间中的元素在时间和空间上并不总是对应的。它们在映射和整合过程中存在一些偏差和分离。此时在关联性原则和顺应性原则的作用下，一些不相关的因素被过滤掉，而另一些因素则适应了变化的框架和背景，通过“组合”“完善”“扩展”三个子过程，生成了概念整合的新创结构。具体地说，在“组合”的子过程中，两个输入空间的投射，即关于“爱情”“丝物”的相关项和要素相互结合。在“完善”的子过程中，“爱情”“丝物”相互作用，形成了新的关系或结构。这种新的关系或结构在整合空间中形成框架，在同样的背景下，产生了隐喻性暗示。然后，在“扩展”的子过程中，形成了新创结构：女子对男子的感情要比“丝”还要贵重，并不是可以随意交换的，男子一定要郑重对待它。

（3）衍生出预期的阐释（图 5.5）：结合受话人的认知主体性，同时考虑到以上几个步骤的作用结果，我们可以演绎出最终的阐释，即虽然我们彼此之间青梅竹马，你对我有情，我也对你有意，但这并不是简单的“贸丝”，婚姻是对彼此的承诺，要有彼此的见证。

王风·采葛

彼采葛兮，
一日不见，
如三月兮！

彼采萧兮，
一日不见，
如三秋兮！

彼采艾兮，
一日不见，
如三岁兮！（王秀梅，2019：147-148）

【译文】

那个采葛的人啊，
一天没看见她，
好像隔了三月啊！

那个采萧的人啊，
一天没看见她，
好像隔了三秋啊！

那个采艾的人啊，
一天没看见她，
好像隔了三年啊！（王秀梅，2019：147-148）

上例中，分别以“采葛”“采萧”“采艾”等事件来概念化爱情。纵观《诗经》，以农产品或农业活动事件来概念化爱情的表达不在少数。我国古代是以农耕为主，古人所从事的生产活动基本上都与农业相关，这种生活方式和经验决定了人们的爱情表达方式也多与农业活动和农业产品紧密联系，因此形成了“爱情是农业产品或农业劳动”的事件。

下面我们结合 R-A-C-C 框架对上述例子进行隐喻阐释的分析和解读。

解构阶段：隐喻推理

（1）明示-暗含话语含义识别：这是描写一位男子和一位女子，女子常常去野外采摘，两人很投缘。如果他们一天没有见面，就会觉得好像经过“三月”“三秋”“三岁”那么久，他们都会想念对方。首先，解构阶段涉及明示信息和暗含信息的识别。从明示意义来看，“采葛”“采萧”“采艾”的意思相近，表达的是那个小伙子和他所喜爱的姑娘分开刚刚一天，他就感到无比想念，如隔三秋。从隐喻的暗含意义来看，这则故事的字里行间都隐含着小伙子度日如年的思恋之情和对姑娘迫切的思慕。在男子自述性的话语中，一些隐喻性含义的表述时常出现，如“三月”“三秋”“三岁”等，很自然地产生了一些隐喻含义，需要听话者进行进一步的推理。同时，这些隐喻性含义在听话者的心里产生了某些关联期待。

（2）语境假设的建构、激活和顺应：要充分理解这段隐喻性陈述的暗含意义，我们就必须对一些上下文的语境信息进行推敲，进而建构我们的语境假设和认知背景信息。我们首先需要建构一系列的语境假设，来满足心理空间中所产生的关联性期待，这些语境假设包括：思念心上人心切的小伙子、在上山和田中“采葛”“采萧”“采艾”的姑娘、漫长的等待等。这些上下文的语境假设在受众的认知推理过程被激活之后，将产生一系列的上下文语境效果。在解构阶段和建构阶段，语境顺应和选择在不断进行，直到新的语境效果产生。

建构阶段：映射和整合

（1）源域和目标域的建构和交互作用：根据 R-A-C-C 框架，听话者确定了适当的上下文语境假设之后，在 R-A-C-C 框架内将生成整个隐喻整合过程的类属结构和隐喻意义。

通过“我”的这段陈述，听话者经过认知处理后，即可得到这个推论：热恋中的情人对时间的心理体验，一日之别在心理上可以延长为“三月”“三秋”“三岁”。这种对自然时间的心理错觉，映照出恋人难分难舍的感情。在此基础上，我们可以建构一个源域和目标域空间映射的概念隐喻：“爱情是旅程”（图 6.10）。

“爱情是旅程”中源域和目标域的映射

源域：旅程	目标域：爱情
漫长	相爱
急迫	婚姻
等待	订婚
上车	相逢
下车	厮守
到达	别离

图 6.10 “爱情是旅程”中源域和目标域的映射

从图 6.10 中可以看出，源域与目标域中的各组成元素相互对应、相互作用。源域中的各种元素被映射到目标域，形成了一个新创结构，这个新的结构将会出现在整合空间中：遇见开心的事情时总感觉时间会过去得很快，等待很期盼的事情时又觉时间过得好慢，其实时间还是一样的，这就是物理时间与心理时间的巨大落差。

（2）关联和顺应下的整合（图 5.4）：接下来的整合过程将主要是 R-A-C-C 框架下的关联—顺应机制的运作。基本运作程序是：两个域或两个输入空间相互作用，最终产生新创结构，衍生出新的隐喻意义。这个阶段整合的特点是：两个输入空间中的元素在时间和空间上并不总是对应的。它们在映射和整合过程中存在一些偏差和分离。此时在关联性原则和顺应性原则的作用下，一些不相关的因素被过滤掉，而另一些因素则适应了变化的框架和背景，通过“组合”“完善”“扩展”三个子过程，生成了概念整合的新创结构。具体地说，在“组合”的子过程中，两个输入空间的投射，即关于“爱情”“旅程”的相关项和要素相互结合。在“完善”的子过程中，“爱情”“旅程”相互作用，形成了新的关系和结构。这种新的关系或结构在整合空间形成框架，在同样的背景下，产生了隐喻性暗示。然后，在“扩展”的子过程中，形成了新创结构：爱情的欢乐与痛苦在相知中，幸福在劳动中，永恒的爱情来自纯洁和忠贞。

（3）衍生出预期的阐释（图 5.5）：结合受话人的认知主体性，同时考虑到以上几个步骤的作用结果，可以演绎出最终的阐释，即由于恋人期盼相见的心意如此迫切，因此他们心中充满了等待的痛苦。尽管是暂时的分别，仍是痛苦的。

二、《尚书》隐喻阐释的 R-A-C-C 解析

《尚书》上起传说中的尧帝，下至春秋时期的秦穆公，反映了这个时期若

干代表性君臣的代表性言论，偶尔也记录了他们的一些行迹。君臣们的言行虽然指涉甚广，内容宏富，但几乎都聚焦于一个共同的主题，那就是政治，包括为政之道与治理之术。《尚书》各篇反复论述的政治关系，其实就是君与臣民的关系。《尚书》也充分体现了儒家思想的精髓。儒家思想归纳起来就是，以仁为核心，以礼为实行仁的手段，这就是“以仁为本，以礼为用”。

> “我闻曰：‘至治馨香，感于神明。黍稷非馨，明德惟馨尔。’尚式时周公之猷训，惟日孜孜，无敢逸豫。凡人未见圣，若不克见；既见圣，亦不克由圣。尔其戒哉！尔惟风，下民惟草。图厥政，莫或不艰。有废有兴，出入自尔师虞，庶言同则绎。尔有嘉谋嘉猷，则入告尔后于内，尔乃顺之于外，曰：‘斯谋斯猷，惟我后之德。’呜呼！臣人咸若时，惟良显哉！”（王世舜、王翠叶，2019：475-476）
>
> 【译文】“我听说：‘最好的政治会发出香气，感动神灵。不是祭祀的谷物发出香气，而是圣明的德政发出香气。’希望你尊奉这周公的谋略遗训，天天勤奋做事，而不要贪图安逸和快乐。人们没有认识到圣人之道，就不会看到成功之日；虽然已经认识圣人之道而不按圣人之道去做，也不能成功。你可要警惕啊！你是风，百姓是顺风而动的草。谋划你的施政措施，无论哪一点都要从艰难处考虑。什么要废弃，什么要兴办，先布告你所管辖的百姓，然后把百姓的考虑收集上来。对众人一致同意的，再拿来经过解析决定是否可行。你有好的谋略，就到朝内告诉给你的君主，然后在朝廷之外加以实施，说：‘这些好的谋略都出自我们有德的君主。’唉！官吏能够这样做，就可以显示出君主的圣明来了。”（王世舜、王翠叶，2019：476-477）

周成王先提出了一个治国的总原则：借用周公的教训，即“明德”是为政之道的根本，并要求君臣认真地遵循。接下来，成王阐述了对君民关系的认知，即君主是风，民众是草，草随风动，风往哪边吹，草就往哪边倒。

下面我们结合 R-A-C-C 框架对上述例子进行隐喻阐释的分析和解读。

解构阶段：隐喻推理

（1）明示-暗含话语含义识别：解构阶段涉及识别明示意义和暗含意义。从明示意义来看，周成王引用周公关于如何为政的原则，要求君臣认真遵守。然而，从隐喻暗含的意义来看，必然有言外之意隐藏在字里行间，“风”与

“草”的整个过程表现其中的内涵以概念隐喻的形式呈现出来：“君王是风，百姓是草”。

（2）语境假设的建构、激活和顺应：要理解这段陈述，我们需要考虑一些语境信息，进而建构我们的语境假设和认知背景信息。为了满足心智空间产生的关联性期待，我们需要建构一系列的语境假设：明德的崇高、黍稷的馨香、风吹草动的景象、大风刮起、草木皆兵等。这些上下文语境假设被受众的认知推理激活，然后将产生一系列的上下文语境效果。事实上，受众从谈话的开始到结束一直在进行上下文的语境顺应和选择，从而避免了语境效果产生偏离。

建构阶段：映射和整合

（1）源域和目标域的建构和交互作用：在适当的上下文语境假设被确定之后，接下来的步骤将生成整个隐喻过程的类属结构和隐喻意义。

我们读完这段陈述，由此悟出这样的意思：君民关系的实质就像风与草的关系，草随风动，风往哪边吹，草就往哪边倒。在此基础上，我们建构了一个源域和目标域映射的空间隐喻：“君王是风，百姓是草”（图 6.11）。

“君王是风，百姓是草”中源域和目标域的映射

源域：风；草	**目标域：君王；百姓**
风吹；草动	王权；听从
力量；平和	领袖；民众
征服；追随	提线；木偶
内因；外因	天意；民意
控制；遵守	剥削；奴役
高压；顺服	上层；下层

图 6.11 “君王是风，百姓是草”中源域和目标域的映射

从图 6.11 中可以看出，源域中的各种元素和目标域中的元素相互对应、相互作用。因此，这个新概念将会出现在整合空间中。源域中的各种元素被映射到目标域，形成了类属结构：君主应当具有圣人气象，他在芸芸众生面前，应当具有超凡入圣的能力，其作用就如同大自然的风。

（2）关联和顺应下的整合（图 5.4）：在整合过程中，在关联—顺应机制的运作下，两个域或两个输入空间相互作用，最终产生新创结构，衍生出新的隐喻意义。这个阶段整合的特点是：两个输入空间中的元素在时间和空间上并不总是对应的。它们在映射和整合过程中存在一些偏差和分离。此时在关联性

原则和顺应性原则的作用下，一些不相关的因素被过滤掉，而另一些因素则适应了变化的框架和背景，通过“组合”“完善”“扩展”三个子过程，生成了概念整合的新创结构。具体地说，在“组合”的子过程中，两个输入空间的投射，即关于“君王”“百姓”“风”“草”的相关项和要素相互结合。在“完善”的子过程中，“君王”“百姓”“风”“草”相互作用，形成了新的关系和结构。这种新的关系或结构在整合空间形成框架，在同样的背景下，产生了隐喻性暗示。然后，在“扩展”的子过程中，形成了新创结构：君王和百姓的关系就如同风和草的关系。

（3）衍生出预期的阐释（图 5.5）：在受话人的认知主体性的参与下，结合以上步骤的作用结果，得出最终的阐述：君王和百姓的关系就是风和草的关系。君主是具有神奇魅力的领袖人物，民众会随着君王的意志而行动。

> 王若曰：“呜呼！君牙，惟乃祖乃父，世笃忠贞，服劳王家，厥有成绩，纪于太常。惟予小子嗣守文、武、成、康遗绪，亦惟先正之臣，克左右乱四方。心之忧危，若蹈虎尾，涉于春冰。”（王世舜、王翠叶，2019：487）
>
> 【译文】穆王说：“唉！君牙，你的祖父、父亲，世世代代确实忠诚纯正，为王室勤劳服务，这些成绩记录在天子的太常旗上。我小子继承文王、武王、成王、康王的传统，希望先王的老臣能够辅佐我治理四方。我心怀忧惧，就像踏着老虎的尾巴，在春天将要融化的冰上行走一样。”（王世舜、王翠叶，2019：489）

这几句在原文中是周穆王向他的大臣君牙叙述的内容：自从做了天子之后，周穆王常心怀畏惧，时时若蹈虎尾，若涉春冰，唯恐败坏了祖先基业。这段叙述表现出人们承担了某种重任之后小心谨慎、不敢稍有懈怠的心情，也可用来形容人们身临险境时的恐惧感觉。

下面我们结合 R-A-C-C 框架对上述例子进行隐喻阐释的分析和解读。

解构阶段：隐喻推理

（1）明示-暗含话语含义识别：解构阶段涉及识别明示意义和暗含意义。从明示意义来看，周穆王委托君牙主导建立政策规章，减少执政忧困，体察百姓艰辛，追随前贤足迹。然而，从隐喻暗含的意义来看，必然有言外之意隐藏在字里行间，“治国”与“理政”的整个过程都蕴含着艰辛，其中的内涵以概念隐喻的形式呈现出来：“治国理政的过程就是一段充满艰险的路程”。

（2）语境假设的建构、激活和顺应：要理解这段陈述，我们需要考虑一些语境信息，进而建构我们的语境假设和认知背景信息。为了满足心智空间产生的关联性期待，我们需要建构一系列的语境假设：周穆王与君牙在敷典、正身、思艰、安民等治国方略上的构想等。这些上下文语境假设被受众的认知推理激活，然后将产生一系列的上下文语境效果。事实上，受众从谈话开始到结束一直在进行上下文的语境顺应和选择，从而避免了语境效果产生偏离。

建构阶段：映射和整合

（1）源域和目标域的建构和交互作用：在适当的上下文语境假设被确定之后，接下来的步骤将生成整个隐喻过程的新创结构和隐喻意义。

我们读完这段陈述，由此悟出这样的意思：周穆公认为自己虽然贵为天子，但是在治国理政上还缺乏经验，国家要强盛兴旺，没有鞠躬尽瘁死而后已的贤臣辅佐是完全不可能的。在此基础上，我们可以建构一个源域和目标域映射的空间隐喻：“治国理政是路程”（图 6.12）。

“治国理政是路程”中源域和目标域的映射

源域：路程	目标域：治国理政
坎坷	重任
艰险	法典
遥远	安民
风险	责任
起伏	复兴
畏惧	担当

图 6.12　“治国理政是路程”中源域和目标域的映射

从图 6.12 中可以看出，源域中的各种元素和目标域中的元素相互对应、相互作用。因此，这个新概念将会出现在整合空间中。源域中的各种元素被映射到目标域，形成了类属结构：登基伊始的周穆王谨小慎微，兢兢业业，言辞恳切，更能深切体察老百姓的不易。

（2）关联和顺应下的整合（图 5.4）：在整合过程中，在关联—顺应机制的运作下，两个域或两个输入空间相互作用，最终产生新创结构，衍生出新的隐喻意义。这个阶段整合的特点是：两个输入空间中的元素在时间和空间上并不总是对应的。它们在映射和整合过程中存在一些偏差和分离。此时在关联性原则和顺应性原则的作用下，一些不相关的因素被过滤掉，而另一些因素则适应了变化的框架和背景，通过“组合”“完善”“扩展”三个子过程，生成了概念整合的新创结构。具体地说，在“组合”的子过程中，两个输入空间的投射，即关于“治国理政”“路程”的相关项和要素相互结合。在“完善”的子过程中，“治国理政”“路程”相互作用，形成了新的关系和结构。这种新的关系或结构在整合空间形成框架，在同样的背景下，产生了隐喻性暗示。然后，在“扩展”的子过程中，形成了新创结构：治国理政的过程就是一段充满艰险的路程。

（3）衍生出预期的阐释（图 5.5）：在受话人的认知主体性的参与下，结合以上步骤的作用结果，我们得出最终的阐述：周穆王虽然贵为天子，但在治国理政上还缺乏经验，国家要强盛民族要兴旺，没有鞠躬尽瘁死而后已的贤臣辅佐是完全不可能的。

三、《礼记》隐喻阐释的 R-A-C-C 解析

《礼记》是研究中国古代社会风貌、典章制度和儒家思想的一部重要典章制度书籍。《礼记》阐述的思想，包括社会、政治、伦理、哲学、宗教等各个方面，是一部儒家思想的汇编。

道德仁义，非礼不成；教训正俗，非礼不备；分争辨讼，非礼不决；君臣上下，父子兄弟，非礼不定；宦学事师，非礼不亲；班朝治军，莅官行法，非礼威严不行；祷祠祭祀，供给鬼神，非礼不诚不庄。是以君子恭敬、撙节、退让以明礼。

鹦鹉能言，不离飞鸟；猩猩能言，不离禽兽。今人而无礼，虽能言，不亦禽兽之心乎？夫唯禽兽无礼，故父子聚麀。是故圣人作，为礼以教人，使人以有礼，知自别于禽兽。（胡平生、张萌，2019：5-6）

【译文】道德仁义，没有礼就不能完成；教导训诫，端正风俗，没有礼就不能完备；分辨争讼，没有礼就不能判断是非曲直；君臣上下、父子兄弟之间，没有礼就不能确定尊卑名分；为学习做官、学习道艺而侍奉师长，没有礼就不能亲近和睦；上朝排列百官位次、治理

军队，官吏任职、执行法令，没有礼威严就不能体现；临时的祭祀或定期的祭祀，供奉天神地祇人鬼时，没有礼内心就不虔诚、神态就不庄重。因此君子要有恭敬、节制、谦让的态度，以彰显礼。

鹦鹉虽然能说话，不过是一种飞鸟；猩猩虽然也能说话，不过是一种禽兽。而今作为人要是无礼，虽然能说话，不也是禽兽之心吗？只因禽兽不知礼，所以父子才与同一雌兽交配。因此出现了圣人，制定礼法来教导人，使人从此有礼，知道把自己和禽兽区别开来。（胡平生、张萌，2019：5-6）

以上强调了“礼仪”“礼义”对于国家政治制度以及人伦道德秩序建设的重要性。道德礼义在规范人们社会活动秩序中具有不可替代的作用，也是人类区别于动物的本质属性之所在。

下面我们结合 R-A-C-C 框架对上述例子进行隐喻阐释的分析和解读。

解构阶段：隐喻推理

（1）明示-暗含话语含义识别：解构阶段涉及识别明示意义和暗含意义。从明示意义来看，“礼教”的重要性体现在社会和生活的各个层面上，决定“君君”“臣臣”“父父”“子子”的人礼道德和社会秩序。然而，从隐喻暗含的意义来看，必然有言外之意隐藏在字里行间，“人而无礼”与“鹦鹉、猩猩能说话”形成本体和喻体，通过喻体动物的属性呈现了礼教的制约作用。

（2）语境假设的建构、激活和顺应：要理解这段陈述，我们需要考虑一些语境信息，进而建构我们的语境假设和认知背景信息。为了满足心智空间产生的关联性期待，我们需要建构一系列的语境假设：“礼”与“道德仁义”“教训正俗”“君臣父子”的关系等。这些上下文语境假设被受众的认知推理激活，然后将产生一系列的上下文语境效果。事实上，受众从谈话开始到结束一直在进行上下文的语境顺应和选择，从而避免了语境效果产生偏离。

建构阶段：映射和整合

（1）源域和目标域的建构和交互作用：在适当的上下文语境假设被确定之后，接下来的步骤将生成整个隐喻过程的类属结构和隐喻意义。

我们读完这段陈述，由此悟出这样的意思：动物即使能学人，也依然摆脱不了动物的属性。如果人而无礼，就和动物无异了。在此基础上，我们建构了一个源域和目标域映射的空间隐喻：“人而无礼是动物”（图 6.13）。

“人而无礼是动物”中源域和目标域的映射

源域：动物	目标域：人而无礼
野蛮	放肆
凶残	随意
粗暴	放浪
攻击	混乱
无知	混沌
贪婪	欲望

图 6.13 “人而无礼是动物”中源域和目标域的映射

从图 6.13 中可以看出，源域中的各种元素和目标域中的元素相互对应、相互作用。因此，这个新概念将会出现在整合空间中。源域中的各种元素被映射到目标域，形成了类属结构：无礼是动物的属性，道德仁义是人的属性。

（2）关联和顺应下的整合（图 5.4）：在整合过程中，在关联—顺应机制的运作下，两个域或两个输入空间相互作用，最终产生新创结构，衍生出新的隐喻意义。这个阶段整合的特点是：两个输入空间中的元素在时间和空间上并不总是对应的。它们在映射和整合过程中存在一些偏差和分离。此时在关联性原则和顺应性原则的作用下，一些不相关的因素被过滤掉，而另一些因素则适应了变化的框架和背景，通过“组合”“完善”“扩展”三个子过程，生成了概念整合的新创结构。具体地说，在“组合”的子过程中，两个输入空间的投射，即关于“道德”“礼教”“动物”的相关项和要素相互结合。在“完善”的子过程中，“道德”“礼教”“动物”相互作用，形成了新的关系和结构。这种新的关系或结构在整合空间形成框架，在同样的背景下，产生了隐喻性暗示。然后，在“扩展”的子过程中，形成了新创结构：人而无礼等同于动物。

（3）衍生出预期的阐释（图 5.5）：在受话人的认知主体性的参与下，结合以上步骤的作用结果，我们得出最终的阐述：人再精明，如果没有“礼”的约束，就失去了做人的资格，也就和动物没有什么区别了。

宫为君，商为臣，角为民，徵为事，羽为物。五者不乱，则无怗懘之音矣。宫乱则荒，其君骄；商乱则陂，其官坏；角乱则忧，其民怨；徵乱则哀，其事勤；羽乱则危，其财匮。五者皆乱，迭相陵，谓之慢。如此则国之灭亡无日矣。（胡平生、张萌，2019：714-715）

【译文】宫声代表国君，商声代表臣下，角声代表百姓，徵声代表役事，羽声代表物资。这五种调式不混乱，就不会有不和谐的声音。

宫声混乱音调就散漫，象征君主骄纵；商声混乱音调就倾颓，象征吏治腐败；角声混乱音调就忧愁，象征百姓怨恨；徵声混乱音调就哀伤，象征着百姓役事繁重；羽声混乱音调就危殆，象征财物匮乏。五种调式都发生混乱，彼此混淆侵凌，就叫做“慢音”。如此，国家灭亡的日子就不远了。（胡平生、张萌，2019：715）

宫、商、角、徵、羽这五音是中国古乐的基本音阶，决定了古乐的基本节奏。如果这五种声音保持和谐，那么整个乐谱就是浑然一体的。以上用隐喻的手法，强调了君、臣、民、事、物的和谐关系对整个国家稳定的重要性。

下面我们结合 R-A-C-C 框架对上述例子进行隐喻阐释的分析和解读。

解构阶段：隐喻推理

（1）明示-暗含话语含义识别：解构阶段涉及识别明示意义和暗含意义。从明示意义来看，如果宫、商、角、徵、羽这五音安排得当，保持和谐，就是一部好的乐曲。然而，从隐喻暗含的意义来看，必然有言外之意隐藏在字里行间：君、臣、民、事、物是一个社会的最重要的组成部分，而它们之间的和谐关系决定着国家稳定和社会秩序。

（2）语境假设的建构、激活和顺应：要理解这段陈述，我们需要考虑一些语境信息，进而建构我们的语境假设和认知背景信息。为了满足心智空间产生的关联性期待，我们需要建构一系列的语境假设：宫、商、角、徵、羽这五音与君、臣、民、事、物的关系等。这些上下文语境假设被受众的认知推理激活，然后将产生一系列的上下文语境效果。事实上，受众从谈话的开始到结束一直在进行上下文的语境顺应和选择，从而避免了语境效果产生偏离。

建构阶段：映射和整合

（1）源域和目标域的建构和交互作用：在适当的上下文语境假设被确定之后，接下来的步骤将生成整个隐喻过程的类属结构和隐喻意义。

我们读完这段陈述，由此悟出这样的意思：宫、商、角、徵、羽这五音决定乐曲的好坏，君、臣、民、事、物决定国家和社会的成败。在此基础上，我们建构了一个源域和目标域映射的空间概念隐喻：“秩序是五音”（图 6.14）。

从图 6.14 中可以看出，源域中的各种元素和目标域中的元素相互对应、相互作用。因此，这个新概念将会出现在整合空间中。源域中的各种元素被映射到目标域，形成了类属结构：五音一致是音乐的属性，和谐道德是社会的属性。

“秩序是五音”中源域和目标域的映射

源域：五音	**目标域：秩序**
整体	稳定
配合	和谐
节奏	一致
一体	纪律
整齐	忍耐
划一	控制

图 6.14　“秩序是五音”中源域和目标域的映射

（2）关联和顺应下的整合（图 5.5）：在整合过程中，在关联—顺应机制的运作下，两个域或两个输入空间相互作用，最终产生新创结构，衍生出新的隐喻意义。这个阶段整合的特点是：两个输入空间中的元素在时间和空间上并不总是对应的。它们在映射和整合过程中存在一些偏差和分离。此时在关联性原则和顺应性原则的作用下，一些不相关的因素被过滤掉，而另一些因素则适应了变化的框架和背景，通过“组合”“完善”“扩展”三个子过程，生成了概念整合的新创结构。具体地说，在“组合”的子过程中，两个输入空间的投射，即关于“秩序”“五音”的相关项和要素相互结合。在“完善”的子过程中，“秩序”“五音”相互作用，形成了新的关系和结构。这种新的关系或结构在整合空间中形成框架，在同样的背景下，产生了隐喻性暗示。然后，在“扩展”的子过程中，形成了新创结构：音乐是社会和国家的反映。

（3）衍生出预期的阐释（图 5.5）：在受话人的认知主体性的参与下，结合以上步骤的作用结果，我们得出最终的阐述：乐曲的完美需要五音的相互配合，社会国家的稳定需要各阶层的全心投入。

四、《易经》隐喻阐释的 R-A-C-C 解析

从西周开始，人们开始大量运用隐喻手法来表达思想感情。由于当时的语言表达中的词汇量相对较少，因此很多抽象的思想观念和哲学思想以及细致的感受无法找到恰当的词语来表述，于是就借助隐喻比拟的手法来实现，常常整个卦象就是一个隐喻或是一个寓言。比如，“小过卦”就是用小鸟学习啄食的过程隐喻青年的成长和教育。“鼎卦”就是用鼎来隐喻做官，其中“鼎黄耳金铉”就是隐喻刚柔相济的官场管理法则，而“临（卦十九）”中有以下表述：“临：元亨，利贞。至于八月有凶。象曰：泽上有地，临。君子以教思无穷，

容保民无疆。”（译文：《临》卦象征着君临天下：大为亨通，利于做大事。但时至八月则有凶险。《象传》说：水泽之上是大地，象征着“君临天下”。君子以无穷无尽的思想道德教育民众，关心民众，并以宽厚博大的胸怀容纳民众，保护民众。）（杨天才，2019：182-184）此卦以天气的干旱、人们盼雨的行为来隐喻统治者的政治德行。

> 无妄卦：六三，无妄之灾，或系之牛，行人之得，邑人之灾。
>
> 象曰：行人得牛，邑人灾也。（杨天才，2019：237-238）
>
> 【译文】六三，不虚行妄为却遇到灾祸，这就像有一个人把牛拴在树下，过路的人将它牵走，居住在他家附近的人却受到怀疑，遭到拘捕，这可真是飞来的横祸。
>
> 《象传》说：路过的行人牵走了牛，居住家中的人却无缘无故地遭到拘捕之灾。（杨天才，2019：237-238）

“无妄卦”到了六三，从对立统一的规律，论述了在遵循客观规律的情况下，也可能受到灾害和损毁。这是无妄卦的第三爻，为一不当位之爻。此爻是讲人即使真实无妄，也会因其他原因招来灾祸，比如有人在村邑里系了一头牛，却被过路的行人发现并带走了，牛主人以为是邑人偷了牛，要求赔偿。邑人本未偷牛，但却背上了盗牛的罪名与赔钱的损失，类似情形都可称为无妄之灾。这是天灾还是人祸，还是气运所致呢？这种灾难不是因为自己有过，而是由于某种客观原因的巧合。邑人得到这个结果是由外因和内因造成的必然。先看内因，即邑人本人的素质。六三是阴爻，而三这个位子却是阳位，说明邑人没有待在自己应该待的位子上，他处在第三爻的位子上，又不在上卦或下卦的中间，这是不“得中”。再看外因，即邑人所处的环境。周易里卦是从下往上数的，一步一步而来，到了六三这个地方，相当于走到了中间，努力点就能上去，放松了就会下来，所以“三”这个位子被看作“是非危惧之地”，这是很容易惹麻烦的地方，具体到无妄卦这个大背景里看，三爻就是处于虚妄的人和事之中，邻居的粗心大意和妄告无辜，以及路人的顺手牵牛，这都是妄。邑人本来没有偷牛，但他却处于这样一种无妄的环境中，被人怀疑也是必然（严有穀，2007）。

下面我们结合 R-A-C-C 框架对上述例子进行隐喻阐释的分析和解读。

解构阶段：隐喻推理

（1）明示-暗含话语含义识别：六三爻辞说了生活中的一个小故事：邻居

把牛拴在路边，被过路人牵走了，邻近的村民却被诬告成偷牛的嫌疑犯。人在家中坐，祸从天上来。这真是“无妄之灾”，无缘无故而受灾。这看来是偶然事故造成的，该倒霉的人即使不妄为也无法逃灾。这一爻是说，人虽然不妄为，也可能因偶然因素遭灾。解构阶段涉及明示和暗含信息的识别。从明示意义来看，一个人在村外放牛，一不小心，牛被别人牵走了。这真是出乎预料的灾祸，到头来邻近的村民却成了被怀疑的对象。从隐喻的暗含意义来看，这则故事的字里行间都隐含着“无妄”，就是指人的想法有些虚妄，不切实际，是一个凶卦。一些空幻的想法是不切实际的，随时有可能带来一些祸患。在本卦中，一些充满隐喻性表述的词句，如“六三”“或系之牛，行人之得，邑人之灾”等这些隐喻性的表述，很自然地产生了一些隐喻含义，如就爻论爻，“六三”是阴爻处阳位，位不中且不正，象征容易混淆是非、颠倒黑白，给人、社会、国家造成预料不到的灾害甚至浩劫。这需要听话者或读者进行进一步的推理，同时，这些隐喻性含义在听话者的心理空间产生了某些关联性期待。

（2）语境假设的建构、激活和顺应：要充分理解《易经》“无妄（卦二十五）”的这段隐喻性陈述的暗含意义，我们必须对一些上下文的语境信息进行推敲，进而建构我们的语境假设和认知背景信息。我们首先需要建构一系列的语境假设，来满足心理空间所产生的关联性期待，这些语境假设包括：村外放牛的牛主人、村外野地里吃草的牛、几个路人顺手牵走正在吃草的牛、牛主人看到牛丢失而气急败坏等。这些上下文的语境假设在受众的认知推理过程被激活之后，将产生一系列的上下文语境效果。在解构阶段和建构阶段，语境顺应和选择在不断进行，直到新的语境效果产生。

建构阶段：映射和整合

（1）源域和目标域的建构和交互作用：根据 R-A-C-C 框架，听话者确定了适当的上下文语境假设之后，在 R-A-C-C 框架内将生成整个隐喻整合过程的新创结构和隐喻意义。

通过“无妄卦”中的隐喻性陈述，听话者经过认知处理后，即可得到这个推论：无妄这种灾害，就好比有人在村里拴了牛，被过路人偷走了，但是他怀疑是村里的人偷了牛，村民蒙受不白之冤。在此基础上，我们可以建构一个源域和目标域空间映射的概念隐喻：“无妄是不白之冤”（图 6.15）。

从图 6.15 中可以看出，源域与目标域中的各组成元素相互对应、相互作用。源域中的各种元素被映射到目标域，形成了一个新创结构，这个新创结构将会出现在整合空间中：上互卦为乾卦，下互卦为巽卦，重卦为姤卦。象征君主与臣民要同甘苦共患难，不能袖手旁观。

“无妄是不白之冤”中源域和目标域的映射

源域：不白之冤	目标域：无妄
六三	虚幻
放牛	幻想
牵走牛	是非之地
牛吃草	出乎意料
阴爻	混淆是非
阳位	怀疑对象

图 6.15　“无妄是不白之冤”中源域和目标域的映射

君主在无妄这种灾害中，没办法找原因，也不能追究什么人的责任，只能承担责任；要与臣民感同身受，同呼吸、共命运，携手渡过难关。君主在位，守土有责，就好像邑人一样，你在哪里就承担哪里的责任。君主应该主动地赈灾救民，不要机械地找原因，不要逃避责任。

（2）关联和顺应下的整合（图 5.4）：接下来的整合过程将主要是在 R-A-C-C 框架下的关联—顺应机制的运作。基本运作程序是：两个域或两个输入空间相互作用，最终产生新创结构，衍生出新的隐喻意义。这个阶段整合的特点是：两个输入空间中的元素在时间和空间上并不总是对应的，它们在映射和整合过程中存在一些偏差和分离。此时在关联性原则和顺应性原则的作用下，一些不相关的因素被过滤掉，而另一些因素则适应了变化的框架和背景，通过“组合”“完善”“扩展”三个子过程，生成了概念整合的新创结构。具体地说，在“组合”的子过程中，两个输入空间的投射，即关于“不白之冤”“无妄”的相关项和要素相互结合。在“完善”的子过程中，“不白之冤”“无妄”相互作用，形成了新的关系和结构。这种新的关系或结构在整合空间中形成框架，在同样的背景下，产生了隐喻性暗示。然后，在“扩展”的子过程中，形成了新创结构：平常做人做事要真实无妄，力求中正，尽力避开易生是非无妄的环境，不和无妄小人打交道。这就是君子修身和自保的又一法门。

（3）衍生出预期的阐释（图 5.5）：结合受话人的认知主体性，同时考虑到以上几个步骤的作用结果，我们可以演绎出最终的阐释，即在人生中，由于一些阴差阳错的偶然因素，特别是由于有奸佞的小人存在，当局者往往容易遭到无妄之灾。对于阴差阳错的偶然因素，人们的确无法防患，但对于奸佞小人设置的无妄之灾，人们却有法防止——那就是要慎交朋友，平时做事小心谨慎，尤其是在有了遭灾可能的先兆时，应如履薄冰，小心从事，这样就可以防备无妄之灾的降临，避免悲剧发生。

初九，潜龙，勿用。
九二，见龙在田，利见大人。
九三，君子终日乾乾，夕惕若厉。无咎。
九四，或跃在渊，无咎。
九五，飞龙在天，利见大人。
上九，亢龙，有悔。
用九，见群龙无首，吉。（杨天才，2019：2-6）

【译文】初九，当巨龙还潜伏在深水之中时，就不应该使自己发挥作用。

九二，当巨龙出现在田野之间时，就有利于去拜见大人。

九三，君子整天勤勉精进，直到更深夜静时还像遇到危险一样保持着警惕，这样，就会免于灾祸。

九四，龙时而有飞起之状，时而又伏处在深渊之中，这种情形没有过错。

九五，当飞龙在天空自由飞腾时，此时利于出现有道德并居于高位的人。

上九，龙飞至极高之处，就会出现悔恨之事。

用九，群龙相聚而没有一个以首领自居，吉利。（杨天才，2019：2-6）

这是《易经》中乾卦的爻辞。从初九到上九，从潜伏深水的龙到升腾到极限的龙，隐喻在社会实践中如何抓住时机，实现抱负，同时警诫人们：崇高、盈满是不可能长久保持的。

下面我们结合R-A-C-C框架对上述例子进行隐喻阐释的分析和解读。

解构阶段：隐喻推理

（1）明示-暗含话语含义识别：解构阶段涉及识别明示意义和暗含意义。从明示意义来看，讲的是“龙”的一系列表现，从潜藏、再现、警惕、跳跃、飞天到亢奋的过程。然而，从隐喻暗含的意义来看，必然有言外之意隐藏在字里行间，“龙”的整个过程表现中的含义以概念隐喻的形式呈现出来：“龙从潜伏到飞跃是一场旅程”。

（2）语境假设的建构、激活和顺应：要理解这段陈述，我们就需要考虑一些语境信息，进而建构我们的语境假设和认知背景信息。为了满足心智空间产生的关联性期待，我们需要建构一系列的语境假设：“潜龙”“现龙”“惕龙”“跃龙”“飞龙”“亢龙”以及各自阶段的特点。这些上下文语境假设被受众的认知推理激活，然后将产生一系列的上下文语境效果。事实上，受众从谈话开始到结束一直在进行上下文的语境顺应和选择，从而避免了语境效果产生偏离。

建构阶段：映射和整合

（1）源域和目标域的建构和交互作用：在适当的上下文语境假设被确定之后，接下来的步骤将生成整个隐喻过程的类属结构和隐喻意义。

我们读完这段陈述，由此悟出这样的意思：一切初始，若人们真心切实去做，不急、不闷、不怒、不怨，安然自在，相向而行，天下必太平，人生必安顺。在此基础上，我们建构了一个源域和目标域映射的空间隐喻：“龙腾是旅程”（图 6.16）。

“龙腾是旅程”中源域和目标域的映射

源域：旅程	目标域：龙腾
潜伏	潜龙
表现	现龙
警惕	惕龙
飞跃	跃龙
飞翔	飞龙
高亢	亢龙

图 6.16 “龙腾是旅程”中源域和目标域的映射

从图 6.16 中可以看出，源域中的各种元素和目标域中的元素相互对应、相互作用。因此，这个新概念将会出现在整合空间中。源域中的各种元素被映射到目标域，形成了类属结构：君子在人生事业的各阶段，都应该遵守和修行相应的“乾德”，这是其一生的做事准则，这样就能自在安乐。

（2）关联和顺应下的整合（图 5.4）：在整合过程中，在关联—顺应机制的运作下，两个域或两个输入空间相互作用，最终产生新创结构，衍生出新的隐喻意义。这个阶段整合的特点是：两个输入空间中的元素在时间和空间上并不总是对应的。它们在映射和整合过程中存在一些偏差和分离。此时在关联性原则和顺应性原则的作用下，一些不相关的因素被过滤掉，而另一些因素则适应了变化的框架和背景，通过“组合”“完善”“扩展”三个子过程，生成了概念整合的新创结构。具体地说，在“组合”的子过程中，两个输入空间的投射，即关于“龙腾”“旅程”的相关项和要素相互结合。在“完善”的子过程中，“龙腾”“旅程”相互作用，形成了新的关系和结构。这种新的关系或结构在整合空间中形成框架，在同样的背景下，产生了隐喻性暗示。然后，在“扩展”的子过程中，形成了新创结构：龙腾的六个阶段就是人生必然经历的旅程。

（3）衍生出预期的阐释（图 5.5）：在受话人的认知主体性的参与下，结合以上步骤的作用结果，得出最终的阐述：在“潜龙”阶段，应该耐心等待时机，积极修养；在“现龙”阶段，走出了压抑的低谷，应该修养立身中正的品德，虚心求教；在“惕龙”阶段，应该整日研习，孜孜不倦，警惕危险的发生；在“跃龙”时节，应该蓄势待发，培养敢于尝试、勇于实践的品德；在“飞龙”阶段，应该展示积养多年的自强不息的优秀品德与雄厚实力，做一番大事业；在“亢龙”阶段，就是到了自己要很好地总结经验、正视自我、勇于纠错、开创新局面的时候了。

五、《春秋》隐喻阐释的 R-A-C-C 解析

《春秋》是中国现存的第一部编年体史书，按年记载了春秋时从鲁隐公元年到鲁哀公十四年或十六年间（前 722 年至前 481 年或前 479 年）的历史大事。鲁国史官把当时各国发生的重大事件记录下来，一年分春、夏、秋、冬四季记录，这部编年史简括起来就称为“春秋”。孔子依据鲁国史官所编《春秋》加以整理修订，成为儒家经典之一。《春秋》采用的笔法，在文学上被称为“春秋笔法”，实际上就是“微言大义”，存在大量影射和隐喻。

> 晋侯复假道于虞以伐虢，宫之奇谏曰：“虢，虞之表也。虢亡，虞必从之。晋不可启，寇不可玩，一之谓甚，其可再乎？谚所谓‘辅车相依，唇亡齿寒’者，其虞、虢之谓也。”……弗听，许晋使。宫之奇以其族行，曰：“虞不腊矣。在此行也，晋不更举矣。”（郭丹等，2019：347-348）
>
> 【译文】晋献公又向虞国借路去攻打虢国，宫之奇劝告虞公说：“虢国，是虞国的外围。虢如果亡国了，虞国必然跟着被灭。切不可启发晋国的野心，不可忽视晋国这支军队，上一次借路已经是很严重的错误了，怎么可以再来第二次呢？谚语说的‘辅和车相互依存，没了嘴唇牙齿就感到寒冷’，就是说的虞和虢的关系啊！”……虞公不听，答应了晋国使者的要求。宫之奇带领全族人离开虞国，说：“虞

国过不了今年的腊祭了，晋在这一次就会灭掉虞国，不需要再发兵了。”（郭丹等，2019：350）

上文陈述了虞国和虢国之间的紧密关系，然后揭露出晋侯残酷无情的本质。下面我们结合 R-A-C-C 框架对上述例子进行隐喻阐释的分析和解读。

解构阶段：隐喻推理

（1）明示-暗含话语含义识别：解构阶段涉及识别明示意义和暗含意义。从明示意义来看，晋献公不惜以阴谋诡计骗取虞国的信任，将虢国和虞国逐个吞食。然而，从隐喻暗含的意义来看，必然有言外之意隐藏在字里行间：即使弱小者无法与强大的敌人抗衡，那么弱小者之间的彼此照应、鼓励、安慰、同病相怜、支持，也可以让人在风雨之中同舟共济、患难与共。

（2）语境假设的建构、激活和顺应：要理解这段陈述，我们需要考虑一些语境信息，进而建构我们的语境假设和认知背景信息。为了满足心智空间产生的关联性期待，我们需要建构一系列的语境假设：“辅、车、唇、齿”这四个元素与“国、家、德、行”的关系等。这些上下文语境假设被受众的认知推理激活，然后将产生一系列的上下文语境效果。事实上，受众从谈话的开始到结束一直在进行上下文的语境顺应和选择，从而避免了语境效果产生偏离。

建构阶段：映射和整合

（1）源域和目标域的建构和交互作用：在适当的上下文语境假设被确定之后，接下来的步骤将生成整个隐喻过程的类属结构和隐喻意义。

我们读完这段陈述，由此悟出这样的意思：“唇”与“齿”的紧密关系，决定了各自离不开对方这个事实。在此基础上，我们建构了一个源域和目标域映射的空间概念隐喻：“唇齿是依存”（图 6.17）。

“唇齿是依存”中源域和目标域的映射

源域：依存	目标域：唇齿
依赖	紧密
存在	依靠
和谐	依存
共存	利害
利益	同宗
抱团	基础

图 6.17　“唇齿是依存”中源域和目标域的映射

从图 6.17 中可以看出，源域中的各种元素和目标域中的元素相互对应、相互作用。因此，这个新概念将会出现在整合空间中。源域中的各种元素被映射到目标域，形成了类属结构：对于一个国家来说，要懂得互相依存，联合一致对付敌人的侵占，否则就可能陷入困境而灭亡。

（2）关联和顺应下的整合（图 5.4）：在整合过程中，在关联—顺应机制的运作下，两个域或两个输入空间相互作用，最终产生新创结构，衍生出新的隐喻意义。这个阶段整合的特点是：两个输入空间中的元素在时间和空间上并不总是对应的。它们在映射和整合过程中存在一些偏差和分离。此时在关联性原则和顺应性原则的作用下，一些不相关的因素被过滤掉，而另一些因素则适应了变化的框架和背景，通过"组合""完善""扩展"三个子过程，生成了概念整合的新创结构。具体地说，在"组合"的子过程中，两个输入空间的投射，即关于"唇齿""依存"的相关项和要素相互结合。在"完善"的子过程中，"唇齿""依存"相互作用，形成了新的关系和结构。这种新的关系或结构在整合空间形成框架，在同样的背景下，产生了隐喻性暗示。然后，在"扩展"的子过程中，形成了新创结构：唇齿相依决定人的健康，邻国互助就能抵御外敌。

（3）衍生出预期的阐释（图 5.5）：在受话人的认知主体性的参与下，结合以上步骤的作用结果，得出最终的阐述：做事情要考虑得长远一点，考虑到事情导致的利害关系。如果敌友不分，不听劝告，贪图小利，自身就会遭到同样的命运。

> 郑子产有疾，谓子大叔曰："我死，子必为政。唯有德者能以宽服民，其次莫如猛。夫火烈，民望而畏之，故鲜死焉；水懦弱，民狎而玩之，则多死焉，故宽难。"疾数月而卒。大叔为政，不忍猛而宽。郑国多盗，取人于萑苻之泽。大叔悔之，曰："吾早从夫子，不及此。"兴徒兵以攻萑苻之盗，尽杀之，盗少止。（郭丹等，2019：1909）
>
> 【译文】郑国子产有病，对子太叔说："我死了，你必定执政。只有有德的人能够用宽大来使百姓服从，其次就不如用严厉的政策。火猛烈，人民望而生畏，所以少有死于火的；水柔弱，人民轻慢而玩弄它，却有很多死于它。因此实行宽政很难。"子产病了几月就死了。太叔执政，不忍行严厉之政而行宽政。郑国盗贼很多，聚集在萑苻泽里。太叔很后悔，说："我早听从子产的话，就不会到今天这地步。"派步兵攻打萑苻泽的盗贼，全部杀掉，盗贼才稍有收敛。（郭丹等，2019：1910）

上文通过子产授政、太叔用宽，阐明了为政者应当“宽以济猛，猛以济宽”，宽猛相济，也就是说要宽严相辅而行，国家才能长治久安。

下面我们结合 R-A-C-C 框架对上述例子进行隐喻阐释的分析和解读。

解构阶段：隐喻推理

（1）明示-暗含话语含义识别：解构阶段涉及识别明示意义和暗含意义。从明示意义来看，郑国的贤臣子产对太叔强调了以后治国的两个方面——宽大仁慈和威猛严厉，以及太叔执政后的效果。然而，从隐喻暗含的意义来看，必然有言外之意隐藏在字里行间：如果失去平衡，偏重一方面，忽视另一方面，事情就会出毛病；只要阴阳调和，刚柔相济，事情就会顺利发展，兴旺发达。

（2）语境假设的建构、激活和顺应：要理解这段陈述，我们需要考虑一些语境信息，进而建构我们的语境假设和认知背景信息。为了满足心智空间产生的关联性期待，我们需要建构一系列的语境假设：“宽和”“威猛”“水”“火”的关系等。这些上下文语境假设被受众的认知推理激活，然后将产生一系列的上下文语境效果。事实上，受众从谈话的开始到结束一直在进行上下文的语境顺应和选择，从而避免了语境效果产生偏离。

建构阶段：映射和整合

（1）源域和目标域的建构和交互作用：在适当的上下文语境假设被确定之后，接下来的步骤将生成整个隐喻过程的类属结构和隐喻意义。

我们读完这段陈述，由此悟出这样的意思：宽大为怀，是为了征服人心，使人心服；威猛严厉，不意味着残忍，它所体现的是决心和力度。在此基础上，我们建构了一个源域和目标域映射的空间概念隐喻：“宽和威猛是仁政”（图 6.18）。

“宽和威猛是仁政”中源域和目标域的映射

源域：仁政	**目标域：宽和威猛**
仁爱	奖励和惩罚
理政	关爱和冷漠
政通	软弱和强硬
人和	民主和压迫
仁义	自由和控制
道德	宽松和严厉

图 6.18 “宽和威猛是仁政”中源域和目标域的映射

从图 6.18 中可以看出，源域中的各种元素和目标域中的元素相互对应、相互作用。因此，这个新概念将会出现在整合空间中。源域中的各种元素被映射到目标域，形成了类属结构：宽和用来调节严厉，严厉用来调节宽和，政事因此而和谐。

（2）关联和顺应下的整合（图 5.4）：在整合过程中，在关联—顺应机制的运作下，两个域或两个输入空间相互作用，最终产生新创结构，衍生出新的隐喻意义。这个阶段整合的特点是：两个输入空间中的元素在时间和空间上并不总是对应的。它们在映射和整合过程中存在一些偏差和分离。此时在关联性原则和顺应性原则的作用下，一些不相关的因素被过滤掉，而另一些因素则适应了变化的框架和背景，通过“组合”“完善”“扩展”三个子过程，生成了概念整合的新创结构。具体地说，在“组合”的子过程中，两个输入空间的投射，即关于“宽和”“威猛”“仁政”的相关项和要素相互结合。在“完善”的子过程中，“宽和”“威猛”“仁政”相互作用，形成了新的关系和结构。这种新的关系或结构在整合空间中形成框架，在同样的背景下，产生了隐喻性暗示。然后，在“扩展”的子过程中，形成了新创结构：凡事都有两面性，注意并提倡在相反的两个方面之间寻求平衡。

（3）衍生出预期的阐释（图 5.5）：在受话人的认知主体性的参与下，结合以上步骤的作用结果，我们得出最终的阐述：过分的宽大仁慈会被误以为是软弱，从而使对方得寸进尺，变本加厉；过分的威猛严厉容易导致残暴，从而引起对方的强烈反抗，造成法纪大乱。宽和与严厉相互补充调节，可以避免走极端造成的不良后果。

第六节　小　　结

在本章中，笔者应用 R-A-C-C 对“四书五经”中的代表性隐喻进行了系统的阐释。在阐释的过程中，我们发现了其分析方法的优势。

正如在前几章所讨论的，R-A-C-C 方法对“四书五经”隐喻的阐释及其应用是可行的，其解释力是强大的。下面，将对关联理论、顺应理论、概念隐喻理论和概念整合理论应用于国学隐喻阐释方面进行一些比较和对比，以证明它们各自的长处和弱点。我们来分析下面例子：

孟子曰：“无或乎王之不智也。虽有天下易生之物也，一日暴之，十日寒之，未有能生者也。吾见亦罕矣，吾退而寒之者至矣，吾如有萌焉何哉？今夫弈之为数，小数也；不专心致志，则不得也。弈秋，通国之善弈者也。使弈秋诲二人弈，其一人专心致志，惟弈秋之为听。一人虽听之，一心以为有鸿鹄将至，思援弓缴而射之，虽与之俱学，弗若之矣。为是其智弗若与？曰：非然也。”（杨伯峻，2008：292）

【译文】孟子说：“王的不聪明，不足奇怪。纵使有一种最容易生长的植物，晒它一天，冷它十天，没有能够再长的。我和王相见的次数也太少了，我退居在家，把他冷淡得也到了极点了，他虽有善良之心的萌芽，我对它能有什么帮助呢？譬如下棋，这只是小技术，如果不一心一意，那就学不好。弈秋是全国的下棋圣手。假使让他教授两个人，一个人一心一意，只听弈秋的话。另一个呢，虽然听着，而心里却以为有只天鹅快要飞来，想拿起弓箭去射它。这样，即使和那人一道学习，他的成绩一定不如人家。是因为他的聪明不如人家吗？自然不是的。（杨伯峻，2008：292-293）

（一）关联理论和顺应理论方法

战国时代，百家争鸣，游说之风十分盛行。孟子是当时一位著名的辩士，在《孟子》的《告子上》篇中有这样一段记载：

战国时期，齐宣王昏庸无能，常被朝中的奸人利用。孟子游历到齐国后，对齐宣王的昏庸无能、做事没有毅力、轻信奸佞谗言很不满，但也无能为力。他认为齐宣王并不是不聪明，而是没有受到好的方面的熏陶，便不客气地对他说了以上例子中的两则寓言故事，以期对齐宣王有所帮助和启发。

以上两则孟子所讲述的隐喻性寓言折射出其隐喻性含义：如果要学习一样东西，做好一件事情，就必须专心致志，下苦功夫。若是今天做一些，把它丢下了，隔了十天再去做，那么事情怎么能做得好呢？求学、做事的成功与否，这是个决定因素之一，故后人便将孟子所说的“一日曝之，十日寒之”精简成“一曝十寒”这句成语，用来比喻修学、做事没有恒心，反复无常。

关联理论方法的关键因素是寻求最佳关联性，通过建构上下文的语境假设来获取与之相关的含义。当涉及对“四书五经”隐喻的理解时，事情会变得比一般的话语处理要复杂得多。对于这个实例，受众采取的第一步是推断隐喻表达的命题内容。受众应该清楚的是，这些话是孟子在向齐宣王劝诫的时候说的。齐宣王昏庸无能、做事没有毅力、轻信奸佞谗言，这令孟子很不满。孟子认为，究其原因，主要是齐宣王没有忠诚可靠之人。孟子借用植物的特性，即生命力再强的植物也经不起一日暴晒、十日受寒的境遇，并以此来隐喻齐宣王不能以正确的方法和态度对待忠臣的进谏。

受众采取的第二步是确定隐喻表达的含义。在此例中，孟子使用了两个具有隐喻意义的小故事：一是即使生命力强的植物，如果采取“一日暴之，十日寒之”的方法，必定是死路一条；二是通过弈秋教两个学生下棋的故事，说明“专心致志”的重要性。通过这两个隐喻性的小故事，听话者可以在语境背景中找到最佳关联性。通过对“一日暴之，十日寒之”以及“专心致志”的一些语境假设，听话者可以推断出其隐喻的含义。在综合建构和考虑这些语境假设之后，我们可以得出这一解释：如果要学习一样东西，做好一件事情，就必须专心致志，全身心投入。如果是三天打鱼，两天晒网，没有持之以恒的精神，再好的条件都无助于事情的成功。从上面的分析中，我们可以看出关联理论突出的弱点，特别是在文本层次上的隐喻解释力。很明显，关联理论的推断是有点武断的，它不能解释最终隐喻含义的有效性。

对于顺应理论方法，它的应用对“四书五经”的隐喻阐释更加困难。听话者必须一直做出选择，以获得隐喻性的暗含意义。问题的关键在于听话者如何做出顺应，包括认知顺应、语境适应、演绎顺应等。由于顺应理论缺乏应有的推理机制，要做到认知顺应、语境适应、演绎顺应，尤其是在国学的“新奇”隐喻阐释中的顺应，具有一定的难度。因此在文本隐喻解释中，它很少单独使用。

（二）概念隐喻理论和概念整合理论方法

根据概念隐喻理论，应该有一个源域和一个目标域，相应的元素在两个域中被映射。在这个例子中，我们可以暂时地在概念框架内，基于各种成分在源域和目标域内的相互作用，建立起两个概念隐喻：“贤臣是植物”“专心是成功”。源域和目标域之间的映射首先发生。我们可以看到“贤臣”“专心”在目标域中，而源域涉及“植物”“成功”。所以“贤臣”与“植物”以及“专心”与“成功”是概念上的映射。具体来说，“植物”“成功”的暗含语义被映射到“贤臣”“专心”上面，从而产生一系列对应的映射。基于这些对应的映射，听话者可以推断出最终的隐喻解释。

就概念整合理论而言，解释过程是这样的（图 6.19）：首先建立两个输入空间，即输入空间 1 和输入空间 2，以及输入空间 3 和输入空间 4。然后，输入空间 1 和输入空间 2 之间的联系以及输入空间 3 和输入空间 4 的联系也被建立起来。在输入空间1和输入空间3中，有与“贤臣”“专心”相关联的元素；在输入空间2中和输入空间4中，有与“植物”“成功”相关联的元素。在输入空间1和输入空间2以及输入空间3和输入空间4之间的联系的基础上，形成了通用的特征和结构的类属空间：“贤臣”与“植物”以及“专心”与“成功”之间的关系。最后，将两类输入空间中的元素整合，最后在整合空间中产生了新创结构，并重新建立了“贤臣”与“植物”以及“专心”与“成功”间的关系。在这里，“植物”的形象被重新塑造成与“君王”之间的关系，而“专心”的形象重新建立，与“成功”形象相结合。这两层空间建立起的联系，象征着忠臣与君王之间不断互动、不断相互影响的物理过程和心理过程。

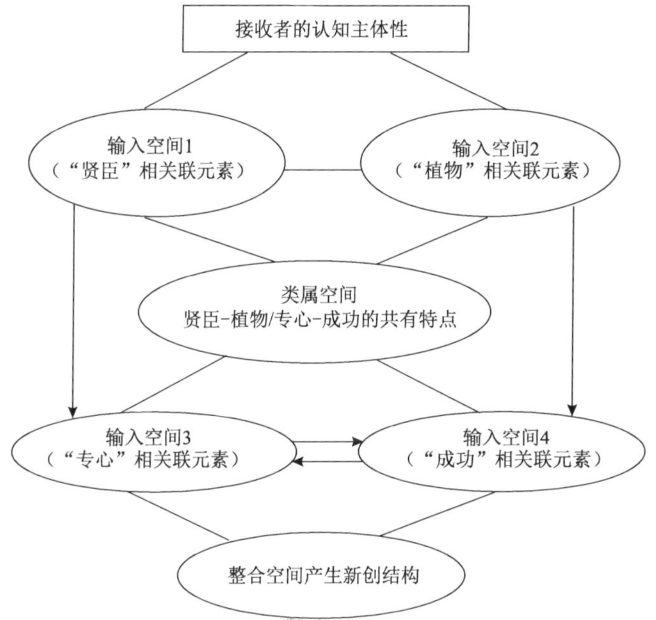

图6.19　概念隐喻理论-概念整合理论的隐喻阐释

从以上分析可以看出概念隐喻理论和概念整合理论的以下几点不足之处。第一，由于概念隐喻理论是单向映射，因此其解释力被限制在一定范围内，只能用于一对一的映射。第二，因为心理表征只在两个心理空间范围中运作和作用，这使得概念隐喻理论方法仅仅局限于对具有根深蒂固的概念性关系的隐喻的解释。事实上，“四书五经”的隐喻解释涉及多种复杂的因素，包括认知、社会、文化、道德、政治等因素。在大多数情况下，它涉及多方向和多领域的映射，而概念隐喻理论方法却无法处理这些映射。第三，概念整合理论方法过分强调程式化的过程，也就是说，所有的整合过程似乎都只有两个输入空间、一个类属空间和一个不考虑具体研究对象的整合空间。而“四书五经”的隐喻与其他隐喻的不同之处在于它们被广泛而巧妙地使用，涉及政治、经济、文化、道德和法制的各个层面。因此概念整合理论方法本身远不足以解释这样的隐喻。第四，由于对“四书五经”隐喻的解释涉及许多复杂的因素，而单纯的认知方法则无法解决这样的问题。概念整合理论和概念隐喻理论都强调了思维的映射和投射，忽略了其他决定性的因素，如语用推理、语境、社会、文化、政治、道德等因素。因此，概念隐喻理论和概念整合理论都需要进一步的修补和提升。

综上所述，经过本章中对“四书五经”隐喻阐释的大量例证分析，我们有理由认为 R-A-C-C 隐喻阐释方法优于其他语用和认知方法。一方面，语用和认知方法自身还有很大的改进空间，尤其是针对“四书五经”隐喻阐释方面；另一方面，经过实践论证，R-A-C-C 框架可以用来弥补单纯的语用和认知方法分析的缺陷，进而高效地处理“四书五经”隐喻阐释问题。

第七章

R-A-C-C 框架下中西文化典籍隐喻阐释的文化交融性

第一节　引　　言

截至目前，我们已经在 R-A-C-C 理论框架下分别探讨了《圣经》和“四书五经”中的隐喻阐释问题。从相关的例证分析中，我们可以看出，作为西方文化和基督教文化的代表，《圣经》是一部记载古代亚洲、欧洲、非洲一些国家的政治、经济、文化、民俗诸多方面的典籍，但它在人类历史发展过程中所起的作用却远远不止于此。长期以来，西方社会中的政治体制、文学创作乃至风俗习惯无不受其影响，因而《圣经》被视为西方精神文明的支柱。同样，作为中国国学和中国传统文化的中坚和经典著作，“四书五经”翔实地记载了中华民族思想文化发展史上最活跃时期的政治、军事、外交、文化等各方面的史实资料，以及影响中国文化两千多年的孔孟重要哲学思想，是中国传统文化和儒家文化的最重要的组成部分。因此可以说，“四书五经”在中国国学和传统文化中的地位与《圣经》在西方文明和基督教文化中的地位几乎是完全一样的。

第二节　“天人合一”隐喻的中西文化交融性 R-A-C-C 解析

就隐喻而言，不管是在国学的“四书五经”当中，还是在西方的《圣经》当中，都频繁地被用来表述一些当时社会主流的思想和价值观。纵观《圣经》和“四书五经”中隐喻所表达的主题和思想，有相当一部分凸显了中西文化的交融性和贯通性，尤其是在“天人合一”“天人感应”“和谐辩证”“对立统一”四大方面。下面我们将从这四个方面对《圣经》和“四书五经”隐喻中折射出的中西文化交融和贯通性进行探究。

“天人合一”的思想源于《易经》。《周易・系辞下》中说：“古者包牺氏之王天下也，仰则观象于天，俯则观法于地，观鸟兽之文，与地之宜，近取诸身，远取诸物，于是始作八卦，以通神明之德，以类万物之情。”（译文：上古的圣人包牺氏治理天下时，抬头仰望天空中的天象，俯身观察形成地形的法则，观看飞鸟、走兽身上华丽的文饰，以及与地情相适宜的种种动物、植物，在近处则从身体上取其象征，在远处则从各类事物中取其象征，于是创立了八卦，用来会通神明的美德，用来归类天下万物的情态。）（杨天才，2019：607）。八卦的每一卦体都由三个线段所组成，每个线段有一个象征意义：上象征天，下象征地，中间象征人，称为“天地人三才”，表示天、地、人以及三者有机统一和谐发展。这是“天人合一”最早的说法。儒家对“天人合一”哲学做出了最重要的贡献。《周易・说卦传》中说：“昔者圣人之作《易》也，将以顺性命之理。是以立天之道曰阴与阳，立地之道曰柔与刚，立人之道曰仁与义。兼三才而两之，故《易》六画而成卦。分阴分阳，迭用柔刚，故《易》六位而成章。”（杨天才，2019：648）即是说，从前圣人创作《周易》的时候，是要通过它来顺从天地生成万物的性命之理。所以确立天的道理有“阴”有“阳”，确立地的道理有“刚”有“柔”，确立人的道理有“仁”有“义”。兼容天、地、人三才而将阴阳两种卦象两两相重，所以《周易》以六画形成一卦。六画之中又分为阴阳两种爻位，然后迭用柔刚之爻，所以《周易》是由六爻相互错综而形成文章的。

儒学认为，“天”就是自然界。儒家经典《中庸》说：“中也者，天下之大本也；和也者，天下之达道也。致中和，天地位焉，万物育焉。”也就是说，所谓“中”，是天下一切道理的最大根本所在；所谓“和”，是天下一切事物最普遍的规律。如果能够达到“中和”的境界，那么天地就可以各就其位而运行不息，万物便能够各随其性而生长发育了（杨天才，2019：289）。儒家把“和”看作天道的追求，是世界之所以成立的本源。如果达到适中的、和谐的状态，天地万物就能各自恰如其分、生发有序。孔子说：“天何言哉，四时行焉，百物生焉，天何言哉？”（杨伯峻，2017：267）意思是说：天说了什么呢？四季照样运行，百物照样生长，天说了什么呢？荀子在其《天论》中说：“列星随旋，日月递炤，四时代御，阴阳大化，风雨博施，万物各得其和以生，各得其养以成，不见其事而见其功，夫是之谓神。皆知其所以成，莫知其无形，夫是之谓天。唯圣人为不求知天。”（安小兰，2016：117）意思是说：布列于天空的群星互相伴随着旋转，太阳、月亮交替照耀，四季轮流控制着节气，阴阳二气大量地化生万物，风雨普遍地施加于万物。万物各自得到了阴阳形成的和气而产生，各自得到了风雨的滋养而成长。看不见阴阳化生万物的工作过程而只见到它化生万物的成果，这就叫作神妙。人们都知道阴阳已经生成的万物，却没有人知道它那无影无踪的生成过程，这就叫作天。也就是说，“天”是创造了人和万物的自然界，是四时运行、万物生长的自然界。《周易·序卦》中说：“有天地然后有万物，有万物然后有男女，有男女然后有夫妇。”（杨天才，2019：675）也就是说，天之道是“始万物”，地之道是“生万物”，人之道是“成万物”。这三者是不可分割的，“生成”与“实现”是统一的，这就是“天人合一”。

孟子以“诚”这一概念阐述天人关系，在《孟子·离娄上》中说：“诚身有道，不明乎善，不诚其身矣。是故诚者，天之道也；思诚者，人之道也。”（杨伯峻，2008：188）即是说，要使自己做到诚心诚意，有一定的方法。首先要明白什么是善，如果不明白什么是善的话，也就不能使自己诚心诚意。因此，诚是天之道，追求诚是做人之道。“诚”是天的根本属性，“思诚”即求诚，以合乎诚的境界，这是人之道，因而他以“诚”作为“天人合一”的理论指向。孔子之孙子思作《中庸》，他把“诚”视为天的本性，是天地万物存在的根本：“诚者，物之始终，不诚无物。”（陈晓芬、徐儒宗，2019：339）意思是说，真诚贯穿于万物的始与终；如果没有真诚，万物的存在就没有意义了，所以君子看重诚心。有诚心的人并不是仅限于成就自己，而是以成就万物为己任。子思要求人以“诚”这一道德修养达到天人合一境界。

“天人合一”是中国古典哲学的根本观念之一，与“天人之分”说相对立。传统儒家观点认为，“天”是可以与人发生感应关系的存在；是赋予人以吉凶祸福的存在；是人们敬畏、侍奉的对象；是主宰人，特别是主宰王朝命运的存在（天命之天）；是赋予人仁义礼智本性的存在。另一种观点认为“天”就是“自然”的代表。“天人合一”有两层意思：一是天人一致，宇宙自然是大天地，人则是一个小天地；二是天人相应，或天人相通，是说人和自然在本质上是相通的，故一切人事均应顺乎自然规律，达到人与自然的和谐。先秦儒家亦主张“天人合一”，《中庸》说：“诚者，天之道也，诚之者，人之道也。”（陈晓芬、徐儒宗，2019：331）。认为真诚是天然具有的品德；使自己达到真诚，是人为努力所得的品德。人只有达到“诚”的境界，才能与“天”交流。这是中国人最基本的思维方式，具体表现在天与人的关系上。它认为人与天不是处在一种主体与客体的关系之中，而是处在一种部分与整体、发展与本原、初始之学与最高境界的关系之中。在儒家来看，天是道德观念和原则的本原，人心中的“天地”具有道德原则，这种天人合一乃是一种自然的但不自觉的合一。但人类由于后天受到各种名利、欲望的蒙蔽，不能发现自己心中的道德原则。人类修行的目的，便是去除外界欲望的蒙蔽，“求其放心”，达到一种自觉地履行道德原则的境界，而从今天的观点来看：天，可以理解为大自然；人，就是人类社会。人类与自然之间和谐相处，共同遵守同样的规律，就是在精神上、秩序上、利益上合而为一的统一体。这也是人与自然最稳定的相处模式，不是征服与被征服之间的彼此角力，而是供养与建设之间的和谐共处。“天人合一”思想是中国哲人“天人观”的永恒主题。尽管他们对“天人合一”的理解有着明显的差异，如荀子的“制天论”、《易经》主张的“天人调谐论”等，但总体上说来，“天人合一”强调人与自然的一致性，强调规律与行为的和谐性，认为人要以实现天道为己任，强调天道与人道、人与自然的紧密联系与和谐统一。

古人对“天”的顶礼膜拜源于对强大自然的恐惧和敬畏，人们在逐渐揭开“天”的面具后，仍然坚持了对“天”的多样化理解，这主要是沿着“自然之天”与“伦理之天”两条线路发展的，前者以道家为代表，后者以儒家为代表。此后，“天”既是宇宙万物的生命起源，也是人伦道德的价值本源。在伦理之天与人相通、引领人的行为向“人”发展的同时，自然之天也与人相融，强调自然对人的重要性和人对自然的尊重，这样“天人合一”把对自然的伦理尊重与对人的人文伦理关怀联系起来，在伦理上实现和完成了人道与天道的彻底贯通。

“天人合一”的思想不只是中国国学经典中的主流思想，在西方文化经典《圣经》中也屡次出现。《旧约全书》的《创世纪》中是这样描述的：起初，神用泥土按照自己的形象造人，并且造男造女。上帝将生气吹到泥人的鼻孔里，他们就成了有灵的活人。此乃灵与体合一的起源。灵与体的合一就是神与人的合一、灵与肉的合一、爱与义的合一、爱与顺服的合一、种子与地的合一。《新约全书》中又说神是爱，是烈火，是光，爱是永生。光照全地，雨露浇灌，使万物得生而结果。神是万物之灵、万物之首，神按他创造的规律，用法度管理。之后，亚当和夏娃二人因违命，悖逆犯罪，被毒蛇用肉体的情欲、眼目的情欲以及今生的骄傲所玷污，神将他们的圣灵收回，人就变成了罪人了。直到上帝第一次审判应验，夏娃的后裔要伤蛇的头。《旧约全书》《新约全书》中又说，穹苍降下公义，主耶稣基督降世，在十字架上用自己宝贵的血和生命，为全世界的人类舍命做了赎罪祭，付出了救赎全人类的大恩，将救恩成全在公平正义的十字架律法之上，使人的罪恶得赦；同时强调赎罪的恩典人人都有份，且只有一次，但悔改赦罪的恩典只有认罪悔改的人才有份，不信的人和一切不义的人都无份。但这十字架救恩只有一次，若故意违法犯罪，就再也没有了，唯有战惧等候审判。从救主耶稣基督被钉在十字架上三天复活以后，属血气的旧时代就更改成了属灵的新时代。这也预示着神人合一、得胜和重生。

在《约翰福音》第 17 章中，耶稣在上帝面前为门徒祷告，这是他在即将上十字架之前的祷告，他为上帝赐给他的那些人祈求，其中一个重要的方面就是求上帝使他们合而为一："从今以后，我不在世上，他们却在世上，我往你那里去。圣父啊，求你因你所赐给我的名保守他们，叫他们合而为一，像我们一样。"（约翰福音：197）"我不但为这些人祈求，也为那些因他们的话信我的人祈求，使他们都合而为一。正如你父在我里面，我在你里面，使他们也在我们里面，叫世人可以信你差了我来。你所赐给我的荣耀，我已赐给他们，使他们合而为一，像我们合而为一。我在他们里面，你在我里面，使他们完完全全地合而为一，叫世人知道你差了我来，也知道你爱他们如同爱我一样。"（约翰福音：197-198）从上下文来看，这里耶稣所祈求的合而为一，不是所有人的合而为一，而只是真正属耶稣的人的合而为一，因为第 9 节经文中说："我为他们祈求，不为世人祈求，却为你所赐给我的人祈求，因他们本是你的。"（约翰福音：197）而这一群体的一个突出特征，是与真道的关联，真道的核心是耶稣基督。《圣经》中描述这一群体为信道、守道、因真理而成圣的群体。这些人认识上帝并认识上帝所差来的耶稣基督，因此有耶稣所赐的永生，即他们遵守了上帝的道。

综上所述，"天人合一"的思想在中国国学文化典籍"四书五经"和西方《圣经》文化中都得到了大量的体现。所谓"天人合一"，虽然在中国传统文化中主要强调的是人与自然的和谐一致，在西方的《圣经》文化中体现的是上帝与人的和谐关系，但是从本质上来讲，中西文化在"天人合一"思想上有很大的交集，或者说是文化交融性。我们可以这样理解："天"即"上帝"，"上帝"即"天"。通过前几章的研究，我们知道，国学经典"四书五经"和《圣经》中语言的一个最主要特征，就是大量运用"隐喻"手法来表述各类思想。在"四书五经"和《圣经》中，"天人合一"的思想通过隐喻手法来表现的占大多数。下面我们将在 R-A-C-C 框架下，解析"天人合一"隐喻的中西文化交融性。

一、《圣经》中“天人合一”隐喻的 R-A-C-C 解析

《旧约全书》的《以赛亚书》第 14 章第 4—11 节隐喻性地阐释了“神人合一”的思想以及“神”与“人”的关系问题。

你必题这诗歌论巴比伦王说：
“欺压人的何竟息灭？
强暴的何竟止息？
耶和华折断了恶人的杖，
辖制人的圭，
就是在忿怒中连连攻击众民的，
在怒气中辖制列国，
行逼迫无人阻止的。
现在全地得安息、享平静，
人皆发声欢呼。
松树和黎巴嫩的香柏树
都因你欢乐，说：
‘自从你仆倒，
再无人上来砍伐我们。’
你下到阴间，
阴间就因你震动，来迎接你。
又因你惊动在世曾为首领的阴魂，
并使那曾为列国君王的
都离位站起，
他们都要发言对你说：
‘你也变为软弱像我们一样吗？
你也成了我们的样子吗？’
你的威势和你琴瑟的声音都下到阴间；
你下铺的是虫，上盖的是蛆。
……”（以赛亚书：1096）
…you will take up this taunt against the king of Babylon:
How the oppressor has ceased!

How his insolence has ceased!
The LORD has broken the staff of the wicked,
the scepter of rulers,
that struck down the peoples in wrath
with unceasing blows,
that ruled the nations in anger
with unrelenting persecution.
The whole earth is at rest and quiet;
they break forth into singing.
The cypresses exult over you,
The cedars of Lebanon, saying,
"Since you were laid low,
no one comes to cut us down."
Sheol beneath is stirred up
to meet you when you come;
it rouses the shades to greet you,
all who were leaders of the earth;
it raises from their thrones
all who were kings of the nations.
All of them will speak
and say to you:
"You too have become as weak as we!
You have become like us!"
Your pomp is brought down to Sheol,
and the sound of your harps;
maggots are the bed beneath you,
and worms are your covering.

从以上可以看出，上帝要将雅各和以色列交置在本地，寄居的必与他们联合，紧贴雅各家。虽然世界充满黑暗、悲哀、荒凉，但上帝还要这样做。这再选择的以色列人，是在世界末后兴起的属灵的以色列人，而不是名义上的以色列人。历史上的以色列人被上帝带回本地；世界末后兴起的属灵的以色列人，将被带回到人类的家园——伊甸园，也就是他们要做主人。先前掳掠他们的反要被掳掠，辖制他们的反要被辖制。这就说明回归的以色列剩下的人，要成为土地上的主人。得赎之民回来之后，要吟诵诗歌，要回头看那个引诱世界、让世界卧在他手下的巴比伦王。这里所说的松树和黎巴嫩的香柏树，也是一种象征。

下面我们在 R-A-C-C 框架内对“天人合一”的隐喻进行进一步分析。为了理解这个比喻，我们需要按照我们的 R-A-C-C 框架，像往常一样经历两个阶段：第一个阶段是解构阶段，即先知以赛亚记载了关于犹大国和耶路撒冷的背景资料，以及当时犹大国的人民在上帝前所犯的罪，并透露上帝将要采取判决与拯救的行动。这些信息主要以隐喻推理的方式进行解构。第二阶段是建构阶段，听话者将建构自己对隐藏在隐喻表述中的新奇思想的诠释。因此，阐释的过程将按照以下程序进行。

（一）解构阶段：隐喻推理

（1）明示-暗含话语意义识别：根据先知以赛亚的讲述内容，我们可以看到一连串的事件向受众呈现。第一个事件是以色列的恢复和重建，回到原先大卫时代兴盛的状况。这复兴将在耶稣再次降临地上后全部完成。第二个事件是关于撒旦对世俗的控制，由于世俗的、不纯洁的和与上帝敌对的群体任由魔鬼摆布，因此他们将遭受不可避免的浩劫。第三个事件是耶稣再来的日子临近的时候，世人的惊慌、悲痛、愁苦、疼痛的忽然临到却无法避免。这三件事是合理地、紧密地联系在一起的，这样我们就可以解构先知以赛亚所述的明确意义：预言压制以色列的巴比伦帝国要倾倒，以色列人要回归故土。因此，先知以赛亚明确地要讲这样一个隐喻，就是向与耶稣为敌的人和撒旦发出信息，并在他们面前摆上一面镜子，这样他们就可以看到真实的图像。这条信息可能会带来某种关联的期望，它与以赛亚所说的具有一定的关联度。读者对相关性的期望，导致了一些关于某些关系的假设：先知以赛亚与上帝间的关系、耶路撒冷与巴比伦之间的关系、上帝与耶稣之间的关系等。

（2）语境假设的建构、激活和顺应：语境假设的建构、激活和顺应在这个过程中相互并行地进行运作。为了建构合适的语境，我们需要找到一些相关的线索在心理认知中来描述这几节的主题：①无人能阻挡曾经统治地上的一切的巴比伦王；②当得到上帝救赎的臣民重新返回之后，他们一边看着被击溃的巴比伦王，一边吟唱着赞美诗歌；③世界上已经没有恶人存在了，所有的义人都得到了上帝的救赎。所有这些事件构成了一个巨大的背景，通过这个巨大的背景，先知以赛亚将他的意图传达给所有信徒。与此同时，背景的激活也带来了语境的假设：巴比伦王以及一切敌对势力的灭亡是公义审判的结果，这也是给一切自以为是的强势的人、威势的人、权贵的人的警告。上帝为他们预备了特别的地方，他们在阴间里要受苦。因此，我们可以根据这些线索建构背景信息。这可能会引发另一种情境假设：和基督敌对的命运必然与上帝的工作有关。

与此同时，受众在从开始到结束的过程中都在做背景建构。对于受众来说，使语境顺应不仅仅是进行语言上的顺应，更要进行心理上的顺应。通过语言和心理上的顺应，受众最终将形成他们的语境假设，这可能被认为是整个寓言的隐含前提。

（二）建构阶段：映射和整合

不同于第一阶段，即解构阶段，建构阶段将突出最终接受的解释。在这一阶段，认知方法将主要和语用方法一道来建构阐释程序。

（1）源域和目标域的建构和交互作用：在源域和目标域的建构和交互作用下，生成的新创结构直接导致这个比喻的隐喻含义。新创结构的生成取决于源域和目标域的映射和整合。

首先，这个比喻涉及“巴比伦的覆灭是以色列的回归”以及“邪恶势力是地狱”这两个概念隐喻。在这两个隐喻中，源域和目标域相应地映射在图 7.1 中。

“巴比伦的覆灭是以色列的回归”中源域和目标域的映射

源域：以色列的回归	目标域：巴比伦的覆灭
选民	帝王
异地	主宰全地
奴隶	辖制
回归	荒废
自由	倾覆
欢腾	堕落

“邪恶势力是地狱”中源域和目标域的映射

源域：地狱	目标域：邪恶势力
愁苦	砍伐香柏树和松树
烦恼	压迫
毁灭	破坏
虫	背叛
蛆	抵挡
死亡	堕落

图 7.1　“巴比伦的覆灭是以色列的回归”及“邪恶势力是地狱”中源域和目标域的映射

从以上两个源域和目标域的映射中可以看出，这两个隐喻表达了两层含义。考虑到第一个隐喻，我们可以看到，源域中的这些元素，如“选民”“异地”“奴隶”“回归”“自由”“欢腾”，从结构上被投射到目标域。同时这些元素与目标域中的元素相结合，其中包括“帝王”“主宰全地”“辖制”“荒废”“倾覆”“堕落”。对第二个隐喻，源域中的元素，如“愁苦”“烦恼”“毁灭”“虫”“蛆”“死亡”，与目标域中的元素，如“砍伐香柏树和松树”“压迫”“破坏”“背叛”“抵挡”“堕落”相整合。因此，这两个隐喻可以分别生成类属结构。

（2）关联和顺应下的整合（图 5.4）：这则论述的超级整合过程涉及两个子过程，即“巴比伦的覆灭是以色列的回归”以及“邪恶势力是地狱”。整合的根本影响来自关联原则和顺应原则的运作。整合本身总是受到关联性和顺应性的压力，从而使输入空间之间的联系指向其他空间。同时，听话者在关联原则和顺应原则的指导下，对整合网络进行建构和解释。具体地说，当受众在输入的各个要素中提高了相关性的期望值时，受众就会被提示去寻求最大关联，并排除在心智空间中无关的和多余的联系。此外，受众可能会在语用、认知和语义上进行持续的顺应，以达到最佳关联。此外，这三个子过程，即“组合”“完善”“扩展”都是形成整合结构的原因。在“组合”的子过程中，一些关系被建立起来：以色列凯旋—巴比伦王国倾覆；上帝的审判—撒旦的堕落；上帝与他子民的联合和得胜—与上帝作对势力的衰败；等等。在“完善”的子过程中，背景框架、认知和文化模型都是由这些新关系整合而成的。最后，新创结构是通过“扩展”的子过程形成的：那些与上帝为敌，并且从不悔改、归从撒旦的人，将面临最终的审判。

（3）衍生出预期的阐释：在认知主体性的影响下，听话者最后将得到本段最终的隐喻阐释，即那些相信上帝为救主的人最终将摆脱撒旦的奴役，回归到上帝的面前，并与他真正地合而为一；而与上帝为敌的人，将会受到应有的惩罚。

二、“四书五经”中“天人合一”隐喻的 R-A-C-C 解析

《中庸》开篇写道：

> 天命之谓性，率性之谓道，脩道之谓教。

道也者，不可须臾离也，可离非道也。是故君子戒慎乎其所不睹，恐惧乎其所不闻。莫见乎隐，莫显乎微。故君子慎其独也。

喜怒哀乐之未发，谓之中；发而皆中节，谓之和。中也者，天下之大本也；和也者，天下之达道也。致中和，天地位焉，万物育焉。（陈晓芬、徐儒宗，2019：288-289）

【译文】天然赋予人的禀赋叫作“性”，遵循本性自然发展的规律而行动叫作“道”，把道加以修明并推广于民众叫作“教”。

作为道，是人们片刻不可离开的；可以离开的，也就不是道了。正因如此，道德高尚的君子在没有人看见的时候总是谨慎地进行检点，在没有人听见的地方也总是心怀恐惧，不敢怠慢。没有比处于隐蔽的时候更容易表现本色，没有比在细节的事情中更容易显露真情。所以，道德高尚的君子总是更加小心谨慎地对待一人独处的时候。

欢喜、愤怒、悲哀、快乐等各种感情还没有表现出来，就叫作“中”；表现出来时，没有太过和不及，都能恰如其分地符合于自然之理，就叫作“和”。所谓“中”，是天下一切道理的最大根本所在；所谓“和”，是天下一切事物最普遍的规律。能够达到“中和”的境界，那么天地就可以各就其位而运行不息，万物便能够各随其性而生长发育了。（陈晓芬、徐儒宗，2019：290）

作者首先提出了“性”“道”“教”三个哲学范畴，然后在此基础上指出“道”贯穿于万物之中，最后阐明“中”“和”之道及其所达到的最高境界。以上这段话把由“天人合一”推演为中庸之道的道理说得再明白不过了。下面我们在 R-A-C-C 框架内对“天人合一”的隐喻进行进一步分析。为了理解这个比喻，我们需要按照我们的 R-A-C-C 框架，像往常一样经历两个阶段。第一个阶段是解构阶段，作者以隐喻的手法，强调“道”是不可以片刻离开的；如果可以离开，那就不是“道”了。这段话要求人们加强自觉性的培养，真心诚意地顺着上天赋予的本性行事，按照“道”的原则修养自身。第二阶段是建构阶段，听话者将建构自己对隐藏在隐喻表述中的主体思想的诠释。因此，阐释的过程将按照以下程序进行。

（一）解构阶段：隐喻推理

（1）明示-暗含话语含义识别：根据《中庸》所讲述的内容，我们可以看到儒家所推崇的“天人合一”思想从前到后、从里到外向受众呈现了出来。首先，阐述了“性”“道”“教”的内容。“道”是不可以没有的，也是必须遵从的，因为它是上天所赋予每个人的。其次，有品德的人，不管是在有人看见的地方还是没人看见的地方，都要谨慎小心，有所畏惧。再次，人必须学会控制情绪，尤其是“喜怒哀乐”，控制好了，就达到了“中和”的状态，这便符合了“天人合一”的规律。以上这三个层次是一环套一环地紧密联系在一起的，这样我们就可以解构《中庸》开篇所述的明确意义以及儒家核心思想的明确意图：“道”是一切事物必须遵循的客观规律，因为它是上天所规定并且每个人天生都具备的。“中和”的状态是每个人的行为所能表现出来的最佳状态。“道”与“中和”相互关联，相互影响。这种关系给听话者带来某种关联的期望，它与儒家的主体思想具有一定的关联度。读者对相关性的期望，产生了一些关于某些关系的假设：“人”与“天”的关系、人的行为与秩序的关系、“道”与“中和”的关系、自然界的万物与自然法则之间的关系等。

（2）语境假设的建构、激活和顺应：语境假设的建构、激活和顺应在这个过程中相互并行地进行运作。为了建构合适的语境，我们需要找到一些相关的线索，以便在认知的过程中来确定这一节的主题：①人之所以有本“性”，是因为这个本性是“天命”所赐予的。②当得到“上天”赐予的“天性”之后，便肩负了“天命”。遵循“天性”，便是遵循自然“大道”和人生“大道”；违背“天性”，就是违背了自然“大道”和人生“大道”。③上天赋给人善良的本性，人顺此发展，择善而秉持，在实际生活中修养及印证，将一切障碍完全除尽，恢复本来的光明正大。所有这些事件构成了一个广阔的背景，通过这个广阔的背景，儒家先贤的主体思想被传达给芸芸众生。与此同时，背景的激活也带来了语境的假设：遵循“天命”是人必须持守的道德准则。按照“天命”行事，管束自己的行为，是遵循“天命”的行为准则。因此，我们可以根据这些线索建构背景信息。这可能会引发另一种情境假设：违背“天命”“天性”的，必然受到上天的惩罚。

与此同时，受众从开始到结束的过程中都在做背景建构。对于受众来说，语境顺应不仅仅是进行语言上的顺应，更要进行心理上的顺应。通过语言和心理上的顺应，受众最终将形成他的语境假设，这可能被认为是整个寓言的隐含前提。

（二）建构阶段：映射和整合

不同于第一阶段，即解构阶段，建构阶段将突出听话者最终接受的隐喻阐释。在这一阶段，认知方法将主要和语用方法一道来建构阐释程序。

（1）源域和目标域的建构和交互作用：在源域和目标域的建构和交互作用下，生成的类属结构直接导致这个比喻的隐喻含义。新创结构的生成取决于源域和目标域的映射和整合。

这个比喻涉及“天是道”以及“人是物”这两个概念隐喻。在这两个隐喻中，源域和目标域相应地映射在图 7.2 中。

“天是道”中源域和目标域的映射

源域：道	目标域：天
自然	上天
规则	主宰
禀赋	统治
行为	天命
整齐划一	守信
稳定	永恒

“人是物”中源域和目标域的映射

源域：物	目标域：人
可变性	动物
位置	软弱
隐藏	变化
可见性	情绪
分割性	脾性
腐烂	欲望

图 7.2　“天是道”及“人是物”中源域和目标域的映射

从以上两个源域和目标域的映射中可以看出，这两个隐喻表达了两层含义。从第一个隐喻“天是道”的表述中，我们可以体验到，源域中的这些元素，如“自然”“规则”“禀赋”“行为”“整齐划一”“稳定”，从结构上被投射到目标域；同时这些元素与目标域中的元素相结合，其中包括“上天”“主宰”“统治”“天命”“守信”“永恒”。对于第二个隐喻“人是物”，源域中的元素，如“可变性”“位置”“隐藏”“可见性”“分割性”“腐烂”与目标域中的元素，如“动物”“软弱”“变化”“情绪”“脾性”“欲望”相整合。因此，这两个隐喻可以分别生成类属结构。

（2）关联和顺应下的整合（图 5.4）：这则论述的超级整合过程涉及两个子过程，即“天是道”以及“人是物”。整合的根本影响来自关联原则和顺应原则的运作。整合本身总是受到关联性和顺应性的压力，从而使输入空间之间的联系指向其他空间。同时，听话者在关联原则和顺应原则的指导下，对整合网络进行建构和解释。具体地说，当受众在输入的各个要素中提高了相关性的期望值时，受众就会被提示去寻求最大关联，并排除在心智空间中无关的和多余的联系。此外，听话者可能会在语用、认知和语义上进行连续的顺应和选择，以形成最佳关联。此外，这三个子过程，即“组合”“完善”“扩展”，都是形成整合结构的原因。在“组合”的子过程中，一些关系网络被建立起来：天命的所赐—人为的接受；天道的确立—人为的遵从；天道与天性对人的要求—人们“守道”与“守性”的操练；等等。在“完善”的子过程中，背景框架、认知和文化模型都是由这些新关系整合而成的。最后，新创结构是通过“扩展”的子过程形成的：天命所给予的，就是人之禀赋，即“天性”。人接受了此秉性，人生之内就可以“通天”，觉察到天命。因为人肩负了天命，所以遵循天性和自然法则便是人生的“大道”。只要合乎人性，就是遵循“道”；如果违背人性，就是违背“道”。

（3）衍生出预期的阐释：在认知主体性的影响下，听话者最后将得到本段最终的隐喻阐释：上天赋给人善良的本性，人要遵从并且择善而秉持。人在实际生活中加强修养和操练，努力恪守“天性”“天道”，就可以迈向天人合一之路。

我们发现，不管是《圣经》隐喻还是国学中“四书五经”的隐喻，尽管二者在“天人合一”这个主题上强调的重点有所不同，但都存在着一定的文化交融性。客观地来说，《圣经》隐喻中的“天人合一”思想更多地是从“人神合一”的方面来谈的，相当一部分是关于“神对人的启示”以及“人对神的认识”两方面。“四书五经”隐喻中表达的“天人合一”思想，表面上指的是“天”，即“三重意义”的“天”——“主宰的天”“仁德的天”“自然的天”，也可以理解为尊重社会、人性和自然规律，以及社会、人和自然和谐相处；但是从深层次来讲，这“三重天”的交汇之处，也是和《圣经》隐喻中讲的“人神合一”思想是一致的：人要敬畏造物主，并且按照事物被造的原有规律来行事和生活，否则，必然的结果就是受到惩罚。总之，“四书五经”中讲的“主宰的天”是和《圣经》中的“神的大能”相一致的；“仁德的天”是和《圣经》中“神的爱”相一致的；“自然的天”是和《圣经》中“神的创造”相一致的。

第三节 “天人感应”隐喻的中西文化交融性R-A-C-C解析

天人感应是中国古代儒家的思想。天人感应思想源于《尚书·洪范》，从人身为一小宇宙的观点出发，其学说认为：天和人同类相通，相互感应，天能干预人事，人亦能感应上天。古代认为天子违背了天意，不仁不义，天就会出现灾异进行谴责和警告；如果政通人和，天就会降下祥瑞以鼓励。天人感应思想在中国古代君主施政方面发挥了积极作用，强调人与自然万物同类相通，相互感应。正如《易经》中所讲，“寂然不动，感而遂通”，即若能达至无思无为之境，就能静下来，对世界之事“有感必应、万事皆通”。

古人将大天体对人体这小天体的影响总结为“天人感应”，是古人根据天体运动对人体的影响，以及天体信息与人体信息之间的关系总结出来的，包括阴阳五行相生相克、相比和的关系，天体信息对人体信息的直接和间接的影响，以及人体对天体运动中各种信息的感应等。

人在静止和运动中都受宇宙星体的影响，都能接收到宇宙间的这种或那种的信息，即吉或凶的信息；同时也能向宇宙间发出这种或那种吉或凶的信息。信息的同步或异步作用形成了人体生命运动过程中吉凶祸福的全过程，这就是一个“天人感应”的全过程。春秋时盛行的占星术，依据天体的运行推测人事的吉凶祸福，是“天人感应”思想的直接来源。汉代董仲舒继承和发挥了阴阳家的思想，使天人感应说臻于成熟。《尚书·洪范》记载：“曰休征：曰肃、时雨若；曰乂，时旸若；曰晰，时燠若；曰谋，时寒若；曰圣，时风若。曰咎征：曰狂，恒雨若；曰僭，恒旸若；曰豫，恒燠若；曰急，恒寒若；曰蒙，恒风若。”（王世舜、王翠叶，2019：155-156）意思是说君主的施政态度能影响天气的变化。孔子作《春秋》，认为灾异是国君失德而引发的。《春秋》之所以重灾异，是因为孔子认为天人之间有感应关系，人类的行为会感应于天，天会根据人类行为的善恶邪正报应于人，上天报应人的方式即是用灾异来警告人，使人反省改过；用祥瑞来奖掖人，使人受到鼓励。《中庸》说：“至诚之道，可以前知。国家将兴，必有祯祥；国家将亡，必有妖孽。见乎蓍龟，动乎四体。”（陈晓芬、徐儒宗，2019：337）意思是说，真诚到极点，可以预知未来。国家将要兴旺，必然有吉祥的征兆；国家将要衰亡，必然有不祥的反常现象。或者呈现在占卜的蓍草龟甲上，或者表现在人的动作状态上。祸福将要来临时，是福可以预先知道，是祸也可以预先知道，所以极端真诚就像神灵一样微妙，有德必能感应上天。《易经》又说："积善之家必有余庆，积不善之家必有余殃。"（杨天才，2019：39）即指修善积德的个人和家庭，必然有更多的吉庆；作恶坏德的，必有更多的祸殃。在《论语·八佾篇》中，王孙贾问曰："与其媚于奥，宁媚于灶，何谓也？"子曰："不然；获罪于天，无所祷也。"（杨伯峻，2017：38）意思是说，明知道冒犯了上天，祈祷还有什么用吗？在《墨子·法仪》中，墨子说："爱人利人者，天必福之；恶人贼人者，天必祸之。"（李小龙，2016：26）即是说爱护他人、有利于别人的人，天一定会降福于他；仇视他人、残害别人的人，天一定会降祸于他。墨子的天罚理念和墨家的天道观在儒学体系的建构过程中发挥了重要的理论参照作用。

"天人感应"的思想在西方《圣经》中也是通常得到体现，并且主要是以神的启示来呈现的。神的启示是指神向人类揭示他自己，借此公开他自己并向人类传递真理。神借这一行动，让自己向受造之物显明自己，除此之外，再没有其他认识神的方法。启示因此可以分为"一般的启示""特殊的启示"。"一般的启示"是指，神借着所造之物，包括按照自己的形象及形式所造的人类，启示自己的存在，以及无所不在、无所不知的永恒的神性，以及神自己的某些道德的属性，譬如公义、慈爱等。神将他的普遍启示赐予世上的每一个人；所有亚当的后裔，即全人类，都有神存在的意识，因为神将他存在的意识放在他们的心里，教他们能体会造物主的存在，以及他的伟大和能力。而且根据他们的良心道德观念，人类也晓得这位造物主的道德属性。神向全人类显示有关他本性的真理。还有就是神在自然界显明自己的作为和创造，借着历史和自然界向人类启示他自己的所作所为，这也许就是最常提到的一般启示。纵观《圣经》，"天人感应"就发生在神与人之间的互动和交流中，通过人对神的思想的感悟，达到"天人感应"的目的。

一、《圣经》中"天人感应"隐喻的 R-A-C-C 解析

耶利米说，耶和华的话临到我说：
"我未将你造在腹中，我已晓得你；
你未出母胎，我已分别你为圣；
我已派你作列国的先知。"

我就说："主耶和华啊，我不知怎样说，因为我是年幼的。"
耶和华对我说："你不要说'我是年幼的'，
因为我差遣你到谁那里去，你都要去；
我吩咐你说什么话，你都要说。
你不要惧怕他们，
因为我与你同在，
要拯救你。
这是耶和华说的。"
于是耶和华伸手按我的口，对我说：
"我已将当说的话传给你。
看哪，我今日立你在列邦列国之上，
为要施行拔出、拆毁、毁坏、倾覆，
又要建立、栽植。"（耶利米书：1192）
Now the word of the LORD came to me saying,
"Before I formed you in the womb I knew you,
and before you were born I consecrated you;
I appointed you a prophet to the nations."

Then I said, "Ah, Lord GOD! Truly I do not know how to speak, for I am only a boy." But the LORD said to me,

"Do not say, 'I am only a boy';
for you shall go to all to whom I send you,
and you shall speak whatever I command you,
Do not be afraid of them,
for I am with you to deliver you,
says the LORD."

Then the LORD put out his hand and touched my mouth; and the LORD said to me,

"Now I have put my words in your mouth.
See, today I appoint you over nations and over kingdoms,
to pluck up and to pull down,
to destroy and to overthrow,
to build and to plant."

这段文字讲述了曾经受到上帝厚爱的犹大国，在末年崇拜自造的偶像，作恶多端，激起了上帝的愤怒。一个民族，如果以过去的荣耀为夸口，却又否定造成那荣耀的原因，那么这个民族是不能长久的。忘记了或离弃了活水的泉源即耶和华，那就无路可走了。上帝的话不断被传讲出来，人听是听了，但不服从，结果上帝的话对他没有产生功效。本段主要记述上帝怎样拣选耶利米作为他的代言人，并要耶利米向犹大宣告上帝的话语。从耶利米的回应中，我们可以看出上帝拣选人不是朝夕之事。当上帝要拣选耶利米时，便在他未出母胎前已把他分别出来。当上帝拣选人时，耶利米说自己没有口才，而拒绝了上帝的呼召。上帝给他话语，赐予他力量以完成上帝给予的使命。耶利米自认年幼，没有地位，恐怕不能完成上帝的使命，但上帝愿意赐他权柄，答应常与他同在。最终耶利米感触到了上帝的意图，领受了上帝的吩咐。

下面我们在 R-A-C-C 框架内对“天人感应”的这段隐喻陈述进行进一步分析。按照 R-A-C-C 框架，隐喻阐述需要经历两个阶段。第一个阶段是解构阶段，即先知耶利米蒙上帝的召唤，向败坏的犹大国民传递上帝的愤怒的信息。这些信息主要以隐喻推理的方式进行解构。第二个阶段是建构阶段，听话者将建构自己对隐藏在隐喻表述中的新奇思想的诠释。因此，阐释的过程将按照以下程序进行。

（一）解构阶段：隐喻推理

（1）明示-暗含话语含义识别：根据先知耶利米讲述的内容，我们可以看到三个事件被呈现在受众面前。第一个事件是上帝决定拣选耶利米作为先知，负责向不断沉沦的犹大国及其民众传递上帝的惩罚信息。耶利米感应到了上帝的话语和意志，但对领受上帝的拣选犹豫不决、推脱不定。第二个事件是关于上帝的决定和决心。在那个败坏的世代里，这位先知是一个孤单的人。尽管他口头上以“年轻”“口才不佳”为借口拒绝了，但上帝的话好像火在他身体里面燃烧一样。第三个事件是上帝执意拣选耶利米作为先知，去向堕落的犹大国民传递上帝的话语。耶利米身心真切“感应”到了上帝对他的重托和信任。这三件事是合理地、紧密地联系在一起的，这样我们就可以解构先知耶利米所述的明确意义以及上帝的明确意图：在一个败坏的世代中，只有上帝的话是有力量的。上帝的话可以拆毁一个国度，也可以保全一个国度。确切地说，先知耶利米必须向远离上帝教诲的犹大国传达一条信息。这条信息可能会带来某种关联的期望，它与耶利米所说的具有一定的关联度。读者对相关性的期望，导致了一些关于某些关系的假设：先知耶利米与上帝间的感应关系、犹大国与巴比伦国之间的关系、上帝与邪恶势力的关系等。

（2）语境假设的建构、激活和顺应：语境假设的建构、激活和顺应在这个过程中相互并行地运作。为了建构合适的语境，我们需要找到一些相关的线索在心理认知中来描述这几节的主题：①曾经蒙受上帝恩典的犹大国，逐渐脱离上帝对它的教诲；②上帝开始拣选耶利米作为先知，向正在沉沦的犹大国民传递他的警告；③上帝以其坚定的决心，决定惩罚正在远离他的犹大国。所有这些事件构成了一个巨大的背景，通过这个巨大的背景，先知耶利米将上帝的意图传达给所有犹大国民。与此同时，背景的激活也带来了语境的假设：犹大国是栽种出来的吗？那就把它拔出来。犹大国是建立起来的吗？那就把它拆毁。上帝的话的最终目的不在破坏，而是在建设，但栽种要按着上帝的旨意，建造要按照上帝的设计。因此，我们可以根据这些线索建构背景信息。这可能会引发另一种情境假设：违背上帝的教诲，其命运必然是走向毁灭。

与此同时，受众从开始到结束的过程中都在做背景建构。对于受众来说，使语境顺应不仅仅是进行语言上的顺应，更要进行心理上的顺应。通过语言和心理上的顺应，受众最终将形成他们的语境假设，这可能被认为是整个陈述的隐含前提。

（二）建构阶段：映射和整合

不同于第一阶段，即解构阶段，建构阶段将突出最终接受的解释。在这一阶段，认知方法将主要和语用方法一道来建构阐释程序。

（1）源域和目标域的建构和交互作用：在源域和目标域的建构和交互作用下，生成的类属结构直接导致这个比喻的隐喻含义。新创结构的生成取决于源域（输入空间 1）和目标域（输入空间 2）的映射和整合。

首先，这个隐喻涉及“年幼无知是圣洁”以及“犹大国是毁灭”这两个概念隐喻。在这两个隐喻中，源域和目标域相应地映射在图 7.3 中。

从以上两个源域和目标域的映射中可以看出，这两个隐喻表达了两层含义。从第一个隐喻中，我们可以看到，源域中的这些元素，如“服侍”“蒙召”“承担”“崇高”“胜利”“栽植”，从结构上被投射到目标域。同时这些元素与目标域中的元素相结合，其中包括“年轻”“敬畏”“勇敢”“战战兢兢”“软弱”“沉默”。对于第二个隐喻，源域中的元素，如“拔出”“拆毁”“毁坏”“倾覆”“失败”“灾祸”，与目标域中的元素，如“撕裂”“铲平”“碎片”“堕落”“背离”“狂妄”相整合。因此，这两个隐喻可以分别生成类属结构。

"年幼无知是圣洁"中概念隐喻的源域和目标域的映射

源域：圣洁	目标域：年幼无知
服侍	年轻
蒙召	敬畏
承担	勇敢
崇高	战战兢兢
胜利	软弱
栽植	沉默

"犹大国是毁灭"中概念隐喻的源域和目标域的映射

源域：毁灭	目标域：犹大国
拔出	撕裂
拆毁	铲平
毁坏	碎片
倾覆	堕落
失败	背离
灾祸	狂妄

图 7.3 "年幼无知是圣洁"及"犹大国是毁灭"中源域和目标域的映射

（2）关联和顺应下的整合（图 5.4）：这则论述的超级整合过程涉及两个子过程，即"年幼无知是圣洁"以及"犹大国是毁灭"。整合的根本影响来自关联原则和顺应原则的运作。整合本身总是受到关联性和顺应性的压力，从而使输入空间之间的联系指向其他空间。同时，听话者在关联原则和顺应原则的指导下，对整合网络进行建构和解释。具体地说，当受众在输入的各个要素中提高了相关性的期望值时，受众就会被提示去寻求最大关联，并排除在心智空间中无关的和多余的联系。此外，受众可能会在语用、认知和语义上进行持续的顺应，以达到最佳关联。此外，三个子过程，即"组合""完善""扩展"，都是形成整合结构的原因。在"组合"的子过程中，一些关系被建立起来：走向堕落的犹大—背离上帝的戒律；上帝的拣选—先知耶利米的责任；上帝与先知耶利米的"天人感应"—勇往直前传递上帝的信息；等等。在"完善"的子过程中，背景框架、认知和文化模型都是由这些新关系整合而成的。最后，新创结构是通过"扩展"的子过程形成的：上帝一方面是要把那些不是上帝所栽种的东西拔出、毁坏，另一方面是把那些不是上帝所建造的东西拆毁、倾覆。但是，上帝的最终目的不在破坏，而在建设，但栽种要按着上帝的旨意，建设要按照上帝的设计。

（3）衍生出预期的阐释：在认知主体性的影响下，听话者最后将得到本段最终的隐喻阐释：上帝已拣选先知耶利米为圣，所以指派他去列国传讲自己的话语。由于先知耶利米与上帝建立起了相互“感应”的关系，于是他自然地意识到对自己蒙召去传讲的上帝的话语的崇高性、严肃性和重要性。

二、“四书五经”中“天人感应”隐喻的 R-A-C-C 解析

《尚书 · 洪范》中有以下描述：

“八、庶征：曰雨，曰旸，曰燠，曰寒，曰风。曰时五者来备，各以其叙，庶草蕃庑。一极备，凶；一极无，凶。

“曰休征：曰肃，时雨若；曰乂，时旸若；曰晰，时燠若；曰谋，时寒若；曰圣，时风若。

“曰咎征：曰狂，恒雨若；曰僭，恒旸若；曰豫，恒燠若；曰急，恒寒若；曰蒙，恒风若。

“曰王省惟岁，卿士惟月，师尹惟日。岁、月、日时无易，百谷用成，乂用明，俊民用章，家用平康。日、月、岁时既易，百谷用不成，乂用昏不明，俊民用微，家用不宁。庶民惟星，星有好风，星有好雨。日月之行，则有冬有夏。月之从星，则以风雨……”（王世舜、王翠叶，2019：154-156）

【译文】“八、各种不同的征兆：一是雨，二是晴，三是暖，四是寒，五是风。假若这五种现象，都能按照一定的规律发生，那么各种草木就会茂盛地生长，庄稼也会丰收。假若其中一种现象过多，年成就不好；一种现象过少，年成也会不好。

“各种好的征兆：天子办事恭谨，雨水就按时降下来；天子的政治清明，就会有充足的阳光；天子办事明白，炎热的气候就会按时到来；天子能够深谋远虑，寒冷的气候也会应时而至；天子通达事理，风也就会按时产生。

“各种坏的征兆：天子的行为狂妄，大雨就会下个不停；天子办事有差错，天气就会干旱不雨；天子贪图安逸享受，天气就会经常炎热；天子办事急躁，天气就会经常寒冷；天子办事不精明，风就刮个不停。

“天子有了过失，就会影响一年；卿士有了过失，就会影响一月；

官吏有了过失，就会影响一天。年、月、日都不发生异常的变化，各种庄稼便都会茂盛地生长，政治就会清明，贤能的人就会得到任用，国家也就会平安无事。假如日、月、年发生了异常的变化，许多庄稼就长不好，政治就昏暗，贤能的人就得不到任用，国家就会紊乱。庶民好比星，有的星好风，有的星好雨。由于日月的运行，便产生了冬天和夏天。假若月亮离开太阳而顺从于星，那么接近箕星就多风，接近毕星就多雨……”（王世舜、王翠叶，2019：154-157）

以上这段话把自然事物和现象与政治人事联系起来，从自然现象的发生演变中去窥测政治人事的发展变化、吉凶祸福，是中国人特有的思维方式，也带有某种神秘色彩，因此具有明显的中国儒家文化的“天人感应”特点。下面我们在 R-A-C-C 框架内对“天人感应”的隐喻进行进一步分析。

为了理解这个比喻，我们需要按照我们的 R-A-C-C 框架，像往常一样经历两个阶段。第一个阶段是解构阶段，作者以隐喻的手法，强调了自然界中的五种现象的特点。一个国家的这五种自然现象表现正常，就会政通人和；这五种自然现象出现反常，就会陷入政治昏庸、社会混乱的状态。第二阶段是建构阶段，听话者将建构自己对隐藏在隐喻表述中的主体思想的诠释。因此，阐释的过程将按照以下程序进行。

（一）解构阶段：隐喻推理

（1）明示-暗含话语含义识别：根据《尚书·洪范》所讲述的内容，儒家所推崇的“天人感应”的思想在受众面前被鲜活地呈现了出来。首先，该段话阐述了自然界五种征兆的内容。这五种自然界的征兆不是孤立的，是和人的政治、生活息息相关的。其次，强调自然界，即“天”所表现出来的各种征兆，是对君王统治、民众行事的一种反映。最后，一个国家的君王和卿士如果顺从自然的规律，便会感得吉兆，反之则会感得凶兆。以上这三个层次内容层层递进，相互联系。这样我们就可以解构《尚书·洪范》所述的明确意义以及儒家核心思想的明确意图：雨、阳光、热、寒、风都必须及时来到。这五者如果按正常秩序来得很充足，各种植物就会长得茂盛而丰饶；如果其中任何一种极多或者极少，就会造成灾害。君主的政治作风，也是和自然界这五种现象息息相关的。这种关系给听话者带来某种关联的期望，它与儒家的主体思想具有一定的关联。读者对相关性的期望，产生了一些关于某些“天人感应”关系的假设：

自然与人的关系、自然现象与君王的政治关系、“遵行”与“违背”的关系、“法则”与“行为”之间的关系等。

（2）语境假设的建构、激活和顺应：语境假设的建构、激活和顺应在这个过程中相互并行地进行运作。为了建构合适的语境，我们需要找到一些相关的线索，以便在认知的过程中来确定这一节的主题：①“天”乃“自然”，自然界中的各种征兆乃“天”的征兆；②“天”的各种征兆实际上是对地上君王和百姓的警示；③地上的君王、臣子和百姓，只有及时“感应”到“天”的各种征兆和警示，才能化险为夷，应对各种困境和难题。所有这些事件构成了一个广阔的背景，通过这个广阔的背景，儒家先贤的“天人感应”思想被传达给所有芸芸众生。与此同时，背景的激活也带来了语境的假设：及时捕捉“天”“自然”传递给人类的各种信号，借以对自己的行为举止适时地做出反思和调整，保持“天人感应”这种态度，戒慎恐惧。因此，我们可以根据这些线索建构背景信息。这可能会引发另一种情境假设：凡是违背自然规律的想法和做法，“自然”会以各种征兆显明，因此要及时学会感应“天”所传递的信息，调整自己的行为。

与此同时，受众从开始到结束的过程中都在做背景建构。对于受众来说，使语境顺应不仅仅是进行语言上的顺应，更要进行心理上的顺应。通过语言和心理上的顺应，受众最终将形成他的语境假设，这可能被认为是整个隐喻的隐含前提。

（二）建构阶段：映射和整合

不同于第一阶段，即解构阶段，建构阶段将突出最终听话者接受的隐喻阐释。在这一阶段，认知方法将主要和语用方法一道来建构阐释程序。

（1）源域和目标域的建构和交互作用：在源域和目标域的建构和交互作用下，生成的新创结构直接导致这个比喻的隐喻含义。新创结构的生成取决于源域（输入空间 1）和目标域（输入空间 2）的映射和整合。

首先，这个隐喻涉及“自然征兆是君主政治”以及“上天是秩序”两个概念隐喻。在这两个隐喻中，源域和目标域相应地映射在图 7.4 中。

从以上两个源域和目标域中可以看出，这两个隐喻表达了两层含义。从第一个隐喻“自然征兆是君主政治”的表述中，我们可以体验到，源域中的这些元素，如“明智”“深谋远虑”“圣明达理”“狂妄”“傲慢”“昏庸无能”，从结构上被投射到目标域。同时这些元素与目标域中的元素相结合，其中包括“下雨”“天晴”“温暖”“寒冷”“刮风”“日月星辰变幻”。对于第二个隐喻“上天是秩序”，源域中的元素，如“规律”“稳定”“有序”“可靠”“遵守”“保持”，与目标域中的元素，如“创造”“永恒”“征兆”“主宰”“服从”“感应”相整合。因此，这两个隐喻可以分别生成类属结构。

“自然征兆是君主政治”中源域和目标域的映射

源域：君主政治	目标域：自然征兆
明智	下雨
深谋远虑	天晴
圣明达理	温暖
狂妄	寒冷
傲慢	刮风
昏庸无能	日月星辰变幻

“上天是秩序”中源域和目标域的映射

源域：秩序	目标域：上天
规律	创造
稳定	永恒
有序	征兆
可靠	主宰
遵守	服从
保持	感应

图 7.4　“自然征兆是君主政治”及“上天是秩序”中源域和目标域的映射

（2）关联和顺应下的整合（图 5.4）：这则论述的超级整合过程涉及两个子过程，即“自然征兆是君主政治”以及“上天是秩序”。整合的根本效果来自关联原则和顺应原则的运作。整合本身总是受到关联性和顺应性的压力，从而使输入空间之间的联系指向其他空间。同时，听话者在关联原则和顺应原则的指导下，对整合网络进行建构和解释。具体地说，当受众在输入的各个要素中提高了相关性的期望值时，受众就会被提示去寻求最大关联，并排除在心智空间中无关的和多余的联系。此外，听话者可能会在语用、认知和语义上进行连续的顺应和选择，以形成最佳关联。此外，这三个子过程，即“组合”“完善”“扩展”，都是形成整合结构的原因。在“组合”的子过程中，一些关系网络被建立起来：自然的征兆—人为的感应；自然的法则—人为的遵守；上天与自然对人类的警示—君主、大臣、民众的自省；等等。在“完善”的子过程中，背景框架、认知和文化模型都是由这些新关系整合而成的。最后，新创结构是通过“扩展”的子过程形成的：自然气候的变幻是对君主政治的反映，人类世界和自然世界是互相关联的，君主方面的恶行就会导致自然界异常现象的出现；要善于观察和感应自然现象的出现是否正常，以及各种现象之间的顺序是否错乱，并根据感应和观察，做出决定和选择。

（3）衍生出预期的阐释：在认知主体性的影响下，听话者最后将得到本段最终的隐喻阐释："天人感应"是上天赋予人们的天生秉性。人们要时刻保持警醒状态，规范自己的行为，观察自然现象的顺序，时刻做出正确的选择。

通过以上对《圣经》和"四书五经"中隐喻阐释的R-A-C-C解析，我们发现，不管是《圣经》的隐喻还是国学中"四书五经"的隐喻，在"天人感应"这一主题上，都存在着一定的文化交融性和文化贯通性。毋庸置疑，《圣经》和"四书五经"在"天人感应"这个主题上强调的重点有所不同。《圣经》隐喻中的"天人感应"思想更多地是从上帝与他所拣选的人的互动方面来谈的，主要集中在上帝所拣选的人能及时地感应到上帝的启示，进而按照上帝的指示来行事。"四书五经"隐喻中表达的"天人感应"思想，主要是指儒家的思想，即人类的行为会上感于天，天会根据人类行为的善恶邪正下应于人，天下应人的方式即是用灾异来谴告人，使人反省改过。除了儒家思想外，"天人感应"思想还包括墨子的"天道观""天罚理念"。但是从深层次来讲，中国传统文化所讲的"天人感应"和西方文化经典《圣经》中讲的"天人感应"思想是一致的：二者都要求地上的君王、官卿和上天保持一致，按照自然法则和人生法则应有的规律做人行事，并且要时时感应到"上天""上帝"所传递的信息。

第四节　"和谐辩证"隐喻的中西文化交融性 R-A-C-C解析

在中国传统文化中，"和谐"，古人谓之"和"。在历史发展的各个阶段和诸子百家的不同学派之中，"和"的思想贯穿始终，并逐渐积淀为中华民族传统文化的基本精神，生生不息，在维系社会稳定、促进社会进步、推动社会发展等方面发挥了重要作用。儒家思想特别重视个人自我身心内外的和谐，从儒家的"和为贵""和而不同"，到孟子的"老吾老以及人之老，幼吾幼以及人之幼"，都表达了社会和谐、祈盼和顺、崇尚和美、追求和谐的主张。孔子在个人修行方面，主张保持平和、恬淡的心态，追求一种“厚德载物”的境界。孔子曰：“天下有道则见，无道则隐。邦有道，贫且贱焉，耻也；邦无道，富且贵焉，耻也。”（《论语·泰伯》）孟子把这一思想发展为“穷则独善其身，达则兼济天下”（《孟子·尽心上》）。即是说，如果穷困的话，那么只能将精力倾注于自己身上，提高自己的修养；如果显达的话，那么就要努力为天下人造福。

儒家思想认为，生死和富贵不是人力可以追求到的，也不应该是人追求的目标，即“死生有命，富贵在天”（《论语·颜渊》）；但是人的道德和行为则是靠人的努力来获得的。《周易》中有“天行健，君子以自强不息”“地势坤，君子以厚德载物”的说法。即天（即自然）的运动刚强劲健，君子应刚毅坚卓，发奋图强；大地的气势厚实和顺，君子应增厚美德，容载万物。应该把这两种精神同人的成功经验相结合，力求达到天、地、人三者的和谐，实现个人身心内外的和谐。孟子认为做人应该“尽其心者，知其性也。知其性，则知天矣。存其心，养其性，所以事天也”（《孟子·尽心上》）。一个人如果要保存他的本心，修养他的德行，以实现大道的要求，一定要修养自己，保持和天道的一致，这就是安身立命。安身立命就是要使自己的身心和谐，内在和外在和谐，言行符合天道的要求。儒家思想所强调的是道德修养的提升，以求身心内外在的和谐。如果人自身不和谐，就不会有良好的道德，也不会有符合社会规范的行为准则。所以儒家思想非常强调修身，如“修身、齐家、治国、平天下”（《大学》）。孟子认为：“天下之本在国，国之本在家，家之本在身。”（《孟子·离娄上》）曾子也强调：“古之欲明明德于天下者，先治其国；欲治其国者，先齐其家；欲齐其家者，先修其身；欲修其身者，先正其心；欲正其心者，先诚其意；欲诚其意者，先致其知……”（《大学》）一切以修身为本，修身之后才可以使家庭和睦，才可以治理国家，天下才能太平。所以儒家思想认为一个社会要成为和谐的社会，每个人都必须注重道德修养，这样的社会才是真正的和谐社会。

作为西方文化经典的《圣经》，其主题就是“和”“好”，而“和”“好”与“和谐”是近义词。作为一部宗教文化经典，它首先强调的是人与神之间的和好；其次是人与人之间的和睦；再者，《圣经》也不忽视人与自然之间的和谐。基督被称为“和平之君”，他所传讲的则是“和平的福音”或是“和好的道理”。基督教信仰“三位一体的神”，这本身就是一个爱的伙伴关系、一个美好和谐的伙伴关系，也是和谐的最高境界。在这样一位和谐之神的创造、管理、维护和救赎之下，人类、自然、世界、宇宙都应将是和谐有序的而不是杂乱无章的。尽管人类始祖犯了罪，但神依然要借着耶稣基督来拯救人类。“要照所安排的，在日期满足的时候，使天上地上一切所有的，都在基督里面同归于一”（…as a plan for the fullness of time, to gather up all things in him, things in heaven and things on earth.）（以弗所书 1：10）。这里“同归于一”的“一”自然不是单数的“一”，而是合一的“一”，也是和谐的“一”。因此，不论是《旧约全书》先知预言还是《新约全书》“启示录”所展望的终极世界，均是指向一个和谐美满的新天地。

一、《圣经》中“和谐辩证”隐喻的 R-A-C-C 解析

> 所以，你们要守我今日所吩咐的一切诫命，使你们胆壮，能以进去，得你们所要得的那地，并使你们的日子，在耶和华向你们列祖起誓应许给他们和他们后裔的地上得以长久，那是流奶与蜜之地。你要进去得为业的那地，本不像你出来的埃及地，你在那里撒种，用脚浇灌，像浇灌菜园一样。你们要过去得为业的那地，乃是有山、有谷、雨水滋润之地。是耶和华你神所眷顾的，从岁首到年终，耶和华你神的眼目时常看顾那地。（申命记：288）
>
> Keep, then, this entire commandment that I am commanding you today, so that you may have strength to go in and occupy the land that you are crossing over to occupy, and so that you may live long in the land that the LORD swore to your ancestors to give them and to their descendants, a land flowing with milk and honey. For the land that you are about to enter to occupy is not like the land of Egypt, from which you have come, where you sow your seed and irrigate by foot like a vegetable garden. But the land that you are crossing over to occupy is a land of hills and valleys, watered by rain from the sky, a land that the LORD your God looks after. The eyes of the LORD your God are always on it, from the beginning of the year to the end of the year.

在本段中，摩西再次回顾了过往的以色列历史，从其中带出属灵的教训。上帝与他的子民建立约定关系，其核心正是“爱”。上帝赐下的一切律例典章，

总纲就是“爱上帝、爱人如己”。人若没有爱，根本遵行不了律法。正是人与上帝之间的这种和谐关系的存在，才能保证万事万物顺利地运转。

下面我们在R-A-C-C框架内对“和谐辩证”的这段隐喻陈述进行进一步分析。按照R-A-C-C框架，隐喻阐释需要经历两个阶段。第一个阶段是解构阶段，即摩西不断地回顾过去上帝在出埃及与旷野之间行的神迹和奇事，彰显了上帝大而可畏的权能，之所以如此反复回顾历史，是为了展望未来，使百姓深深领悟到他们是蒙大恩的上帝的选民，督促百姓越发地爱上帝、顺服上帝。摩西陈明了百姓若爱上帝而遵行其诫命时将要得到的诸般祝福。这些信息主要以隐喻推理的方式解构。第二阶段是建构阶段，听话者将建构自己对隐藏在隐喻表述中的新奇思想的诠释。因此，阐释的过程将按照以下程序进行。

（一）解构阶段：隐喻推理

（1）明示-暗含话语含义识别：根据摩西的讲述内容，我们可以看到三个事件被呈现在受众面前。第一个事件是反复用“流奶与蜜之地”来表达迦南这块应许之地是何等的富饶、肥沃，然而这并非指迦南的自然环境，因为迦南地上除了部分肥沃地带以外，其他地区供水不足、温差大，是不毛之地。归根结底，迦南能流奶与蜜，在于上帝的赐福，在于上帝与人关系的和谐。第二个事件是摩西陈明了祝福之后，再明示人如果不顺服会招来的诅咒：不但迦南地上的富饶将归于无有，就是他们自己也将速速灭亡。第三个事件是摩西晓谕百姓：迦南地之美，在于有上帝的同在；若上帝不同在，迦南将不再是美地。“从岁首到年终”强调了上帝看顾和赐福其百姓是没有间断的，从不停止。“雨水滋润”象征着上帝的恩典及时又丰盛。这三件事是合理地、紧密地联系在一起的，这样我们就可以解构犹太人的领袖摩西传递的信息：他把祝福与诅咒都陈明在百姓的面前，劝勉他们将来面临选择的时候，要做出正确的选择。这条信息可能会带来某种关联的期望，它与摩西所说的具有一定的关联度。读者对相关性的期望，导致了一些关于某些关系的假设：摩西与上帝之间的和谐关系、摩西与民众之间的关系、迦南美地与埃及地的关系等。

（2）语境假设的建构、激活和顺应：语境假设的建构、激活和顺应在这个过程中相互并行地进行运作。为了建构合适的语境，我们需要找到一些相关的线索在心理认知中来描述这几节的主题：①上帝与他的子民建立的“契约”关系；②上帝拣选摩西带领以色列人走出埃及，摆脱为奴的境地；③摩西向以色列民众传递遵守上帝的律例和典章的指示。所有这些事件构成了一个巨大的背景，通过这个巨大的背景，摩西向以色列民众传递了上帝对他们的期望。与此同时，背景的激活也带来了语境的假设：以色列民众想要在迦南地上的日子得以长久，就要遵守上帝一切的诫命。人若忘记上帝或忘记拜偶像，就有干旱与荒芜随之而来。遵行上帝的话语的赏赐是，他们的日子在应许的地上得以增多。因此，我们可以根据这些线索建构背景信息。这可能会引发另一种情境假设：上帝的话在以色列民众与上帝保持和谐关系的情况下是祝福，在他们叛逆上帝的情况下是诅咒。与此同时，受众在从开始到结束的过程中都在做背景建构。对于受众来说，使语境顺应不仅仅是进行语言上的顺应，更要进行心理上的顺应。通过语言和心理上的顺应，受众最终将形成他们的语境假设，这可能被认为是整个陈述的隐含前提。

（二）建构阶段：映射和整合

不同于第一阶段，即解构阶段，建构阶段将突出最终接受的解释。在这一阶段，认知方法将主要和语用方法一道来建构阐释程序。

（1）源域和目标域的建构和交互作用：在源域和目标域的建构和交互作用下，生成的新创结构直接导致这个比喻的隐喻含义。新创结构的生成取决于源域（输入空间 1）和目标域（输入空间 2）的映射和整合。

首先，这个隐喻涉及"顺服是赏赐"以及"悖逆是灾难"这两个概念隐喻。

"顺服是赏赐"中概念隐喻的源域和目标域的映射

源域：赏赐	目标域：顺服
春雨	和谐
收割	谨慎
迦南地	契约
奶与蜜	负责
祝福	正路

"悖逆是灾难"中概念隐喻的源域和目标域的映射

源域：灾难	目标域：悖逆
诅咒	迷惑
干旱	背约
歉收	愚拙
苦难	恶行
被掳	恶果

图 7.5 "顺服是赏赐"及"悖逆是灾难"中源域和目标域的映射

从以上两个源域和目标域的映射中可以看出,这两个隐喻表达了两层含义。从第一个隐喻中,我们可以看到,源域中的这些元素,如“春雨”“收割”“迦南地”“奶与蜜”“祝福”,从结构上被投射到目标域。同时这些元素与目标域中的元素相结合,其中包括“和谐”“谨慎”“契约”“负责”“正路”。对于第二个隐喻,源域中的元素,如“诅咒”“干旱”“歉收”“苦难”“被掳”与目标域中的元素,如“迷惑”“背约”“愚拙”“恶行”“恶果”相整合。因此,这两个隐喻可以分别生成类属结构。

(2)关联和顺应下的整合(图 5.4):这则论述的超级整合过程涉及两个子过程,即“顺服是赏赐”以及“悖逆是灾难”。整合的根本影响来自关联原则和顺应原则的运作。整合过程本身总是受到关联性和顺应性的推动,从而使输入空间之间的联系指向其他空间。同时,听话者在关联原则和顺应原则的指导下,对整合网络进行建构和解释。具体地说,当受众对输入空间的各个要素提高了相关性的期望值时,就会被提示去寻求最大关联,并排除在心智空间中无关的和多余的联系。此外,受众可能会在语用、认知和语义上进行持续的顺应,以达到最佳关联。此外,这三个子过程,即“组合”“完善”“扩展”都是形成整合结构的原因。在“组合”的子过程中,一些关系被建立起来:上帝的指引—摩西的领受;摩西传递上帝的话语—以色列民众的倾听;上帝与摩西的“和谐”关系—摩西与以色列民众的联系;等等。在“完善”的子过程中,背景框架、认知和文化模型都是由这些新关系整合而成的。最后,新创结构是通过“扩展”的子过程形成的:“顺服”和“悖逆”以及“赏赐”和“灾难”,是相互转化的辩证关系,最终取决于上帝与人关系的“和谐”。

(3)衍生出预期的阐释:在认知主体性的影响下,听话者最后将得到本段最终的隐喻阐释:如果以色列人守约,尽所当尽的本分,就会蒙福,必能赶出仇敌,得到应许之地,五谷丰收,人丁兴旺;只有在背约的时候,诅咒才会临到,让他们失去上帝的赐福,五谷歉收,仇敌入侵。

二、“四书五经”中“和谐辩证”隐喻的 R-A-C-C 解析

梁惠王曰:“寡人愿安承教。”孟子对曰:“杀人以梃与刃,有以异乎?”曰:“无以异也。”“以刃与政,有以异乎?”曰:“无以异也。”曰:“庖有肥肉,厩有肥马,民有饥色,野有饿莩,此率兽而食人也。兽相食,且人恶之;为民父母,行政,不免于率兽而食

人，恶在其为民父母也？仲尼曰：‘始作俑者，其无后乎！’为其象人而用之也。如之何其使斯民饥而死也？”（杨伯峻，2008：9）

【译文】梁惠王（对孟子）说道：“我很高兴听到您的指教。”孟子答道：“用木棒打死人和用刀子杀死人，有什么不同吗？”王说：“没有什么不同。”“用刀子杀死人和用政治害死人，有什么不同吗？”王说：“也没有什么不同。”孟子又说：“现在您的厨房里有皮薄膘肥的肉，您的马栏里有健壮的马，可是老百姓面带饥色，野外躺着饿死的尸体，这等于是在上位的人率领着禽兽来吃人。兽类自相残杀，人尚且厌恶它；做老百姓父母官的，主持政治，却不免于率领禽兽来吃人，那又怎么能做老百姓的父母官呢？孔子说过：‘第一个造作木偶土偶来殉葬的人该会绝子灭孙断绝后代吧！’（为什么孔子这样痛恨呢？）就是因为木偶土偶很像人形，却用来殉葬。（用像人形的土偶木偶来殉葬，尚且不可；）又怎么可以使老百姓活活地饿死呢？”（杨伯峻，2008：9-10）

孟子提出一个系统的“仁政”型社会和谐理论，这一社会和谐理论以经济和谐为基础，以道德和谐为核心，以上下和谐为主干，以善政善教为支撑。孟子不仅在价值观上宣扬“人和”，而且还系统提出了建立“人和”社会即和谐社会的政治理论，也是他的王道仁政理论。

下面我们在R-A-C-C框架内对“和谐辩证”的这段隐喻陈述进行进一步分析。按照R-A-C-C框架，隐喻阐释需要经历两个阶段。第一个阶段是解构阶段，孟子把君主的身心和谐即“仁”与国家的兴衰紧密联系，认为如果君王仁义了，臣与民就没有不仁义的了；如果君王讲义气了，臣民就没有不义气的了；如果君王正直了，臣民就没有不正直的了，所以一个正直的君王可以使国家安定下来，实现和谐。这些信息主要以隐喻推理的方式进行解构。第二阶段是建构阶段，听话者将建构自己对隐藏在隐喻表述中的新奇思想的诠释。因此，阐释的过程将按照以下程序进行。

（一）解构阶段：隐喻推理

（1）明示-暗含话语含义识别：根据孟子讲述的内容，我们可以看到三个事件呈现在受众面前。第一个事件是借用木棒打死人和用刀子杀人、用刀子杀人和政治害死人的相同效果，隐喻君王作为百姓的依靠，对百姓的生死具有决定权；第二个事件是孟子陈明如果君王只关心自己过富足的生活，而置百姓的生死于不顾，那无异于自取灭亡；第三个事件是孟子借用孔子的比喻，即以前谁用木偶陪葬都被认为是不仁义的，要受到断子绝孙的诅咒，何况现在的君王怎能眼睁睁地看着自己的百姓饿死呢？这三件事是合理地、紧密地联系在一起的，这样我们就可以解构作为“仁政”和谐思想倡导者的孟子传递的信息：作为执政者和百姓的主宰，让百姓生活得幸福是君王的根本使命。如果君王仅仅关心自己能否过上奢侈的生活，而不关心百姓的生死，这无异于领着野兽去吃自己的子民。这条信息可能会带来某种关联的期待，它与孟子所说的具有一定的关联度。读者对相关性的期望，导致了一些关于某些关系的假设：孟子与梁惠王的和谐关系、梁惠王与民众之间的关系、孟子的“仁政”和谐思想与君王的“王道”思想关系等。

（2）语境假设的建构、激活和顺应：语境假设的建构、激活和顺应在这个过程中相互并行地进行运作。为了建构合适的语境，我们需要找到一些相关的线索在心理认知中来描述这几节的主题：①用木棒打死人和用刀子杀死人的关系；②用刀子杀人和实行暴政害人的关系；③君王施行仁政和百姓服从君王的关系。所有这些事件构成了一个巨大的认知背景，通过这个巨大的背景，孟子借助与梁惠王谈话的机会，宣讲了自己的政治“和谐”的主张。与此同时，背景的激活也带来了语境的假设：要使老百姓过得幸福，并且日子得以长久，君王就必须心中具有政治“和谐”的思想，一心想着百姓，这样统治才能得以巩固和长久。因此，我们可以根据这些线索，建构背景信息。这可能会引发另一种情境假设：“和谐”是“仁政”思想的精髓。如果君王只顾自己过着富裕奢华的生活，而对穷苦无助者不管不顾，甚至还要肆意盘剥，那就是一种禽兽行为。与此同时，受众在从开始到结束的过程中都在做背景建构。对于受众来说，使语境顺应不仅仅是进行语言上的顺应，更要进行心理上的顺应。通过语言和心理上的顺应，受众最终将形成他们的语境假设，这可能被认为是整个陈述的隐含前提。

（二）建构阶段：映射和整合

不同于第一阶段，即解构阶段，建构阶段将突出最终接受的解释。在这一阶段，认知方法将主要和语用方法一道来建构阐释程序。

（1）源域和目标域的建构和交互作用：在源域和目标域的建构和交互作用下，生成的新创结构直接导致这个比喻的隐喻含义。新创结构的生成取决于源域和目标域的映射和整合。

首先，这个隐喻涉及“和谐是仁政”以及“暴政是敌人”这两个概念隐喻。在这两个隐喻中，源域和目标域相应地映射在图 7.6 中。

“和谐是仁政”中概念隐喻的源域和目标域的映射

源域：仁政	目标域：和谐
友爱	道德
王道	恒产
温饱	礼仪
道德	秩序
仁义	仁慈
同心同德	民心民意

“暴政是敌人”中概念隐喻的源域和目标域的映射

源域：敌人	目标域：暴政
贪婪	腐败
自私	懒惰
凶狠	凌驾
专横跋扈	冷漠
掠夺	挥霍
吞噬	膨胀

图 7.6 “和谐是仁政”及“暴政是敌人”中源域和目标域的映射

从以上两个源域和目标域中可以看出，这两个隐喻表达了两层含义。从第一个隐喻中，我们可以看到，源域中的这些元素，如“友爱”“王道”“温饱”“道德”“仁义”“同心同德”，从结构上被投射到目标域。同时这些元素与目标域中的元素相结合，其中包括“道德”“恒产”“礼仪”“秩序”“仁慈”“民心民意”。对于第二个隐喻，源域中的元素，如“贪婪”“自私”“凶狠”“专横跋扈”“掠夺”“吞噬”与目标域中的元素，如“腐败”“懒惰”“凌驾”“冷漠”“挥霍”“膨胀”相整合。因此，这两个隐喻可以分别生成类属结构。

（2）关联和顺应下的整合（图 5.4）：这则论述的超级整合过程涉及两个子过程，即“和谐是仁政”以及“暴政是敌人”。整合的根本影响来自关联原则和顺应原则的运作。整合过程本身总是受到关联性和顺应性的推动，从而使输入空间之间的联系指向其他空间。同时，听话者在关联原则和顺应原则的指导下，对整合网络进行建构和解释。具体地说，当受众对输入空间中的各个要素提高了相关性的期望值时，就会被提示去寻求最大关联，并排除在心智空间中无关的和多余的联系。此外，受众可能会在语用、认知和语义上进行持续的顺应，以达到最佳关联。此外，三个子过程，即“组合”“完善”“扩展”，都是形成整合结构的原因。在“组合”的子过程中，一些关系被建立起来：孟子的说教—梁惠王的倾听；政治和谐—君王作为；孟子与梁惠王的“和谐”关系—君王与百姓的联系；等等。在“完善”的子过程中，背景框架、认知和文化模型都是由这些新关系整合而成的。最后，新创结构是通过“扩展”的子过程形成的：君臣之间、君民之间“和谐”的上下级关系，是保证政治和谐的基本要务。

（3）衍生出预期的阐释：在认知主体性的影响下，听话者最后将得到本段最终的隐喻阐释：君王重视民心、与民同乐是实现君民和谐的关键，而民心民意是赢得天下、保持和谐社会的重中之重。

从以上几个方面对西方《圣经》和国学“四书五经”关于“和谐辩证”思想所表达的内容进行分析后，我们可以看到，《圣经》中所表述的“和谐辩证”思想主要强调上帝与人之间的关系问题。人作为受造之物，必须遵循上帝制定的律例和诫命，保持和上帝的联系，只有这样，才会得到上帝的祝福，确保上帝与人的关系和谐、人与自然界的关系和谐、人与人之间的关系和谐。中国传统文化中儒家的社会和谐思想的核心是“仁义道德”，涉及建构和谐社会的各个基本层面和内容。道德和谐本质上体现为人与人的友好善意、合作互助、君主的“仁政”等关系。从本质上来讲，“和谐辩证”思想不管是从《圣经》的角度来看，还是从“四书五经”的角度来看，都有很大的文化交融性，值得相互借鉴。

第五节　“中庸之道”隐喻的中西文化交融性 R-A-C-C 解析

“中庸之道”是儒家思想的核心组成部分。儒家学说中的“中庸之道”主张对人、对事不走极端，“和为贵”。中庸之道的主要原则有三条：一是慎独自修，二是忠恕宽容，三是至诚尽性。“慎独自修”原则要求人们在自我修养的过程中，做到自我控制、自我监管。无论是在别人看得到的地方还是看不到的地方，在道德上都要进行自我约束。“忠恕宽容”原则要求人们以“仁”为核心，在政治上施行“仁政”，在人际交往中做到“己所不欲，勿施于人”。关于“至诚尽性”原则，《中庸》认为，“唯天下至诚，为能尽其性。能尽其性，则能尽人之性；能尽人之性，则能尽物之性；能尽物之性，则可以赞天地之化育；可以赞天地之化育，则可以与天地参矣”（陈晓芬、徐儒宗，2019：335）。意思是说，“只有天下最为真诚的圣人，才能充分发挥自己固有的本性。能够充分发挥自己固有的本性，就能充分调动一切人所固有的本性；能够充分调动一切人所固有的本性，就能充分领会万物所固有的本性；能够充分领会万物所固有的本性，就可以协助天地造化养育万物；可以协助天地造化养育万物，则至诚的功效就可以与天地并列为三了”（陈晓芬、徐儒宗，2019：335）。

在中国传统文化里，“中庸”就是“符合规则，坚守正道”的意思，中庸的核心是规则，并且要坚决地遵循规则。所谓“中庸之道”，其实就是“天道”，即自然法则，这与《圣经》中的真理是一致的。

在西方的《圣经》文化中，人们如果没有共同规则，并严守共同的律例和约定，缺乏相互尊重的“中庸之道”，就是混乱的。基督教文化强调：一切的规律、规则都是上帝设立的，人们只有遵守自然规则，才能对自己有益、蒙福；否则，如果破坏规则，就会产生混乱，人们自然就要受到诅咒、刑罚，并且在《圣经》中，上帝给人们清楚地列举出许多规则，指明了许多蒙福的途径。但要实行“中庸之道”，还必须尊重天赋的本性，并通过后天的学习，这和《中庸》所说的“天命之谓性，率性之谓道，修道之谓教”是完全一致的。实行“中庸之道”既是率性问题，也是修道的问题。曾子说“吾日三省吾身”，基督教思想中也特别强调了自省、认罪问题。《约翰一书》第 1 章第 9 节说：“我们若认自己的罪，神是信实的，是公义的，必要赦免我们的罪，洗净我们一切的不义。”（If we confess our sins, he who is faithful and just will forgive us our sins and cleanse us from all unrighteousness.）以《圣经》为代表的基督教文化体系的“中庸之道”也很具有建设性和可行性。在基督教信仰体系中，“中庸”就是坚定不移地、独一无二地信仰上帝，以上帝律法作为自己的思想和言行指南。当基督徒有了耶稣基督的生命之后，其生命借着神的话会不断长大，身、心、灵不断洁净、成圣，自然也就恪守了“中庸之道”的原则。

一、《圣经》中“中庸之道”隐喻的 R-A-C-C 解析

到那日，耶和华必用他刚硬有力的大刀刑罚鳄鱼，就是那快行的

蛇；刑罚鳄鱼，就是那曲行的蛇，并杀海中的大鱼。

当那日，有出酒的葡萄园，
你们要指这园唱歌说：
“我耶和华是看守葡萄园的，
我必时刻浇灌，
昼夜看守，
免得有人损害。
我心中不存忿怒，
惟愿荆棘蒺藜与我交战，
我就勇往直前，
把他一同焚烧。
不然，让他持住我的能力，
使他与我和好，
愿他与我和好。
将来雅各要扎根，
以色列要发芽开花，
他们的果实必充满世界。
……”（以赛亚书：1115）

On that day the LORD with his cruel and great and strong sword will punish Leviathan the fleeing serpent, Leviathan the twisting serpent, and he will kill the dragon that is in the sea.

On that day:
A pleasant vineyard, sing about it!
I, the LORD, am its keeper;
every moment I water it.
I guard it night and day
so that no one can harm it;
I have no wrath.
If it gives me thorns and briers,
I will march to battle against it.
I will burn it up.
Or else let it cling to me for protection,
let it make peace with me,

let it make peace with me.
In days to come Jacob shall take root,
Israel shall blossom and put forth shoots,
and fill the whole world with fruit.

在这节，先知以赛亚连续用了两次“那日”，来预言最后的日子和以色列及列国日后的命运。作者通过隐喻的表述，述说了虽然末后不可避免的患难即将来临，但是身处幽暗悲苦中的余民必得着复兴的应许，在基督的国度，享受胜利的荣耀。这些都会在“那日”发生。这一主题应该是从上帝的角度来看，恪守“中庸之道”的具体表现。

下面我们在 R-A-C-C 框架内对“中庸之道”的这段隐喻陈述进行进一步分析。按照 R-A-C-C 框架，隐喻阐释需要经历两个阶段。第一个阶段是解构阶段，即先知以赛亚讲述并预言在“那日”地上将会发生的事情，上帝将会拿起他的大刀，斩断那条“大鱼”。但同时，一些赏心悦目的事情也会发生，上帝严肃地承诺将会保护“出酒”的葡萄园。无论谁威胁上帝的“葡萄园”，都将会被焚烧；反之，上帝将会与他们和好。这是一条“中庸之道”，是没有折中方案的。这些信息主要以隐喻推理的方式解构。第二阶段是建构阶段，听话者将建构自己对隐藏在隐喻表述中的新奇思想的诠释。因此，阐释的过程将按照以下程序进行。

（一）解构阶段：隐喻推理

（1）明示-暗含话语含义识别：根据先知以赛亚陈述的内容，我们可以看到三个事件被呈现在受众面前。第一个事件是先知以赛亚连续说了两次“那日”，来预言上帝将要在地上施行的事情。第二个事件是到“那日”之时，上帝会发出邀请，地上的一切活物必须做出选择：威胁“葡萄园”的将会被“焚烧”；反之，上帝将会与其和好。全地将充满“葡萄园”的果实。第三个事件是陈明上帝已经不再存有“忿怒”以及“和好”了，但却是有条件的：不包括那些现在依然疏离悖逆上帝的罪人，只包括那些愿意接受上帝“福音”的人。这三件事是合理地、紧密地联系在一起的，这样我们就可以解构先知以赛亚拟传递的信息：人们不要放弃，只要持守住上帝的恩典，就可以与他和好，而且他是愿意人们与他和好的。得赎的人将来的果实要充满世界，他们不会衰败反而会更加兴盛。

这条信息可能会带来某种关联的期望，它与先知以赛亚所说的具有一定的关联度。读者对关联性的期望，导致了一些关于某些关系的假设：先知以赛亚与上帝间的关系、上帝与“葡萄园”之间的关系、上帝与“大鱼”“荆棘蒺藜”的关系等。

（2）语境假设的建构、激活和顺应：语境假设的建构、激活和顺应在这个过程中相互并行地进行运作。为了建构合适的语境，我们需要找到一些相关的线索在心理认知中来描述这几节的主题：①在“那日”，上帝将会挥舞大刀斩断那条“大鱼”与“蛇”；②同时，上帝会看守和浇灌“出酒的葡萄园”；③不仅如此，上帝还会和那些接受福音的民众和好。所有这些事件构成了一个巨大的背景，通过这个巨大的背景，先知以赛亚向上帝的子民和一切与上帝为敌的人展示了“那日”将要发生的事情。与此同时，背景的激活也带来了语境的假设：以赛亚就看到了以色列和接受福音的子民的复兴。看到了末后的以色列将是“出酒的葡萄园”，上帝将日夜看守浇灌，恶人不得前去糟蹋，它将来还要扎根、发芽、开花，其果实必充满世界。因此，我们可以根据这些线索建构背景信息。这可能会引发另一种情境假设：上帝终究要与人和好，可以真诚有效地赐人平安。人只有在基督的保护中才能躲避上帝的震怒，得到庇护。与此同时，受众在从开始到结束的过程中都在做背景建构。对于受众来说，使语境顺应不仅仅是进行语言上的顺应，更要进行心理上的顺应。通过语言和心理上的顺应，受众最终将形成他们的语境假设，这可能被认为是整个陈述的隐含前提。

（二）建构阶段：映射和整合

不同于第一阶段，即解构阶段，建构阶段将突出最终接受的解释。在这一阶段，认知方法将主要和语用方法一道来建构阐释程序。

（1）源域和目标域的建构和交互作用：在源域和目标域的建构和交互作用下，生成的新创结构直接导致这个比喻的隐喻含义。新创结构的生成取决于源域（输入空间 1）和目标域（输入空间 2）的映射和整合。

首先，这个隐喻涉及“祝福是葡萄园”以及“中庸之道是和好”这两个概念隐喻。在这两个隐喻中，源域和目标域相应地映射在图 7.7 中。

从以上两个源域和目标域中可以看出，这两个隐喻表达了两层含义。从第一个隐喻中，我们可以看到，源域中的这些元素，如“果实”“美酒”“修剪”“栽种”“甘甜”“看守”，从结构上被投射到目标域。同时这些元素与目标域中的元素相结合，其中包括“福音”“幸福”“满足”“收成”“满溢”“兴盛”。对于第二个隐喻，源域中的元素，如“平和”“得赎”“合理”

“融洽”“富饶”“好运”与在目标域中的元素，如“一致”“顺从”“正道”“规矩”“谨慎”“自律”等相整合。因此，这两个隐喻可以分别生成对应的类属结构。

“祝福是葡萄园”中概念隐喻的源域和目标域的映射

源域：葡萄园	目标域：祝福
果实	福音
美酒	幸福
修剪	满足
栽种	收成
甘甜	满溢
看守	兴盛

“中庸之道是和好”中概念隐喻的源域和目标域的映射

源域：和好	目标域：中庸之道
平和	一致
得赎	顺从
合理	正道
融洽	规矩
富饶	谨慎
好运	自律

图 7.7　“祝福是葡萄园”及“中庸之道是和好”中源域和目标域的映射

（2）关联和顺应下的整合（图 5.4）：这则论述的超级整合过程涉及两个子过程，即“祝福是葡萄园”以及“中庸之道是和好”。整合的根本影响来自关联原则和顺应原则的运作。整合过程本身总是受到关联性和顺应性的推动，从而使输入空间之间的联系指向其他空间。同时，听话者在关联原则和顺应原则的指导下，对整合网络进行建构和解释。具体地说，当受众对输入空间的各个要素提高了相关性的期望值时，受众就会被提示去寻求最大关联，并排除在心智空间中无关的和多余的联系。此外，受众可能会在语用、认知和语义上进行持续的顺应，以达到最佳关联。此外，这三个子过程，即“组合”“完善”“扩展”，都是形成整合结构的原因。在“组合”的子过程中，一些关系被建立起来：上帝的启示—先知以赛亚的灵感；先知以赛亚的话语—列国民众的反思；看守的葡萄园—得赎的列国；等等。在“完善”的子过程中，背景框架、认知和文化模型都是由这些新关系整合而成的。最后，新创结构是通过“扩展”的子过程形成的：在祝福与惩罚、复兴与毁灭两对命运之间，列国之民可以凭借着自己的所作所为而从上帝那里得到。

（3）衍生出预期的阐释：在认知主体性的影响下，听话者最后将得到本段最终的隐喻阐释：上帝是公义的，不偏袒任何人；要想在基督那里得到上帝的庇护，必须遵循上帝认可的“中庸之道”，与神和好。

二、“四书五经”中“中庸之道”隐喻的R-A-C-C解析

《诗》曰：“衣锦尚絅。”恶其文之著也。故君子之道，闇然而日章；小人之道，的然而日亡。君子之道，淡而不厌，简而文，温而理，知远之近，知风之自，知微之显，可与入德矣。

《诗》云：“潜虽伏矣，亦孔之昭！”故君子内省不疚，无恶于志。君子之所不可及者，其唯人之所不见乎！《诗》云：“相在尔室，尚不愧于屋漏。”故君子不动而敬，不言而信。

《诗》曰：“奏假无言，时靡有争。”是故君子不赏而民劝，不怒而民威于鈇钺。《诗》曰：“不显惟德，百辟其刑之。”是故君子笃恭而天下平。

《诗》云：“予怀明德，不大声以色。”子曰：“声色之于以化民，末也。”《诗》曰：“德輶如毛。”毛犹有伦。“上天之载，无声无臭。”至矣！（陈晓芬、徐儒宗，2019：358）

【译文】《诗经·卫风·硕人》篇说：“内穿锦绣之衣，外加粗麻罩衣。”这是因为嫌锦衣的彩色花纹太显眼了。所以君子所奉行的大道，虽然外表看起来不很明显，（但由于有内在的蕴藏）所以会一天天地显现出来；而小人所迷恋的小道，虽然外表看起来很风光，（但由于没有内在的蕴含）所以会一天天地消亡下去。君子所奉行的大道，恬淡自然而不会使人厌烦，形式简约而内蕴文采，温雅和顺而具有条理；懂得远是由近开始的道理，懂得教化别人必须从自身做起的道理；懂得隐微的开端一定会获得显著后果的道理，这样就可以进入圣人的道德境界了。

《诗经·小雅·正月》篇说：“鱼儿在水中虽然潜伏得很深，但还是可以看得很清楚的。”所以君子经常自我反省而无所愧疚，无所不满足于心志。君子为一般人所不可企及之处，大概就在于即使在别人看不见的地方他也能严格要求自己吧。《诗经·大雅·抑》篇说：

“看你独自一人居于室中的时候，也能够心地光明，无愧于屋子阴暗处的神明。”所以，君子在没有行动之时，本来就时刻怀有办事恭敬之心；在没有言谈之时，本来就时刻怀有待人诚信之心。

《诗经·商颂·烈祖》篇说：“默默无言地祷告，感格于神明，当时人们肃穆安静，没有争执。”因此，君子不用奖赏，老百姓自然会受到鼓励；不用发怒，老百姓自然会比看见刑具还要敬畏。《诗经·周颂·烈文》篇说：“（天子）充分地发扬那美好的德性，诸侯百官自然都会效法他。”所以，君子能够做到敦厚恭敬，天下国家自然就会太平。

《诗经·大雅·皇矣》篇说：“我怀念着你光明的德行，因为你从来不用大声号令和严厉气势来治理民众。”孔子评论说：“用号令和气势来教化民众，只是抓住旁枝末节（而没有抓住根本）。”《诗经·大雅·烝民》篇说：“用德行感化人民，轻而易举如同毫毛。”其实，毫毛虽轻，还是可以有形迹可以与之类比。至于《诗经·大雅·文王》篇说：“上天生长化育万物，既没有声音又没有气味。”这真是达到了最高的境界！（陈晓芬、徐儒宗，2019：360）

子思在这里提出了一个德行最高的境界，这是一种“无声无息”的境界。如果是一个真正的君子，其主张和作为看来平淡但不令人厌烦，虽然简约但却文雅，在温和中能显出道理来，能知道由远及近的道理，知道以身作则的道理，知道小事转化为大事的道理，这就可以说进入道德之门了。

下面我们在 R-A-C-C 框架内对“中庸之道”的这段隐喻陈述进行进一步分析。按照 R-A-C-C 框架，隐喻阐释需要经历两个阶段。第一个阶段是解构阶段，在《中庸》的最后一章，子思强调了实施德行、保持心正的重要性。从天理到人道、从知识到行动，“慎独自修”“心正不偏”的中庸之道在本章中得到了大力的推崇。第二阶段是建构阶段，听话者将建构自己对隐藏在隐喻表述中的新奇思想的诠释，因此，阐释的过程将按照以下程序进行。

（一）解构阶段：隐喻推理

（1）明示-暗含话语含义识别：根据子思讲述的内容，我们可以看到五个事件通过《诗经》中的话语向受众呈现出“中庸之道”。第一个事件是借用《诗经》中“里面穿锦绣，外面罩套衫”来展现君子之道深藏不露、平淡而有味的境界。第二个事件是通过《诗经》说明君子之道潜藏虽深，却很明显，来隐喻君子之道高于一般人。第三个事件是借用《诗经》说明君子即使什么事情都没有做，也是值得恭敬和信任的。第四个事件是通过《诗经》来说明君子即使不赏赐，百姓也会劝勉；即使不发怒，百姓也会畏惧。第五个事件是子思透过《诗经》中的描述，将君子之德行上升到最高境界，就如上天创造万物，既听不到声音，也闻不到气息。这五个事件是合理地、紧密地联系在一起的，这样我们就可以解构“中庸之道”所传递的信息：君子的德行和道行随着时间的流逝而长久不息，而小人却只能日益灭亡。这条信息可能会带来某种关联的期待，它与子思所陈述的内容具有一定的关联度。读者对关联性的期望，导致了一些关于某些关系的假设：君子之道深藏却显明与小人之道显露却消亡之间的关系、反省与愧疚的关系、君子与百姓之间的关系、君子的德行与天下的太平之间的关系等。

（2）语境假设的建构、激活和顺应：语境假设的建构、激活和顺应在这个过程中相互并行地进行运作。为了建构合适的语境，我们需要找到一些相关的线索在心理认知中来描述这几节的主题：①君子之道与小人之道；②君子的自我反省与小人的心存恶念；③君子的德行与上天的承载。所有这些事件构成了一个巨大的认知背景，通过这个巨大的背景，子思借助《诗经》的五次隐喻表述，宣讲了“中庸之道”的主张。与此同时，背景的激活也带来了语境的假设：不管是圣人，还是君子，都有一个共通之处：心中有“道”。因此，我们可以根据这些线索，建构背景信息。这可能会引发另一种情境假设：君子为人之道，平淡而不令人厌恶，简略而有文采，温和而有条理，即可进入道德的境界。与此同时，受众从开始到结束的过程中都在做背景建构。对于受众来说，使语境顺应不仅仅是进行语言上的顺应，更要进行心理上的顺应。通过语言和心理上的顺应，受众最终将形成他们的语境假设，这可能被认为是整个陈述的隐含前提。

（二）建构阶段：映射和整合

不同于第一阶段，即解构阶段，建构阶段将突出最终接受的解释。在这一阶段，认知方法将主要和语用方法一道来建构阐释程序。

（1）源域和目标域的建构和交互作用：在源域和目标域的建构和交互作用下，生成的新创结构直接导致这个比喻的隐喻含义。新创结构的生成取决于源域（输入空间 1）和目标域（输入空间 2）的映射和整合。

首先，这个隐喻涉及“德行是空气”以及“修德是旅程”这两个概念隐喻。在这两个隐喻中，源域和目标域相应地映射在图 7.8 中。

“德行是空气”中概念隐喻的源域和目标域的映射

源域：空气	**目标域：德行**
无法替代	良心
无声无息	羞耻之心
无色无味	自省
无法离开	慎独
无价之宝	规矩
无处不在	心正

“修德是旅程”中概念隐喻的源域和目标域的映射

源域：旅程	**目标域：修德**
艰苦	修炼
挑战	思考
目标	学习
坚韧	决心
信心	坚持
道路	上进

图 7.8　“德行是空气”及“修德是旅程”中源域和目标域的映射

从以上两个源域和目标域中可以看出，这两个隐喻表达了两层含义。从第一个隐喻中，我们可以看到，源域中的这些元素，如“无法替代”“无声无息”“无色无味”“无法离开”“无价之宝”“无处不在”，从结构上被投射到目标域。同时这些元素与目标域中的元素相结合，其中包括“良心”“羞耻之心”“自省”“慎独”“规矩”“心正”。对于第二个隐喻，源域中的元素，如“艰苦”“挑战”“目标”“坚韧”“信心”“道路”与目标域中的元素，如“修炼”“思考”“学习”“决心”“坚持”“上进”相整合。因此，这两个隐喻可以分别生成类属结构。

（2）关联和顺应下的整合（图 5.4）：这则论述的超级整合过程涉及两个子过程，即“德行是空气”以及“修德是旅程”。整合的根本影响来自关联原则和顺应原则的运作。整合过程本身总是受到关联性和顺应性的推动，从而使输入空间之间的联系指向其他空间。同时，听话者在关联原则和顺应原则的指导下，对整合网络进行建构和解释。具体地说，当受众对输入空间中的各个要素提高了相关性的期望值时，受众就会被提示去寻求最大关联，并排除在心智空间中无关的和多余的联系。此外，受众可能会在语用、认知和语义上进行持续的顺应，以达到最佳关联。此外，这三个子过程，即“组合”“完善”“扩展”，都是形成整合结构的原因。在“组合”的子过程中，一些关系被建立起来：君子的德行—深藏而不露；君子的德行高于一般人—自我反省；不存恶念、君子的德行—上天所承载的联系；等等。在“完善”的子过程中，背景框架、认知和文化模型都是由这些新关系整合而成的。最后，新创结构是通过“扩展”的子过程形成的：君王高尚的品行与操守，是保证君臣、君民和谐的基本要素。

（3）衍生出预期的阐释：在认知主体性的影响下，听话者最后将得到本段最终的隐喻阐释：君子之所以是君子，是因为他能够自省、慎独；他总能自觉地使自己的心永远都不会落入放肆状态，节制自己的所作所为，使之在正确的轨道上运行。

第六节　小　　结

根据以上西方《圣经》和中国“四书五经”中关于“中庸之道”的思想所表达的内容，我们可以看到，《圣经》中所表述的“中庸之道”思想和“四书五经”中所表达的“中庸之道”思想之间的确有一定的文化交融性。尽管在强调的焦点方面有所偏差，但二者都善于用隐喻的修辞手法来表达“和好”“修道”“适中”等思想和主题。毕竟，西方的《圣经》主要是一部基督教经典，而“四书五经”是儒家思想的集成。

在此之前，我们已经运用了R-A-C-C理论架构分别对《圣经》和“四书五经”隐喻阐释进行了研究和探讨，证明了R-A-C-C理论架构在对隐喻阐释的分析上，比传统的语用分析法和认知分析法具有其独特的优越性。本章通过对《圣经》和“四书五经”隐喻阐释的文化交融性的综合对比分析，更证明了R-A-C-C理论架构在分析方法上的先进性：从语用和认知层面推导说话者隐喻话语的隐喻用意，能更加直观、客观、纵深和立体地剖析中西文化典籍中的隐喻阐释的过程。R-A-C-C理论架构，作为一个综合性的语用学和认知语言学相结合的隐喻阐释框架，解决了单纯的语用学理论和认知语言学理论在隐喻阐释中无法解决的问题，为中西文化典籍隐喻阐释开辟了一条新路子。

第八章

结　　语

《圣经》和“四书五经”的思想价值已经超越了各自的领域，对文学、文化和道德伦理等领域都产生了巨大的影响。从语言学的角度来研究《圣经》和“四书五经”的隐喻阐释是一项具有挑战性的任务，因为这项研究很少被触及。要找到一种恰当的方式来处理这样的问题变得更加紧迫、必要和有研究价值。

在本书中，笔者首先做出了一个假设：一个从语用学和认知语言学理论中吸收积极因素的综合性框架，能有效地承担起《圣经》和“四书五经”隐喻阐释的任务。基于这一假设，笔者建立了 R-A-C-C 框架，并运用 R-A-C-C 方法来阐释《圣经》和“四书五经”隐喻问题。此外，笔者还发现，R-A-C-C 方法相对其他语用和认知方法有很大的优越性。从目前的研究中，我们获得了以下一些重要发现。

第一，我们对《圣经》和“四书五经”隐喻的阐释进行了全面、综合、深入的研究，并首次运用了语用学和认知语言学理论和手段，将语用学理论与认知语言学相结合，形成了一个综合的理论框架来阐释《圣经》和“四书五经”隐喻问题。

第二，R-A-C-C 框架在理论上和实践上都是有意义的。从理论上讲，本书依据 R-A-C-C 框架描述了《圣经》和“四书五经”隐喻的阐释过程是如何进行的，并为阐释过程提出了一个新的视角。此外，我们还提出了 R-A-C-C 框架的“解构—建构”过程。在解构阶段，听话者致力于解读说话者的外在和内在意图。在建构阶段，听话者还需要建构隐喻性表达的阐释性意图和意义。从实践上讲，R-A-C-C 框架为《圣经》和“四书五经”隐喻研究提供了一种新的阐释模式。

第三，R-A-C-C 框架相比其他语用学和认知语言学研究方法具有一定的优势。这一框架分别克服了关联理论、顺应理论、概念隐喻理论和概念整合理论的弱点，同时进一步吸收了各自的长处，从而形成了一个综合性的理论实体框架，结合语用和认知方法，对《圣经》和“四书五经”隐喻的阐释是合理和有效的。

第四，R-A-C-C 方法为《圣经》和“四书五经”隐喻的阐释提供了新的视角，并提出了隐喻阐释的建议和意见。这些建议，通过对《圣经》和“四书五经”隐喻的分析，提供了一种超越普通文学文本范畴的实践模式，这种模式结合了语用、认知、文学、道德和伦理等方法的诸要素。

第五，我们的研究重新定义了语用学和认知语言学理论的四个概念，即关联理论、顺应理论、概念隐喻理论和概念整合理论的关系，并在《圣经》和“四书五经”隐喻阐释过程中说明了各自的功能。在 R-A-C-C 框架中，关联理论、顺应理论、概念隐喻理论和概念整合理论被合并成一个整体，在其中它们以动态的方式紧密地整合在一起，相互作用。这一实践确保了我们对《圣经》和“四书五经”隐喻的阐释的有效性、可信性和合理性。

第六，我们集中论述了中西文化典籍中隐喻阐释的文化交融性和贯通性问题。通过在 R-A-C-C 框架下论述“天人合一”“天人感应”“和谐辩证”“中庸之道”四个主题性隐喻，我们发现，东西方文化典籍中，尤其在隐喻性表述中，存在着东西方思想所共有的精髓。这些精髓，是人类文明所共享的，推动着人类文明不断前进。

由于笔者的学术资源、研究时间和精力不足，本书可能存在以下一些局限性有待改进。

首先，我们的论述侧重于定性方面，而忽略了定量方面；如果再增加一些实验性分析，并进行一些数据统计，研究结果将会更有说服力和验证力。

其次，本书对 R-A-C-C 框架的操作机制的描述仍然需要改进和提升，它的优点和缺点应该在更多的实例和更广泛的应用中得到进一步证明。

再次，本书只局限于一些个体样本而不是大多数受众，因此在某种意义上稍微缺乏说服力和代表性。即使本书对代表性样本进行了大量的研究，但仍被认为是不完美的，而且还有很大的空间有待改进。

最后，本书涉及关联理论、顺应理论、概念隐喻理论和概念整合理论的应用，从某种意义上说，这是一项跨领域、跨学科的研究，而本书对各个学科的深层次挖掘不够，因此，需要进一步探索并结合语用学理论与认知语言学理论，对中西文化典籍隐喻阐释进行更深层次的挖掘。

参 考 文 献

安小兰. 2016. 荀子. 北京：中华书局.

白解红. 2000. 语境与语用研究. 湖南师范大学社会科学学报，（3）：88-92.

白西乔. 2006. “和而不同”：古代和谐社会的深层理念. 青海师范大学学报（哲学社会科学版），（1）：39-43.

陈春华. 2003. 顺应论和关联论——两种语用观的比较. 四川外语学院学报，19（2）：93-97.

陈家旭. 2007. 英汉隐喻认知对比研究. 上海：学林出版社.

陈小辉. 2015. 诗经译注：精编本. 北京：商务印书馆.

陈晓芬，徐儒宗. 2019. 四书五经：全本全注全译大字本——论语·大学·中庸. 北京：中华书局.

程俊英. 2010. 四书五经译注. 上海：上海古籍出版社.

冯翠华. 1995. 英语修辞大全. 北京：外语教学与研究出版社.

高远，李福印. 2005. 乔治·莱考夫认知语言学十讲. 北京：外语教学与研究出版社.

郭丹，程小青，李彬源. 2019. 四书五经：全本全注全译大字本——春秋. 北京：中华书局.

韩秀丽，李静，陈雪英. 2007. 四书与现代文化（修订版）. 北京：中国广播电视出版社.

汉斯·格奥尔格·加达默尔. 2004. 真理与方法：哲学诠释学的基本特征. 洪汉鼎译. 上海：上海译文出版社.

何兆熊. 2000. 新编语用学概要. 上海：上海外语教育出版社.

何兆熊. 2003. 语用学文献选读. 上海：上海外语教育出版社.

何自然. 2006. 认知语用学——言语交际的认知研究. 上海：上海外语教育出版社.

何自然. 2007. 语用三论：关联理论·顺应理论·模因论. 上海：上海教育出版社.

何自然，冉永平. 2001. 语用与认知：关联理论研究. 北京：外语教学与研究出版社.

何自然，冉永平. 2002. 语用学概论（修订本）. 长沙：湖南教育出版社.

何自然，于国栋. 1999. 《语用学的理解》——Verschueren 的新作评介. 现代外语，（4）：424-435.

黑格尔. 1997. 哲学史讲演录（第一卷）. 贺麟，王太庆等译. 北京：商务印书馆.

洪湛侯. 2002. 诗经学史. 北京：中华书局.

胡平生，张萌. 2019. 四书五经：全本全注全译大字本——礼记（1-4）. 北京：中华书局.
胡壮麟. 2004. 认知隐喻学. 北京：北京大学出版社.
黄俊杰. 2004. 中国孟学诠释史论. 北京：社会科学文献出版社.
贾太宏. 2017. 尚书. 北京：金城出版社.
姜望琪. 2000. 语用学——理论及应用. 北京：北京大学出版社.
蒋善国. 1988. 尚书综述. 上海：上海古籍出版社.
蒋勇，马玉蕾. 2003. SB 与 RT 的整合性研究. 外语学刊，（1）：31-36.
金景芳，吕绍刚. 2005. 周易全解（修订本）. 上海：上海古籍出版社.
金良年. 1995. 论语译注. 上海：上海古籍出版社.
孔安国传，孔颖达正义，黄怀信整理. 2007. 尚书正义. 上海：上海古籍出版社.
蓝纯. 2003. 从认知角度看汉语和英语的空间隐喻. 北京：外语教学与研究出版社.
李福印. 2008. 认知语言学概论. 北京：北京大学出版社.
李赫宇. 2007.《论语》阐释视域内的"寓意解经法"——中国古代"经学"阐释与西方《圣经》阐释的试探对话. 首都师范大学硕士学位论文.
李小龙. 2016. 墨子. 北京：中华书局.
李浴华，马银华. 2008. 论语・大学・中庸. 2 版. 太原：三晋出版社.
李泽厚. 2003. 中国古代思想史论. 天津：天津社会科学院出版社.
李占喜. 2007. 关联与顺应：翻译过程研究. 北京：科学出版社.
梁工. 2006. 圣经叙事艺术研究. 北京：商务印书馆.
梁工. 2007. 圣经视阈中的东西方文学. 北京：中华书局.
梁涛. 2010. 孟子解读. 北京：中国人民大学出版社.
廖巧云. 2005. C-R-A 模式：言语交际的三维阐释. 上海外国语大学博士学位论文.
林世选. 2005. 人与自然的和谐是社会进步的基础. 自然辩证法研究，（10）：65-67.
林之满. 2011. 周易全书. 长春：吉林出版集团有限责任公司.
刘法公. 2008. 隐喻汉英翻译原则研究. 北京：国防工业出版社.
刘锋. 2007. 圣言、隐喻和意义的诠释. 四川外语学院学报，23（2）：8-13.
刘锋. 2017. "致用"：早期西方文学引介和研究的一个基本面向. 北京大学学报（哲学社会科学版），（4）：51-56.
刘绪义. 2007. 《诗经》心得. 北京: 东方出版社.
刘意青. 2004. 《圣经》的文学阐释：理论与实践. 北京：北京大学出版社.
刘瑜. 2013. 反语的语用修辞学解读. 外国语文，(S1)：50-53.
刘云虹. 2001. 中国传统政治思想. 南京：河海大学出版社.
刘正光. 2007. 隐喻的认知研究——理论与实践. 长沙：湖南人民出版社.

吕思勉. 2012. 国学知识大全. 长春：吉林出版集团有限责任公司.

马博. 2014a. 孟子诠解. 北京：线装书局.

马博. 2014b. 四书五经：全 6 册. 北京：线装书局.

梅美莲. 2008. 小说交际语用研究. 杭州：浙江大学出版社.

庞朴. 2004. 浅说一分为三. 北京：新华出版社.

沈家煊. 2006. 认知与汉语语法研究. 北京：商务印书馆.

束定芳. 2000. 隐喻学研究. 上海：上海外语教育出版社.

思履. 2015. 四书五经全编. 北京：北京联合出版公司.

宋书功. 2007. 诗经情诗正解. 海口：海南出版社.

苏立昌. 2007. 认知语言学与意义理论：隐喻与意义理论研究（英文版）. 天津：南开大学出版社.

孙亚. 2008. 语用和认知概论. 北京：北京大学出版社.

万光军. 2009. 孟子仁义思想研究. 济南：山东大学出版社.

王馥芳. 2017. 生态语言学和认知语言学的相互借鉴. 中国外语，（5）：47-55.

王磊. 2008. 圣经寓言故事的认知阐释. 上海外国语大学博士学位论文.

王世舜，王翠叶. 2019. 四书五经：全本全注全译大字本——尚书（上下本）. 北京：中华书局.

王文斌. 2007. 隐喻的认知构建与解读. 上海：上海外语教育出版社.

王秀梅. 2019. 四书五经：全本全注全译大字本——诗经（上中下）. 北京：中华书局.

王寅. 2001. 语义理论与语言教学. 上海：上海外语教育出版社.

王寅. 2007. 认知语言学. 上海：上海外语教育出版社.

王正元. 2009.概念整合理论及其应用研究. 北京：高等教育出版社.

威廉・本顿. 1986. 简明不列颠百科全书. 北京：中国大百科全书出版社.

魏在江. 2007. 英汉语篇连贯认知对比研究. 上海：复旦大学出版社.

吴钧. 2013. 论理雅各的《易经》英译. 湖南大学学报（社会科学版），27（1）：135-139.

吴晓峰. 2004. 《周南・关雎》释义新解. 东北师大学报（哲学社会科学版），（2）：94-101.

武振玉. 2003. 诗经对解. 长春：吉林文史出版社.

熊学亮. 1999. 认知语用学概论. 上海：上海外语教育出版社.

徐寒. 2004a. 中国历史百科全书（文学艺术卷）. 长春：吉林大学出版社.

徐寒. 2004b. 中国历史百科全书（政治人物卷）. 长春：吉林大学出版社.

徐章宏. 2007. 隐喻话语理解的语用认知研究. 北京：科学出版社.

严有毅. 2007. 周易六十四卦静解. 沈阳：万卷出版公司.

杨伯峻. 2008. 孟子译注：简体字本. 北京：中华书局.

杨伯峻. 2017. 论语译注. 北京：中华书局.
杨平. 2001. 关联—顺应模式. 外国语（上海外国语大学学报），（6）：21-28.
杨天才. 2019. 四书五经：全本全注全译大字本——周易（上下）. 北京：中华书局.
幺孝颖. 2008. 仿拟话语的认知语用研究. 北京：国防工业出版社.
姚小鸥. 2009. 诗经译注. 北京：当代世界出版社.
叶舒宪. 2003. 圣经比喻. 桂林：广西师范大学出版社.
佚名. 2000. 圣经・简化字现代标点和合本. 上海：中国基督教协会.
元江. 2006.《风》类诗新解. 长沙：湖南人民出版社.
张朝柯. 2004. 《圣经》与希伯来民间文学. 北京：东方出版社.
张岱年. 1988. 文化与哲学. 北京：教育科学出版社.
张蓊荟. 2009. 认知视阈下英文小说汉译中隐喻翻译的模式及评估. 北京：中国文联出版社.
张祥龙. 2015. 《尚书・尧典》解说. 北京：生活・读书・新知三联书店.
赵虹. 2008. 言语反讽的关联理论研究——《傲慢与偏见》个案分析. 济南：山东大学出版社.
赵艳芳. 2001. 认知语言学概论. 上海：上海外语教育出版社.
赵征. 2013. 中庸（全 4 册）. 北京：线装书局.
中华文化大讲堂. 2010. 国学常识大百科：你不可不知的 1200 个国学常识. 北京：中国致公出版社.
周桂钿. 2008. 中国儒学讲稿. 北京：中华书局.
周振甫. 2002. 诗经译注. 北京：中华书局.
朱熹. 2011. 四书章句集注. 北京：中华书局.
Abernethy, A. D. 2002. The power of metaphors for exploring cultural differences in groups. *Group*, (26): 219-231.
Achtemeier, E. 1992. *Exchanging God for "No Gods"*. Grand Rapids: William B. Eerdmans Publishing Company.
Aitchison, J. 1996. *Words in the Mind: An Introduction to the Mental Lexicon*. Oxford: Blackwell.
Allwood, J. & Gärdenfors, P. 1999. *Cognitive Semantics: Meaning and Cognition*. Amsterdam and Philadelphia: John Benjamins.
Aristotle. 1932. *Poetics*. Cambridge, MA: Harvard University Press.
Aristotle. 1954. *Rhetoric and Poetics*. New York: The Modern Library.
Austin, J. L.1975. *How to Do Things with Words*. 2nd edn. Oxford: Oxford University Press.
Barcelona, A. 2000. *Metaphor and Metonymy at the Crossroads: A Cognitive Perspective*. Berlin: Mouton de Gruyter.
Black, M. 1962. *Models and Metaphors: Studies in Language and Philosophy*. New York: Cornell

University Press.

Bliss, F. & MacCormac, R. 1977. Two poles of metaphor: Frye and beardsley. *The Journal of Aesthetic Education*, (11): 33-49.

Blumenberg, H. 2010. *Paradigms for a Metaphorology*. Cornell: Cornell University Press.

Brian, W. 1989. *What Language Shall I Borrow? God-Talk in Worship: A Male Response to Feminist Theology*. New York: The Crossroad Publishing Company.

Brugman, C. 1990. What is the invariance hypothesis? *Cognitive Linguistics*, 1(2): 257-268.

Cameron, L. & Low, G. 1999. *Researching and Applying Metaphor*. Cambridge: Cambridge University Press.

Cameron, L. & Low, G. 2001. *Research and Applying Metaphor*. Shanghai: Shanghai Foreign Language Education Press.

Carston, R. 2002. *Thoughts and Utterances: The Pragmatics of Explicit Communication*. Malden: Blackwell.

Chesley, L. 2008. Verbal and nonverbal metaphor with children in counseling. *Journal of Counseling & Development*, 86(4): 399-411.

Cooper, D. 1986. *Metaphor*. Oxford: Basil Blackwell.

Coulson, S. 2001. *Semantic Leaps: Frame-shifting and Conceptual Blending in Meaning Construction*. Cambridge: Cambridge University Press.

Coulson, S. & Oakley, T. 2000. Blending basics. *Cognitive Linguistics*, 11(3-4): 175-196.

Coulson, S. & Oakley, T. 2005. Blending and coded meaning: Literal and figurative meaning in cognitive semantics. *Journal of Pragmatics* , 37(10): 1510-1536.

DesCamp, M. & Sweetser, E. E. 2015. Metaphor for God: Why and how do our choices matter for humans? The application of contemporary cognitive linguistics research to the debate on God and metaphor. *Pastoral Psychology*, (53): 207-238.

Embler, W. 2011. *Metaphor and Meaning*. Deland, FL: Everett/Edwards, Inc.

Evans, V. & Melanie, G. 2006. *Cognitive Linguistics: An Introduction*. Edinburgh: Edinburgh University Press.

Fauconnier, G. 1985. *Mental Spaces: Aspects of Meaning Construction in Natural Language*. Cambridge, MA: The MIT Press.

Fauconnier, G. 1994. *Mental Spaces: Aspects of Meaning Construction in Natural Language*. Cambridge: Cambridge University Press.

Fauconnier, G. 1997. *Mappings in Thought and Language*. Cambridge: Cambridge University Press.

Fauconnier, G. & Sweetser, E. 1996. *Space, Words and Grammar*. Chicago: University of Chicago

Press.

Fauconnier, G. & Turner, M. 1994. Conceptual projection and middle spaces. *Cognitive Science Technical Report*, (3): 10-12.

Fauconnier, G. & Turner, M. 1996. Blending as a central process of grammar. In A. Goldberg (Ed.), *Conceptual Structure, Discourse, and Language* (pp. 30-32). Stanford, CA: CSLI.

Fauconnier, G. & Turner, M. 1998. Conceptual integration networks. *Cognitive Science*, (22): 133-187.

Fauconnier, G. & Turner, M. 2002. *The Way We Think: Conceptual Blending and the Mind's Hidden Complexities*. New York: Basic Books.

Fauconnier, G. & Turner, M. 2008. Rethinking metaphor. In R. W. Gibbs (Ed.), *The Cambridge Handbook of Metaphor and Thought* (pp. 57–66). Cambridge, MA: Cambridge University Press.

Firth, J. R. 1957. *Papers in Linguistics*. Oxford: Oxford University Press.

Gabel, J. B. & Wheeler, C. B. 2016. *The Bible as Literature: An Introduction*. New York: Oxford University Press.

Gazdar, G. 1979. *Pragmatics: Implicature, Presupposition and Logical Form*. New York: Academic Press.

Gentner, D. 1988. Metaphor as structure mapping: The relational shift. *Child Development*, 59(1): 47-59.

Gibbs, R. 1992. When is metaphor: The idea of understanding in theories of metaphor. *Poetics Today*, 13(4): 575-606.

Gibbs, R. 1995. The cognitive psychological reality of image schemas and their transformations. *Cognitive Linguistics*, (4): 347-378.

Glucksberg, S. & Keysar, B. 1990. Understanding metaphorical comparison: Beyond similarity. *Psychological Review*, 97(1): 3-18.

Gowler, D. 2000. *What Are They Saying About the Parables?* Marwah: Paulist Press.

Grady, J. 2012. A typology of motivation for conceptual metaphor: Correlation vs. resemblance. In R. Gibbs & G. Steen (Eds.), *Metaphor in Cognitive Linguistics* (pp. 79-100). Amersterdam: John Benjamins..

Grice, H. P. 1975. Logic and conversation. In P. Cole and J. L. Morgan (Eds.), *Syntax and Semantics* (pp. 41-58). New York: Academic Press.

Grice, H. P. 1989. *Studies in the Way of Words*. Cambridge, MA: Harvard University Press.

Grice, H. P. 2002a. *Logic and Conversation*. Beijing: Foreign Language Teaching and Research Press.

Grice, H. P. 2002b. *Studies in the Way of Words*. Beijing: Foreign Language Teaching and Research Press.

Gutt, E. 2004. *Translation and Relevance: Cognition and Context*. Shanghai: Shanghai Foreign Language Education Press.

Halliday, M. A. K. 1985. *An Introduction to Functional Grammar*. London: Arnold Press.

Hargie, O. & Dickson, D. 2014. *Skilled Interpersonal Communication: Research, Theory and Practice*. London: Routledge.

Harris, R. J., Lahey, M. A. & Marsalek, F. 1980. Metaphors and images: Rating, reporting, and remembering. In R. P. Honeck & R. P. Hoffman (Eds.), *Cognition and Figurative Language* (pp. 163-182). Hillsdale: Lawrence Erlbaum Associates Inc.

Hausman, C. 1988. *Metaphor and Art: Interactionism and Reference in the Verbal and Nonverbal Arts*. Cambridge: Cambridge University Press.

Heath, J. 2001. *Communicative Action and Rational Choice*. Massachusetts: The MIT Press.

Hultgren, A. 2000. *The Parables of Jesus: A Commentary*. Grand Rapids, Michigan: William B. Eerdmans Publishing Company.

Indurkhya, B. 1992. *Metaphor and Cognition: An Interactionist Approach*. Dorcrecht: Kluwer Academic Publishers.

Insole, J. 2002. Metaphor and the impossibility of failing to speak about God. *International Journal for Philosophy of Religion*, 52(1): 35-43.

Jakel, O. 1996. Metaphoral scenarios of science. In M. Putz (Ed.), *The Construal of Space in Language and Thought* (pp. 34-40). Berlin: Mouton de Gruyter.

Jindo, J. 2016. *Biblical Metaphor Reconsidered: A Cognitive Approach to Poetic Metaphor in Biblical Prophecy*. Unpublished Doctoral Dissertation: 10-14.

Johnson, M. 1981. *Philosophical Perspective on Metaphor*. Minneapolis: University of Minnesota Press.

Johnson, M. 1989. *The Body in the Mind: The Bodily Basis of Meaning, Imagination, and Reason*. Chicago: University of Chicago Press.

Kingsbury, D. 1988. *Matthew as Story*. Philadephia: Fortress Press.

Kingsbury, D. 2011. *The Christology of Mark's Gospel*. Philadephia: Fortress Press.

Koerner, E. F. K. 1996. Toward a history of linguistic typology. In J. Fisiak (Ed.), *Linguistic Reconstruction and Typology* (pp. 15-23). Berlin: Mouton de Gruyter.

Kovac, M. 1989. *Epic of Gilgamesh*. Stanford: Stanford University Press.

Kövecses, Z. 2002. *Metaphor: A Practical Introduction*. Oxford: Oxford University Press.

Kövecses, Z. 2006. *Language, Mind, and Culture: A Practical Introduction*. Oxford: Oxford University Press.

Lakoff, G. 1987. *Woman, Fire and Dangerous Things: What Categories Reveal about the Mind.* Chicago: The University of Chicago Press.

Lakoff, G. 1990. The invariance hypothesis: Is abstract reason based on image schemas? *Cognitive Linguistics,* 1(1): 39-74.

Lakoff, G. 1994. The contemporary theory of metaphor. In A. Ortony (Ed.), *Metaphor and Thought* (pp. 202-251). Cambridge: Cambridge University Press,.

Lakoff, G. 2008. *The Political Mind: Why You Can't Understand 21st Century American Politics with an 18th Century Brain?* New York: Viking.

Lakoff, G. & Johnson, M. 1980. *Metaphors We Live By.* Chicago: University of Chicago Press.

Lakoff, G. & Johnson, M. 1999. *Philosophy in the Flesh: The Embodied Mind and Its Challenge to Western Thought.* New York: Basic Books.

Lakoff, G. & Turner, M. 1993. *More Than Cool Reason: A Field Guide to Poetic Metaphor*. Chicago: University of Chicago Press.

Langacker, R. 1990. *Concept, Image, and Symbol: The Cognitive Basis of Grammar.* Berlin/New York: Mouton de Gruyter.

Lascarides, A. & Asher, N. 1993. Temporal interpretation, discourse relations and commonsense entailment. *Linguistics and Philosophy* , (16): 437-493.

Leary, D. 2014. *Psyche's Muse: The Role of Metaphor in the History of Psychology.* Cambridge: Cambridge University Press.

Leech, G. 1969. *A Linguistic Guide to English Poetry*. London: Longman.

Levin, S. R. 2007. *The Semantics of Metaphor.* Baltimore: John Hopkins University Press.

Levinson, S. C. 2001. *Pragmatics.* Cambridge: Cambridge University Press.

MacCormac, E. 2008. Metaphor revisited. *The Journal of Aesthetics and Art Criticism,* (30): 23-26.

Malinowski, B. 1923. The problem of meaning in primitive languages. In C. K. Ogden & I. A. Richards (Eds.), *The Meaning of Meaning: A Study of Influence of Language upon Thought and of the Science of Symbolism* (pp. 296-336). New York: Harcourt, Brace and World.

Mandelblit, N. 1995. Beyond lexical semantics: Meaning and blending of conceptual and linguistic structures in machine translation. Paper presented at the 4th International Conference on the Cognitive Science of Natural Language Processing. Dublin, Ireland.

Mandelblit, N. 2001. The grammatical marking of conceptual integration: From syntax to morphology. *Cognitive Linguistics,* 11(3): 197-251.

Marmaridou, S. 2000. *Pragmatic Meaning and Cognition.* Amsterdam: John Benjamins.

Martin, J. R. 1991. Intrinsic functionality: Implications for contextual theory. *Social Semiotics,* 1(1): 99-162.

Mey, J. L. 2001. *Pragmatics: An Introduction.* Beijing: Foreign Language Teaching and Research Press.

Niemeier, S. & Achard, M. 2001. Special issue on language acquisition. *Cognitive Linguistics,* 11(1-2): 1-151.

Oakley, T. 2007. Image schema. In D. Geeraerts & H. Cuyckens (Eds.), *The Oxford Handbook of Cognitive Linguistics* (pp. 214-230). Oxford: Oxford University Press.

Ortony, A. 1993. *Metaphor and Thought.* 2nd edn. Cambridge: Cambridge University Press.

Palermo, E. 2002. *Audience and Rhetoric.* Trenton: Prentice Hall, Englewood Cliffs.

Palmer, G. B. 1996. *Toward a Theory of Cultural Linguistics.* Austin, TX: University of Texas Press.

Preminger, A. & Brogan, T. V. F. 1993.*The New Princeton Encyclopedia of Poetry and Poetics.* Princeton: Princeton University of Press.

Putnam, H. R. 1981. *Truth and History.* Cambridge: Cambridge University Press.

Pynte, J., Besson, M., Robichon, F., et al. 1996. The timecourse of metaphor comprehension: An event-related potential study. *Brain & Language,* (55): 293-316.

Quintillian. 1953. *The Institution Oratoria of Quintillian.* Trans. by H. E. Butler. New York: G. P. Putnam's Sons.

Reddy, M. 1993.*The Conduit Metaphor.* In A. Ortony (Ed.), *Metaphor and Thought* (pp. 45-48). Cambridge: Cambridge University Press.

Richards, I. A. 1979. *The Philosophy of Rhetoric.* Oxford: Oxford University Press.

Ricoeur, P. 2005. *The Rule of Metaphor.* Trans. by R. Czerny. London: Routledge.

Samovar, L. A. & Porter, R. E. 2000. *Intercultural Communication: A Reader.* Belmont: Wadsworth Publishing Company.

Samovar, L. A., Porter, R. E. & Stefani, L. A. 2000. *Communication Between Cultures.* 3rd edition. Beijing: Foreign Language Teaching and Research Press

Searle, J. R. 1979. *Expression and Meaning.* Cambridge: Cambridge University Press.

Searle, J. R. 1982. *Intentionality.* Cambridge: Cambridge University Press.

Searle, J. 1985. Metaphor. In A. P. Martinich (Ed.), *The Philosophy of Language* (pp. 414-435). Oxford: Oxford University Press.

Searle, J. 1993. Metaphor. In A. Ortony (Ed.), *Metaphor and Thought* (pp. 100-108). Cambridge: Cambridge University Press..

Searle, J. 2001a. *Speech Acts: An Essay in the Philosophy of Language.* Beijing: Foreign Language Teaching and Research Press.

Searle, J. 2001b. *Expression and Meaning: Studies in the Theory of Speech Acts.* Beijing: Foreign Language Teaching and Research Press.

Snodgrass, K. 1998. Recent research on the parables of the wicked tenants: An assessment. *Bulletin for Biblical Research*, (8): 187-215.

Soskice, J. 2005. *Metaphor and Religious Language.* Oxford: Oxford University Press.

Sperber, D. & Wilson, D. 1982. Mutual knowledge and relevance in theories of comprehension. In N. V. Smith (Ed.), *Mutual Knowledge* (pp. 61-85). London: Academic Press.

Sperber, D. & Wilson, D. 1995. *Relevance: Communication and Cognition.* London: Blackwell.

Sperber, D. & Wilson, D. 1998. The mapping between the mental and the public lexicon. In P. Carruthers & J. Boucher (Eds.), *Thought and Language* (pp. 46-50). Cambridge: Cambridge University Press.

Sperber, D. & Wilson, D. 2001. *Relevance: Communication and Cognition.* Beijing: Foreign Language Teaching and Research Press.

Sperber, D. & Wilson, D. 2006. A deflationary account of metaphors. *UCL Working Papers in Linguistics*, (18): 171-203.

Spencer, A. B. 1996. Father-Caesar: The meaning of the metaphor "Father" for God in the *Bible*. *Journal of the Evangelical Theological Society*, 39(3): 433-442.

Strauss, A. 1987. *Qualitative Research for Social Scientists.* Cambridge: Cambridge University Press.

Sweetser, E. 2008. Looking at space to study mental spaces: Co-speech gesture as a crucial data source in cognitive linguistics. In M. Gonzalez-Marquez, I. Mittelberg, S. Coulson, et al. (Eds.), *Methods in Cognitive Linguistics* (pp. 201–224). London: Academic Press.

Talmy, L. 2003. Force dynamics in language and thought. *Papers from the Parasession on Causatives and Agentivity.* Chicago: Chicago Linguistic Society.

Tanaka, K. 1994. *Advertising Language: A Pragmatic Approach to Advertisements.* London: Routledge.

Thomas, J. 1995. *Meaning in Interaction: An Introduction to Pragmatics.* London and New York: Longman.

Tourangeau, R. & Sternberg, G. 1981. Aptness in metaphor. *Cognitive Psychology*, (13): 27-55.

Turner, M. 2007. Conceptual integration. In D. Geeraerts & H. Cuyckens (Eds.), *The Oxford Handbook of Cognitive Linguistics* (pp. 25-28). Oxford: Oxford University Press.

Ullmann, S. 1957.*The Principles of Semantics*. London: Basil Blackwell.

Unger, C. 2008. *Genre, Relevance and Global Coherence: The Pragmatics of Discourse Type*. Beijing: World Publishing Corporation.

Ungerer, F. & Schmid, H. J. 2009. *An Introduction to Cognitive Linguistics*. Beijing: Foreign Language Teaching and Research Press.

Verschueren, J. 2000. *Understanding Pragmatics*. Beijing: Foreign Language Teaching and Research Press.

Vosniadou, S. 1989. Context and the development of metaphor. *Comprehension, Metaphor and Symbolic Activity*, 4(3): 159-171.

Weinreich, U. 1958. *Problems in the Analysis of Idioms*. Los Angeles: University of California Press.

Wilson, R. 1984. *Sociological Approaches to the Old Testament*. Philadelphia: Fortress Press.

Winter, L. 1995. A clearing in the forest. *Metaphor and Symbolic Activity*, (10): 230-244.

Wood, J. 2005. Feminist standpoint theory and muted group theory: Commonalities and divergences. *Woman & Language*, 28(2): 61-64.

Yu, N. 1996. *The Contemporary Theory of Metaphor: A Perspective from Chinese* (Unpublished Doctoral Dissertation). University of Arizona, Tempe.

Yule, G. 2000. *Pragmatics*. Shanghai: Shanghai Foreign Language Education Press.